U0725140

本书为2018年度国家社科基金特别委托项目"'一带一路'与妈祖文化传承发展研究"（项目编号18@ZH008）资助成果

"一带一路"视野下妈祖文化传承发展研究
编纂人员名单

学术指导：王震中（中国社科院学部委员、历史研究所原副所长）

　　　　　陈支平（厦门大学国学研究院院长）

　　　　　林国平（福建师范大学海峡两岸文化发展协同创新中心首席专家）

　　　　　方宝璋（江西财经大学首席教授）

主　　编：宋建晓（莆田学院党委书记、教授、博士生导师、福建省妈祖文化研究会会长）

副 主 编：姚志平　　林明太　　陈衍德　　刘婷玉　　赵庆华

　　　　　孟建煌　　陈祖芬　　许元振　　陈建武　　帅志强

编　　委：方圣华　李宏伟　阳　阳　李　东　王晓平　吴怡瑾　汤晓琳

　　　　　陈春阳　曾　伟　连晨曦　陈金亮　许更生　张宁宁　刘　志

　　　　　庄美莲　蔡加珍　周翔华　俞黎媛　刘恒军　潘真进　林连华

　　　　　林孟蓉　于明华　潘剑英　柯　力　林　晶　黄秀琳　吉　峰

编撰单位：莆田学院妈祖文化研究院

　　　　　福建省妈祖文化传承与发展协同创新中心

　　　　　福建省社会科学研究基地莆田学院妈祖文化研究中心

　　　　　福建省高校新型特色智库·莆田学院妈祖文化研究院

　　　　　福建省高校人文社科研究优秀基地（莆田学院妈祖文化研究中心)

　　　　　福建省妈祖文化研究会

"一带一路"视野下
妈祖文化传承发展研究

| 欧 美 卷 |

主 编　宋建晓

刘婷玉　许更生　著

人民出版社

责任编辑：翟金明

封面设计：周方亚

图书在版编目（CIP）数据

"一带一路"视野下妈祖文化传承发展研究．欧美卷/宋建晓主编；
　刘婷玉，许更生 著. —北京：人民出版社，2021.3
ISBN 978－7－01－021644－7

Ⅰ.①—…　Ⅱ.①宋…②刘…③许…　Ⅲ.①神-文化传播-研究-中国
　Ⅳ.①B933

中国版本图书馆 CIP 数据核字（2020）第 000825 号

"一带一路"视野下妈祖文化传承发展研究（欧美卷）
"YIDAIYILU"SHIYEXIA MAZUWENHUA CHUANCHENG FAZHAN YANJIU
（OUMEIJUAN）

宋建晓　主编

刘婷玉　许更生　著

人民出版社 出版发行
（100706　北京市东城区隆福寺街 99 号）

环球东方（北京）印务有限公司印刷　新华书店经销

2021 年 3 月第 1 版　2021 年 3 月北京第 1 次印刷
开本：710 毫米×1000 毫米 1/16　印张：20.25
字数：310 千字

ISBN 978－7－01－021644－7　定价：68.00 元

邮购地址 100706　北京市东城区隆福寺街 99 号
人民东方图书销售中心　电话（010）65250042　65289539

目　录

序　一

　　发轫于福建莆田地区的妈祖文化已成为具备世界影响力的文化符号。在长期的传播发展过程中，妈祖藉因其丰富的文化内涵，成为中华传统文化的"金名片"。妈祖文化与海洋文化深度契合，是海洋文明开拓性与包容性的集中体现。它作为文化交流的重要纽带，随着时代的进步不断演进。妈祖文化与海上丝绸之路的拓展轨迹有着惊人的一致性，不仅成为中国海洋文明发展的重要部分，也是促进各个地域之间文化融合、族群互信的重要因素，在新时代背景下焕发出越来越灿烂的光彩。

　　自古以来，人类命运便与海洋相伴而生。黑格尔认为"人类在大海的无限里感到自己的无限的时候，他们就被激起了勇气，要去超越这有限的一切。大海邀请人类从事征服、从事掠夺，但是同时也鼓励人类追求利润、从事商业"（《历史哲学》）。敢于冒险、奔赴远方固然是获得利润的重要条件，但保证海运安全性却是持续获利的必要前提。妈祖信俗正是为保护海上生灵、确保海运财产安全而生。

　　海洋为沿海居民带来了丰厚的物质利益，是海洋经济贸易的重要助力。妈祖宫庙成为沿海民众展现生活风俗、商议群体性活动的重要场所。每逢妈祖诞辰日或妈祖升天日，妈祖宫庙都会举行盛大的祭祀典礼，各地举行的妈祖绕境出巡活动及妈祖庙会活动，敲锣打鼓，热闹非凡，并兼有各类文艺表演，包括秧歌、舞狮、戏剧等。这也使得妈祖官庙成为地方商业文化活动的中心地带。如澳门莲峰庙在历史上不仅被作为当地官府的客栈，且藉由庙宇的调动，庙宇周围迅速成为人口聚居区和商业区。而在厦门，怀德社、和凤社、前园保、黄赐保、丹霞宫路、福海宫巷等地名均与妈祖有关，是妈祖信仰推动港口城市发展的重要历史见证。

在长期的文化传播过程中，妈祖文化圈的形成与扩大逐渐成为中华文化传播的重要方式。妈祖文化传播依赖群体传播模式。妈祖文化始于宋代、成于元代、兴盛于明清、繁荣于近现代，是中华文化的绚丽瑰宝之一，其与海洋文化高度契合。如澳门地区现有妈阁庙及天后宫、天妃庙二十余座，每逢妈祖诞辰，人们张灯结彩，搭建戏台，邀请广东、香港等地的粤剧名伶来澳唱戏，并经常出版邮票、画册等多种宣传妈祖文化的纪念品。此外，妈祖文化更是两岸交流的重要纽带，两岸藉由多层级的妈祖文化机构，构建相辅相成的文化合作关系。

在促进经贸文化交流方面，妈祖文化在海洋贸易和文化产业发展上均扮演着重要的角色。我国早期商业活动多以陆路为重心，而自宋代以来，随着经济重心的南移，以东南沿海为中心的海外贸易体系逐渐发展成熟。自明清时期开始的下南洋移民潮则使得海外华人商业活动达到高潮。海神妈祖成为广大移民心中的寄托，有着恒久的文化价值。

随着时代的发展，妈祖正突破传统的文化形态，以创新的价值理念来面对新的挑战。如台湾地区大甲镇澜宫、北港朝天宫、台南大天后宫、台北慈佑宫等台湾地区官庙不仅拥有庞大的信众群体，也具有丰富的观光资源。近年来各妈祖庙更是积极将自身资源与文创产业相结合，推出各式别致多样的创意产品，从庙宇商店的文化产品、客家桐花节、云林偶戏节等节庆文化产物，到妈祖绕境的衍生文化商品，数量逐年增加。当然，妈祖文化模式的多元化运作也离不开政府的支持，得益于此，妈祖文化通过现代化的传播媒介，向各地传递和谐理念，积极参与各类政经活动。

妈祖文化作为海洋文化的构成部分，依托其在庙宇建设、习俗演替等方面的多重作用，已成为不同地域间文化交流的重要媒介。妈祖文化圈以其巨大的辐射力，对周边地域的政治生态和文化环境形成了深刻、长远的影响。1987年，台湾地区大甲镇澜宫妈祖藉由"妈祖升天千年"，突破重重阻碍，前往莆田湄洲岛妈祖祖庙进香祭拜，以两岸民间信仰交流的方式"撬开"了海峡两岸的第一块坚冰；2000年，规模更大、两岸沟通更为全面的湄洲进香活动再次顺利举行。大甲镇澜宫妈祖"回娘家"，使镇澜宫一举成为两岸关系中的先锋和"媒介"，拥有了在岛内经济、传媒等方面日益增加的"话语权"。这是两岸经贸往来和文化交流日趋频繁所产生的必然结果。总体而言，以"和平女神"妈祖为联系纽带的两岸民间信仰文化交流体系，不断突出两岸文化中长期共存的和平属性，是"两岸一家亲"理念的基础。

客观而言，妈祖文化圈的扩散与传播有其地区性与历史延续性，而海上丝绸之路沿岸国家与地区无疑是妈祖文化传播的重点区域。妈祖文化体系作为建立在世界海洋文化之上的民族文化，其内涵与海洋文化有着高度的一致性。妈祖在向外传播的过程中，不仅将中国沿海的生产要素及传统文化带到世界各地，且积极吸收借鉴各地文化，形成了一套积极的文化互动交流范式，为人类文明的进步提供了助力。与此同时，妈祖作为华人共同历史记忆，成为一代又一代民众参与构筑海上丝绸之路的重要集体记忆。这无疑为当前我国"一带一路"倡议的推广与落实、推动海峡两岸经济文化交流发展创造了有利条件。

本书作为国家社科基金特别委托项目"'一带一路'与妈祖文化传

承发展研究"成果，是在党中央高度重视妈祖文化传承发展，福建省加快建设 21 世纪海上丝绸之路核心区的背景下完成的。该成果的问世，对于推动国家"一带一路"建设，促进民心相通，构建人类命运共同体，传承弘扬妈祖文化具有重要的理论和现实意义。

全国政协委员

中国社会科学院学部委员

中国社会科学院大学人文学院学术委员会主任

王震中

2020 年 5 月 20 日

序　二

在中国本土的神灵信仰中，妈祖之受民众崇拜，堪称与三清教主、关帝并峙雄居前列。三清教主与关帝出身显赫，生前功业卓著，而妈祖出身于下层渔民之家，不见经传，而其受到民众如此崇高的崇拜与传播，这是很值得我们予以认真探索的。

一、妈祖文化传播的一般情景

根据一般的说法，妈祖本姓林，"（福建莆田）湄洲屿人。初，以巫祝为事，能预知人祸福。既殁，众为立庙于本屿"①。在这之后不久，在莆田县以及相邻的仙游、惠安县的一些地方，陆续出现了崇祀妈祖的庙宇。北宋宣和五年（1123），给事中路允迪奉使高丽还，奏获神佑，御赐"顺济"庙额，妈祖得到官方承认和宣扬。其后历代朝廷都曾陆陆续续给予妈祖敕封，使其神格不断得到提升。政府的敕封对于妈祖文化的传播起到了重要的作用。

到了南宋时期，妈祖文化除了在兴化军一带继续扩展之外，开始沿着福建海岸线向北方和南方沿海一带传播。福建以泉州的传播较为突

---

① （宋）廖鹏飞：《圣墩祖庙重建顺济庙记》，见蒋维锬编校：《妈祖文献资料》，福建人民出版社1990年版，第1页。

出，而在省外，则主要传播于江浙与广东等地。据有明确年代的记载，乾道年间（1165—1173），广东的海陆丰和浙江的嘉兴、钱塘一代，创建了妈祖庙。淳熙至嘉定年间（1174—1224），广州城南、杭州城南，以至江苏淮安、江阴、苏州一带，也出现了妈祖庙。端平至景炎年间（1234—1278），浙江舟山及於潜、江苏镇江及华亭、广东顺德及揭阳等地都有妈祖庙建造。其他具体年代不详的妈祖庙还有不少。

元代，妈祖传播继续沿着海岸线向各地扩展。至元四年（1267），山东牟平县创建妈祖庙，延祐年间（1314—1320）天津大直沽建成天妃庙，海运都漕万户黄头公奉旨创建山东荣城成山天妃庙。广东省海南岛内的海口、崖州、感恩等地也先后募建了天妃庙。

明代，妈祖文化继续在东海岸线一带传播，并开始进入内陆地区以及海外地区。洪武年间，在广西的合浦县和河北山海关海口，建造了妈祖庙。永乐年间（1403—1424）郑和下西洋之后，妈祖文化再度得到朝野的关注，其在国内传播的速度有所加快。妈祖文化逐渐向安徽、江西、北直隶、陕西、辽东、广西等内陆地区推进。大约在嘉靖、万历年间（1522—1620），澎湖岛内也兴建了妈祖庙。永乐二十二年（1424），由于明朝与东南琉球国的关系密切，琉球国于是年创建了弘仁普济天妃之宫于那霸天使馆之东，俗称下天妃宫，此为外国首建妈祖庙。明代后期的隆庆元年（1567），首任甲必丹华人郑芳扬创建马六甲青云亭，为南洋群岛最早的妈祖庙。大致与此同时，日本的萨南野间岳和菲律宾的吕宋岛，也出现了天妃庙。

清代是福建省等沿海民众迁移台湾的高峰期，随着大陆移民的大量迁居于台湾各地，妈祖文化随着移民迅速地在台湾岛内传播开来。早在康熙七年（1668），台湾南部安平、西港等地，已经建造了天妃庙。清朝收复台湾之后，台湾的妈祖庙进入大发展时期，至清代后期，台湾的妈祖庙，数量大致有 300—500 座之多。日据时期，妈祖文化一度受到日本侵略者的抑制，陷入低潮。台湾光复以后，台湾的妈祖文化迅速恢复，并且发展得更加迅猛。根据 1960 年的统计，台湾全省妈祖庙有 383 座，1981 年增加至 500 多座，到 20 世纪末，台湾妈祖庙有 800 多座。如果加上以妈祖与其他神祇共祀的庙宇，台湾的妈祖庙有 1000 余座。台湾的妈祖庙主要分布在台湾西部地区。

我国香港、澳门地区的妈祖庙，可能在明代时期已经建造。康熙八年（1669），澳门凼仔岛创建天妃庙。十六年（1677），澳门路环岛创建天妃庙。二十三年（1684），香港新界元朗凤池乡天后古庙创建。二十七年（1688），香港元朗大井建天后庙。其后在香港、澳门地区又有所增建。

至于妈祖文化在大陆的传播，则继续向内地扩展，几乎遍布于清王朝的所有行省。根据 2001 年出版的《莆田市志》的不完全统计，至 20 世纪末，中国总计有妈祖庙 2346 座。其中台湾 827 座，福建 806 座，广东 190 座，北京 8 座，天津 21 座，辽宁 30 座，内蒙古 1 座，湖北 15 座，山东 37 座，江苏 74 座，上海 33 座，江西 3 座，安徽 1 座，湖南 1 座，四川 2 座，贵州 1 座，广西 38 座，海南 41 座，香港 56 座，澳门 3 座。这一统计数字，明显低于各地妈祖庙的实际数量。中国全境包含港澳台在内，妈祖庙的总数大致达到 3000 座。

清代，妈祖文化向海外传播的步伐加快。康熙二十九年（1690），日本祝町、矶滨、玑原创建天妃祠。康熙三十五年（1696），日本大船主伊藤五左卫在大北半岛大间村创建天妃祠。其后，在日本华侨、华人比较聚集的地方，也有一些妈祖庙出现。如乾隆元年（1736）日本长崎唐人坊兴建天后宫，二十一年（1756）琉球姑米岛山上在建一座天后宫。嘉庆年间（1796—1820）福建侨商在日本长崎建八闽会馆天后宫。马来西亚槟城广福宫、马六甲天福宫、丁加奴和安宫等妈祖庙相继建成。闽粤船帮在缅甸丹老创建了天后宫。道光年间（1821—1850），新加坡先后建造了宁阳会馆天后宫和福建会馆天福宫。广东侨商则在印度孟买兴建天后宫。印度尼西亚东爪哇于道光十一年（1831）创建了南旺慈惠宫，崇祀天后。咸丰元年（1851），海南籍华侨在泰国曼谷石龙军路兴建妈祖庙。从清代后期至清末民初，是妈祖文化传播到东南亚及日本、朝鲜半岛一带的高峰期，妈祖文化庙宇分布在亚洲各地的数量，超过100座。

清代后期，随着华侨华人向世界各地迁移，妈祖文化也开始走出亚洲，传播到亚洲之外的区域。如在咸丰年间（1851—1861），广东侨商就率先在美国旧金山创建中华会馆天后宫。妈祖文化在欧洲、美洲以及非洲的传播规模和速度，虽然远远不能与亚洲各地相比，但是其分布的区域非常广阔。到了20世纪末，从太平洋的夏威夷、非洲的开普敦，到北美欧洲，都有一定数量的妈祖庙存在，根据不完全的统计数字，分布在亚洲之外的妈祖庙，大约有30座左右。

二、妈祖文化传播的社会基础

从妈祖文化的起源以及其传播的历程中，我们不难看出这一神明信仰的核心是对于外出行旅与航海的护佑。因此，学者们基本上认为妈祖文化的兴起，根植于福建海洋文化与巫觋文化的深厚土壤。因此之故，人们又往往尊称妈祖为"海洋女神"或"行旅之神"。

妈祖文化之所以出现在宋代的福建沿海地区，绝不是偶然的。福建面临大海，早在先秦时期就有所谓闽人善舟的传说。唐宋时期，福建人以其面临大海的自然优势，甘冒风涛之险，向海洋发展，进行国际间的商业贸易活动。南宋莆田人刘克庄曾经用诗句描述当时沿海一带勇于出海的社会现象和民众心理，他说："闽人务本亦知书，若不耕樵必业儒。惟有桐城南郭外，朝为原宪暮陶朱。海贾归来富不赀，以身殉货绝堪悲。似闻近日鸡林相，只博黄金不博诗。"①

福建民众从事海上贸易活动固然是一种赢利较高的行业，但是同时也是一种风险极高的行业。在唐宋时期造船业和航海业技术水平相对原始的情况下，出海谋生的人们，经常会遇到风涛的袭扰，海难事件时有发生。这正像上引刘克庄诗句中所感叹的那样，"以身殉货绝堪悲"。在这种既可赢利却又充满风险的处境下，人们自然希望有一种神明出现，对于漂泊在外的商民，予以护佑，使之平安归来。于是，恰恰是在北宋时期福建区域社会经济开始较快发展、海外贸易活动逐渐兴起的重要时刻，以航海女神形象出现的妈祖文化，在福建沿海的湄洲岛上兴起了。

妈祖文化的兴起，与三清教主和关圣帝君的信仰不同。三清教主有着2000年的信仰文化积累，被后世称为"道教"之主；而关圣帝君出身东汉侯爵，身份显赫，以忠义而闻名于世。妈祖出身于一个社会下层的渔民之家，没有多少文化教育和济世功业，在其短暂的一生中，主要是从事医巫之业，方便于基层社会民众，得到大家的尊重，去世之后，遂被当地民众奉祀为神。从妈祖文化起源的最初经历上看，并没有多少值得后世夸耀的丰功伟绩，但是这一信仰起源的经历，又正体现了福建区域长期的另外一种民间文化传承，这就是所谓的巫觋文化。

福建的巫觋文化积累，可以追溯到古代闽越土著时期。上古时期闽中地区远处边缘偏僻之地，社会生产力低下，土著闽越人有"信巫尚

---

① （宋）刘克庄：《后村集》卷12《泉州南郭》，《景印文渊阁四库全书》第1180册，台湾商务印书馆1982年版。

鬼"的习俗。① 当时的"越巫"，颇闻名于中原地区，《史记》载西汉时朝廷盛称："越人俗信鬼，而其祠皆见鬼，数有效。……乃令越巫立越祝词，安台无坛，亦祠天神上帝百鬼，而以鸡卜。上信之。"② 汉晋时期，北方汉民开始迁入闽中，当时闽中不少地方仍是山高林深、瘴雾弥漫的原始状态，为了解决生存问题，对一些难于理解的自然、社会现象作出解释，人们在努力开发生产的同时，不得不寄托于神灵的护佑。这样，入迁的汉民部分继承了闽越土著"信巫尚鬼"的传统。此外，北方汉民入闽后的生存竞争以及唐宋以后的冒险航海活动，人们普遍产生了"有求必应"的宗教信仰观念，于是，福建地区就逐渐形成了极为丰富多样的民间宗教信仰现象。

妈祖文化的起源，与这种巫觋文化的关系是十分密切的，妈祖生前以巫为业。莆田人、南宋状元黄公度曾经为顺济妈祖庙题了一首诗，诗中就明确指出妈祖与巫媪的关系，他的诗句是这样的："枯木肇灵沧海东，参差宫殿崒晴空。平生不厌混巫媪，已死犹能效国功。万户牲醪无水旱，四时歌舞走儿童。传闻利泽至今在，千里危樯一信风。"③ 南宋黄岩孙的《仙溪志》在记述妈祖顺济庙时亦云："顺济庙，本湄洲林氏女，为巫，能知人祸福，没而人祠之，航海者有祷必应。"④

在福建海洋文化与巫觋文化的交互作用下，一位神通灵验而又能够保护海上航行平安的神明，就这样在福建的海边乡村中问世了。然而，这种解释只能说明妈祖文化出现在福建沿海以及受到福建沿海民众崇拜

---

① （清）黄仲昭：《八闽通志》卷3《地理·风俗》。
② 《史记》卷12《孝武本纪》。
③ （宋）黄公度：《莆阳知稼翁文集》卷5《诗·题顺济庙》。此诗现在依然镌刻在湄洲妈祖祖庙大门的右侧。
④ （宋）黄岩孙：《仙溪志》卷9《三妃庙》。

的某些社会必然性，无法解释妈祖文化形成之后，为何能够超越全国各地的无数的地方民间信仰神明，成为具有全国性乃至世界性的神明信仰。我认为要比较恰当地解释妈祖文化得到中国社会的普遍认同，还必须从唐宋以来中国的社会经济基础来分析。

长期以来，研究中国封建社会历史的学者，往往根据西方中世纪历史的演化模式，来印证中国古代历史发展的所谓必然轨迹。于是，中国的封建社会，被描述为一种犹如欧洲中世纪封闭的自然经济模式，被束缚在土地上的农民，安土重迁，缺乏自主迁移的自由，等等。这样的历史叙述，其实与中国古代社会的实际情景，差异很大。中国古代的实际情景是至少从西周以来，就较少存在严格限制民众迁移和禁止民众从事农业之外生业的制度，民众的迁移、转业、兼业的现象古已有之。到了唐宋时期，上古时期的诸侯领主制度以及汉晋时期的世家门阀制度已经消失瓦解，中国逐渐进入到士人平民为主体的社会结构。整个社会的身份地位相对平等（皇室贵族除外），可以互相转换。一般民众可以自由选择士、农、工、商的种种行业，也可以比较自由地进行社会流动与迁移。与此同时，宋代的海外贸易活动比起前代有了更快的发展，广州、泉州、四明等地，成了中国对外交通的著名口岸。从事航海活动的人数也有大幅度提升。

尽管如此，在交通条件和科技水平比较落后的唐宋社会，人们外出经商从贾、越洋航海，毕竟存在着很大的生命财产风险。在现实情况的逼迫下，人们不能不产生一种精神上的期望，这就是渴望出现一种可以护佑出外平安、航行顺利的神明。恰在其时，北宋年间的福建湄洲岛上，妈祖神明横空出世，福建的士民们崇拜祭祀，推波助澜，迅速传播。于是，这种具有护佑出外平安、航行顺利的神明信仰，不仅仅是航海之神，而且进一步演化为行旅之神，她率先沿着中国的海岸带向外扩展，并且逐渐进入到内陆的某些地区。到了明清时期，中国的社会经济特别是商品经济更加进步，这种具有护佑出外平安、航行顺利的航海之神、行旅之神，就这样随着社会经济特别是商品经济进步的步伐，传播到国内的大部分区域，以至于亚洲各国以及海外。

三、妈祖文化传播的精神依托

妈祖文化演化至明清以来，妈祖已经不仅仅是航海之神、行旅之神，而是成为诸如保境安民、赐福致祥、姻缘家庭、生儿育女、同乡相助等等的多种神灵功能，以至于御敌、剿寇一类的战争之神。妈祖文化功能的扩大，我们认为似乎还应该从妈祖文化传播的精神依托以及中国民间宗教信仰的特征来加以解释。

中国汉族是一个多神崇拜或者说杂神崇拜的民族，人们对于神明的崇拜，更多的动因是出于某种功利的考虑。换言之，不管是何种神明，只要"有求必应"，自我精神上感觉较有灵验，就是好神，必须倍加拜祭。这种感觉在民众之中相互感染，彼此呼应，久而久之，某种神明就成了某个区域内最受民众崇拜的神明了。

佛教传进中国之后，在各地得到迅速的传播，佛教寺庙各地多有，在一般民众的认知中，从释迦牟尼到门神、韦陀，固然佛法无边，无所不能，但是这些佛家菩萨需要管辖的地方和事情太多，对于民众的一般琐事，恐怕是无暇顾及、管不过来。因此，一般的民众，除了佛教信徒之外，基本上是参拜有礼、泛泛祈求，不敢有过多的琐事相烦。即使是面目和善、大慈大悲、救苦救难的观世音菩萨，民众家里多有祈拜，但是观世音菩萨一定很忙，究竟能否管到乡里及家中的事情，实在没有把握。

道教的三清教主也是如此，既然贵为教主，该管的事情很多，想必不能来到家中或海上途中来做些具体的事务。道教之中的神明很多，各有神通，但是包括三清教主在内，他们似乎更关心的是驱邪镇魔，因此民间有什么阴风鬼火、狐妖暗祟的事情，就必须请出这班尊神，予以严厉镇压、收服归山。至于求福一门，这些神仙大多没有兴趣。

再如关帝圣君，声名显赫，佛道双栖，有伏魔、招财、义气、战斗之神的多种功能，特别是关圣帝君所具备的"招财""义气"的神通，与一般民众的基本需求密切相关。正因为如此，人们对于他的崇拜也就比较盛行，关圣帝君也就成为中国民间宗教信仰中深受崇拜的主要神祇之一。但是关圣帝君毕竟出身豪门，显得高高在上，不大愿意管些过细的事情。从历史记载上看，关圣帝君还是较少参与一些比较具体的战斗，也很少看到有关关帝圣君送来财物或帮助协调人际关系的记载。尽管如此，由于关圣帝君具备了太多的神通，可以给予一般民众更多的精神依托，因此他之所以受到民众的较为普遍崇拜，是有其一定的精神因素社会心理基础的。

妈祖文化的神祇形象则不同。在一般的基层民众心目中，她出生于下层普通的家庭，与一般民众没有门第与社会地位的差异；她生前没有立德、立功、立言，本身就是下层社会的一分子，慈祥和善，与下层民众极易沟通；她生前以巫为业，乡邻遇到生老病死、诸事不顺的时候，都会找她排解，想必她具有一身多能的功力。在这样的社会认知中，妈祖文化就往往会被一般民众视为贴近自己、平易待人、有求必应的平民之神。这种与下层民众较为亲近的平民之神，理所当然地为民间所接受。因此从神祇的功能上看，民间需要驱邪伏魔消除灾霾的时候，一般求助于关圣帝君、玄天上帝以及三太子、王爷一类的道教神祇，而对于妈祖的拜祀，则主要是祈福、保平安及求子、求姻缘等等的事情。

妈祖文化的这一社会心理与精神依托，更主要是体现在以妈祖故乡为核心的闽台社会里。妈祖文化虽然传播到国内的大部分地区,以及海外,但是其推动传播的主体,基本上是以福建省籍的商人及外出的民众为核心力量。妈祖文化不断向福建省外传播扩展,在很大程度上是依赖于福建省籍商人及外出民众的足迹所及。当这些福建省籍商人及外出民众到了某地之后,往往率先倡导并且时而联络其他的外地商人兴建那里的妈祖庙,作为护佑外出平安、联络乡谊的场所。庙宇兴建之后,由于妈祖所具有的这种亲民和善的神格,逐渐也就为当地民众所接纳,从而超越福建等东南沿海商人及外出民众的界限,演化成为当地的一种神祇崇拜,融入当地的社会之中。

如前所述,唐宋以来福建的海洋文化与巫觋文化,培植了妈祖文化的起源、形成与传播。同时,宋代以来,福建地区又是一个十分注重宗族关系与乡族关系的社会,乡土观念相当浓厚。福建籍的商人及外出民众,或许从精神心理上认为,自己家乡的神祇,一定能够更加尽心尽力地护佑自己。这种神明崇拜的社会心理与精神依托,造就了台湾地区妈祖文化的普及化和后来居上。在我们上引的全国妈祖庙宇统计数字中,台湾地区妈祖庙的数量,已经超出了福建省的数量,占有全国妈祖庙的三分之一。而闽台二地的妈祖庙,占有全世界妈祖庙的三分之二。而在闽台社会的海洋文化、巫觋文化、乡族文化的共同作用下,妈祖文化的形象,就逐渐成为亲近民间、慈祥和善、一身多能、有求必应的赐福、保平安的神祇,而不仅仅只是航海之神、行旅之神了。这种亲近民间、慈祥和善、一身多能、有求必应的赐福、保平安的神祇形象,是妈祖得以在全国各地以至海外传播的一个重要因素。

四、妈祖文化传播的世界文化意义

妈祖文化是一种以福建地域文化为基本特质的文化,妈祖文化在全国各地的传播，在某种程度上也可以说是福建地域文化向全国各地传播的一种过程。从中国历史的发展进程上看，中华文化的形成及其演化，本身就是一种不同区域文化相互传播与交流的过程。因此，妈祖文化向全国各地传播扩展，从一个侧面丰富了中华文化宏伟而又多姿多彩的内涵。

如果我们把妈祖文化的对外传播放到世界文化传播史的视野来考察，我们就不难看到，妈祖文化的对外传播，在中华文化的对外传播史与交流史上，具有不可替代的重要意义。

迄今为止，学界对于中华文化对世界文化的影响，习惯性地认为是在上层文化即中华经典文化特别是儒家文化的对外传播史之上，而忽视了中华民间文化特别是中国东南沿海区域民间文化对于世界的传播。这种看法无疑是十分偏颇的，事实上，从明清以降，中国东南沿海区域民间文化的对外传播，已经逐渐成为中华文化对外传播的主体。

我们要厘清这一问题，首先应该把中国明清时期的历史放到世界历史的发展进程中去考察。明代中后期即公元十五、十六世纪之后，是中国历史从"区域史"迈进"世界史"的关键时期。明代中后期，中国社会经济出现激烈变动，在与早期西方殖民主义势力的碰撞过程中，东西方之间的文化交流也出现了前所未有的态势。尽管中国文化的对外传播，可以追溯至汉唐时期，但是那个时期的中国文化对外传播的影响力主要局限于亚洲的相邻国家，对于欧洲等西方国家的影响则极为间接且相对薄弱。到明代中后期，情景有所不同。中西双方不仅在贸易经济上产生了直接、具有一定对抗性的交往，且西方大批耶稣会士的东来，使双方在文化领域也发生了直接的交往。尽管当时西方耶稣会士是带着宗教传教目的东来。传教士往往对于所谓"异教徒"的文化，具有某种程度的蔑视心态。但是面对较为开放的中国社会与文化环境，这批西方耶稣会士敏锐地意识到中国传统文化的博大精深，很少有人轻视中国文化。这种较为平等的文化比较心态，使明代后期来华的耶稣会士们，在一部分中国上层知识分子的协助下，开始较为系统地向欧洲译介中国古代的文化经典。比如，入华耶稣会士先驱利玛窦撰述中国札记，以丰富的资料，向西方"开启了一个新世界，显示了一个新的民族"，在这种较为平等心态的中西文化交流与文化传播中，中国的文化在西方受到了应有的尊重。我们回顾历史上中国与西方的文化交流历程，不能不得出这样的结论：明代中后期以至明末清初，是中国文化对外传播的黄金时期。而这一黄金时期的出现，正是建立在明代社会在面对世界变化时所持有的包容开放的姿态基础之上的。

然而，如果我们仅仅把中华文化的对外传播局限在以儒家学说为核心的带有意识形态意味的政治文化之上，是远远不能涵盖明代中后期以来中华文化对外传播的固有面貌的。我以为，明代中国文化的对外传播，至少还应该包含一般民众的生活方式即民间文化对外传播的这一路径。明代中后期是中国传统朝贡贸易转为民间私人海上贸易的重要变更时期。16世纪初叶，西方葡萄牙人、西班牙人相继东来，他们各以满剌加、吕宋为根据地，逐渐将其势力伸张于中国沿海。欧洲人的东来，刺激了东南沿海地区商人的海上贸易。伴随着明代中期社会经济尤其是商品市场经济的发展，中国的商人们也开始突破传统经济格局和官方朝贡贸易的限制，"犯禁"走出国门，投身于海上贸易的浪潮之中。与此同时，随着这种中西方碰撞交融的深入，中国的对外移民也成为一种常态。这种带有家族、乡族连带关系性质的海外移民，必然促使他们在海外新的聚居地，较多地保留其原来在祖家的生活方式。于是，家族聚居、乡族聚居的延续，民间宗教信仰的传承，风尚习俗与方言的保存，文化教育与艺能娱乐偏好的追求，都随着一代又一代的言传身教，艰难存继，而得到了顽强的承继。

明清以来这种由民间传播至海外的普通民众的生活方式及其文化传播，逐渐在海外发展为富有中国特色的文化象征。

18世纪以来，世界格局产生了显著变化，明代中后期以来中国文化对外传播表现为两个层面与两种途径，即由西方传教士及中国上层知识分子翻译介绍到欧洲的以儒家经典为核心的意识形态文化，以及由沿海商民迁移海外所传播过去的普通民众生活方式的基层文化。随着历史的推移以及世界文明格局的变化，这两种文化传播的层面与途径，并没有殊途同归，而是经历了不同的艰辛挣扎的发展历程。以儒家经典为核心的意识形态文化对外传播，在明清易代之后，仍然持续了一段时间的开放局面。清代中期，清政府采取了较为保守封闭的对外政策，特别是逐渐压制中西方在思想文化领域的交流。这种保守封闭的政策对中国文化的对外传播产生了一定的阻碍。更为重要的是，随着西方资本主义革命不断取得胜利和工业革命的巨大成功，"欧洲中心论"的文化思维已经在西方社会牢固树立。欧洲一般的政治家和知识分子们也逐渐失去了过去对于中华文化的那种平等的敬畏之心，延至近代，虽说仍有一小部分中外学者继续对外翻译介绍中国文化经典，但是在绝大部分西方人士的眼中，所谓的中华文化成为落后民族的低等文化的代名词。尽管他们的先哲们，也许在不同的领域提及并且赞美过中国的儒家思想，然而到了这一时期，并没有多少人肯于承认他们的高度文明思想，跟远在东方的中国儒家文化有着怎样的联系。时过境迁，从19世纪以后，中国以儒家经典为核心的意识形态文化影响力之于世界文化整体格局中大大下降，其作用日益衰微。

反观同时期由沿海商民迁移海外所传播过去的一般民众生活方式基

层文化的这一途径，则相对通畅一些。尽管清政府采取了较为保守封闭的对外政策，但是对于海外贸易，一方面是相对宽容，另一方面也无法予以有效的禁止。这种情景下，沿海居民继续从事海外贸易和移民的活动。特别是在向海外移民方面，随着国际间交往的扩大和资本主义市场的网络化，其数量及所涉及的地域均比以往有所增长。到了近现代，中国东南沿海向外移民的足迹，已经深入到亚洲之外的欧洲和美洲各地，乃至非洲。经过数百年来中华海外移民的艰难挣扎，世界各地逐渐形成了具有显著特征而又不可替代的"唐人街""中国城"。世界各地的"唐人街""中国城"，充满着中华文化浓郁气息的建构与特征，具有高度的一致性。这种一致性的建构与特征，正显示了由沿海商民迁移海外所传播过去的一般民众生活方式基层文化在海外的成功保留与发展。到了20世纪上半叶，在普通西方人眼里的中华文化，基本上就是等同于分布在世界各地的"唐人街""中国城"了。即使在今天，遍布在海外各地的"唐人街""中国城"，依然在传播中华文化的道路上，发挥着极其重要的桥梁纽带作用。

从文化传播史的角度来考察明代以来的中国社会，以往被人们所忽视的由沿海商民迁移海外所传播过去的一般民众生活方式基层文化的文化传播途径，实际上成了18世纪以后中华文化向海外传播的主流渠道。我们只有认识到这一点，才能对于中华文化的海外传播历史，有一个更为切合实际的了解与一个更加广阔的崭新体会。我们回过头再来考察妈祖文化的海外传播历史。妈祖文化作为福建沿海地区民间文化的重要组成部分，她在海外的传播历程，基本上是与十五、十六世纪以来中国沿海居民的向外移民以及福建等沿海民间文化的向外传播是同时进行的，妈祖庙往往成为世界各地唐人街内华人华侨的共同信仰场所。妈祖文化在海外各地所起到的作用，更加超出了国内所具有的航海之神、行旅之神、民众之神的界限，成为华人华侨在移居地相互团结、标识存在的文化象征和精神家园。妈祖文化庙宇及其信仰文化，也成为外国人认识中华文化的主要形象标志。正因为如此，我们今天讨论中国的海上丝绸之路，讨论中华文化在世界各地的传播历史以及中华文化对于世界文化所产生的影响，是无论如何无法回避妈祖文化在中华文化对外传播史上所应有的重要地位。妈祖文化对外传播的文化意义是世界性的，妈祖文化是中国海上丝绸之路赖于传承延续的重要文化精神支柱之一。如果我们今天忽视了这一点，那么我们奢谈中国海上丝绸之路，无疑是十分无知、十分缺憾的。

厦门大学国学院院长

中国明史学会会长

陈支平

2020 年 5 月 20 日

前　言

妈祖，作为汉族民间神祇，自宋经元、明、清等几代传播迄今已历千年以上。奉祀妈祖的宫庙，遍布中国大陆绝大多数省份。元明清之间世界航海交通日益发达，妈祖宫庙也随着华人足迹遍及全球，其中包括日本、东南亚、加拿大、美国乃至法国等。但在西方文化主导了几个世纪的世界文化中，能够有妈祖文化的一席之地，却非一日一时之功可以促成的。这其中不仅有华人世界有识有志之士的努力，还有中国文化几个世纪以来被西方人逐渐认识的曲折历程。这几个世纪的历史，并不总是充满欢笑与理解的，更多的时候，像海上的风暴一样，充斥着悲剧与泪水。

21 世纪以来，随着中国传统文化的复兴、非物质文化遗产保护的推进，妈祖信俗及其文化受到了海内外的广泛关注，有关妈祖信俗及文化的研究也有了较大的发展。其中妈祖信仰的传播一直是妈祖文化研究的重要内容，只是关于妈祖信仰在海外的传播研究多关注日本和东南亚地区，有关妈祖信仰在西方世界的传播则很少被关注。

《"一带一路"视野下妈祖文化传承发展研究（欧美卷）》在一定程度上弥补了此前研究的不足。本书采用历史文献资料分析的方法，描述和分析了自中世纪新航路开辟以来，随着中西方经济、政治联系的加强，以妈祖信仰为代表的中国传统文化同西方文化的碰撞、交流的历史过程。从 16 世纪到 20 世纪上半叶，来自葡萄牙、西班牙、荷兰、英国、美国等西方国家的传教士、外交使者、航海者、海商来华传教、从政或经商，以及中国的水手、海商、侨工在美洲新大陆开发、澳洲淘金热的吸引下迁移到北美、澳洲等地，妈祖信仰及文化也随之传播到欧美世界。早期妈祖信仰文化向西方世界的传播深深地镌刻了那个殖民时代的印记，妈祖文化被视为基督教之外的他者文化而被西方人贬斥为迷信，有时也遭遇到西方人的误读或者再诠释，从而实现传教士在中国传播天主教的目的。在航海技术并不发达，侨胞远迁他乡，充满不平等、歧视和苦难的殖民时代里，由于妈祖信仰给予华侨华人精神守护和人际联结的重要功能，广大侨民在异国他乡以虔诚的信奉态度和宗教实践而让妈祖信仰扎根、传承于欧美世界。

本书还关注了现当代欧美世界中妈祖信仰的传播和继承情况——由于华侨华人移民到美洲、欧洲、澳洲等地，他们将来自家乡的妈祖信仰带到了移居之地，随着世界各区域文化平等交流的逐渐实现，也由于妈祖信仰具有极大的适应性、灵活性和包容性，妈祖信仰的社会功能可以随时代变迁更新，妈祖文化在欧美世界逐渐被接纳，从而获得了较为友善平等的生存空间，成为华侨在欧美世界族群认同的重要文化表征。

当前，中国正大力推进"一带一路"建设，历史漫长、影响深厚而广泛的妈祖作为"海上女神"，在海洋文化中认同度极高，有望为世界的和平与共同发展作出贡献。

本书的写作和出版，希望能够较为全面、系统而深入地介绍妈祖信仰及其文化在欧美世界的传播发展的历史过程及其内在机制，并从中呈现在中国土生土长的妈祖信仰在播迁欧美世界的过程中所具有的普遍性特征和区域性（地域性）特征，为进一步研究当代妈祖信仰和文化的变迁，以及世界各地妈祖信仰和文化的交流提供学理依据。

第一章　16 至 18 世纪妈祖文化
在欧洲的传播[①]

　　16 世纪的中国海，是全世界的贸易者、探险家聚集交汇的地方，充满着变幻莫测的海风与洋流，也存在着无数的机遇——不论是巨额财富，还是谁也不曾见过的奇妙的花草植物，甚至是未曾出现在任何一本人类文字记载中的陌生人群。作为天主教在中国乃至整个东亚地区的开拓者，耶稣会传教士沙勿略也被这一区域深深吸引着，而他最大的热望，莫过于登上中国之地，这个曾经久远的、只存在于传说与旅行者讲述中的巨大而神秘的国度。这种愿望是如此的强烈，不仅驱使着沙勿略历尽艰险来到了亚洲，也使他无法等待更加安全的机会，而是在马六甲附近登上了一艘中国式的沙船，船主很可能是一名"海盗"。这一年，是 1549 年。沙勿略对这艘中国船最初，也是最深刻的印象，来自船上所供奉的妈祖神像：

　　　　这是在一只海里航行的商船上，这船大概有三四百吨重，前边很低，后边很高，船身宽阔作方形。共有三只桅杆，船帆是用草席

---

　　①　刘婷玉：《明代海上丝绸之路与妈祖信仰的海外传播》，《中国高校社会科学》2017 年第 6 期。

做成的，也是方形，用竹竿支持，这是一件很笨重的工具。

妈祖婆也叫作天妃，船上的人对她的敬礼很勤，每天一早一晚的，总要高香长烛的，在她的像前燃着。遇着非常的事故，还要用一种占卜的方法，请求她的指示。①

在沙勿略看来，"中国那时的异端情形，就在这只船上，有了很完备的写照"。陌生而备受尊崇的妈祖像，显然让沙勿略感受到了异质文化的震撼。面对着船上的妈祖像，他所涌起的恐惧、好奇和迫切，恰恰是那个年代欧洲人对于中国复杂感情的最佳写照。而妈祖是怎样在这个风起云涌的世纪里，见证了、影响着东西方的相遇与相识的，需要我们先认识一下 15 到 18 世纪之间，整个世界形势与族群信仰的分布与变迁。

第一节 16 至 18 世纪欧洲与中国的关系

在我们现在通行的大部分历史教科书上，16 世纪到 18 世纪，这一段被划分为"世界近代史"的历史时段，都是以欧洲人的"地理大发现"（Age of Exploration）作为起点的。就像我国著名世界史学家吴于廑、齐世荣先生编著的《世界史·近代史编》的前言中所说的："世界近代史就是一部资本主义在西方上升、发展、向全世界扩张并由之在全世界产生巨大影响和反响的历史，而导致资本主义在西方上升发展的一系列变化、一系列事件，几乎都与地理大发现息息相关。……没有地理

---

① J. J. M. de Groot（德格鲁特），*Les Fetes annuellement colgbrees a Emoui(Amoy)*，（《厦门岁时记》）Chavannes, Paris, 1880，转引自裴化行：《天主教十六世纪在华传教志》，萧濬华译，商务印书馆 1937 年版，第 67 页。

大发现，就没有工业革命，也没有资本主义的发展，更没有随之而来的世界历史向整体发展的根本转折。"这种世界历史的论述，可以说决定着大部分人的世界观。然而，这样的看法不断地遭遇到了挑战，以吴于廑、齐世荣先生为代表的中国历史学家，深刻地反思了"欧洲中心主义"的世界史观，即使在上述的历史教科书中，也已经明确指出："在17 世纪及 18 世纪的早期，中国对欧洲的影响比欧洲对中国的影响要大得多。"① 世界历史学界也越来越重视中国和亚洲世界在这一时段里的重要地位，通过研究逐步认识到，16 到 18 世纪的世界贸易体系，至少从社会经济史的角度来看，还是以中国和印度为主的亚洲国家为中心的。在这一问题上，最为杰出的研究，当属贡德·弗兰克的《白银资本》一书。弗兰克在研究了有关人口和各类经济指标的大量数据后得出结论，1750 年亚洲约占世界总人口的 66%，而亚洲的产值占世界的80%。也就是说，占世界人口 2/3 的亚洲人生产出世界 4/5 的产值，而占世界人口 1/5 的欧洲人只生产出其余 1/5 产值的一部分，另外的部分是非洲人和美洲人的贡献。②

越来越多的史实证明，在 16 到 18 世纪的世界贸易舞台上，中国商人占据着极为重要的位置，而妈祖作为中国水手、海商最主要的保护神，也在这一时期走向了世界。而我们要在这本书中讨论的，就是这一过程中发生的诸多鲜活的历史事件，在其中，我们可以看到自 16 世纪以来开始频繁接触中华文化的欧洲人，是怎样认识妈祖，并且将妈祖文化传播到欧洲乃至美洲地区的。

---

① 吴于廑、齐世荣：《世界史·近代史编》上卷，高等教育出版社 2007 年版，第 263 页。

② ［德］贡德·弗兰克：《白银资本：重视经济全球化中的东方》，刘北成译，中央编译出版社 2008 年版，第 240 页。

一、郑和下西洋影响下的欧洲"地理大发现"

让我们先把眼光投向大明宣德六年（1431）的中国。这已经是郑和第七次出使西洋的前夕，他和随行的王景弘、李兴、朱良等人寄泊福建长乐以等候季风开洋，在隆重的妈祖祭祀仪式后，一方记载了当时情景的《天妃灵应之记》被保存在了郑和重修的长乐南山天妃行宫中。碑文是这样记叙的：

> 皇明混一海宇，超三代而轶汉唐，际天极地，罔不臣妾。其西域之西，迤北之北，固远矣，而程途可计。若海外诸番，实为遐壤，皆捧琛执贽，重译来朝。皇上嘉其忠诚，命和等统率官校、旗军数万人，乘巨舶百余艘，赍币往赉之，所以宣德化而柔远人也。自永乐三年奉使西洋，迨今七次，所历番国，由占城国、爪哇国、三佛齐国、暹罗国，直逾南天竺、锡兰山国、古里国、柯枝国，抵于西域忽鲁谟斯国、阿丹国、木骨都束国，大小凡三十余国，涉沧溟十万余里。
>
> 观夫海洋，洪涛接天，巨浪如山，视诸夷域，迥隔于烟霞缥缈之间。而我之云帆高张，昼夜星驰，涉彼狂澜，若履通衢者，诚荷朝廷威福之致，尤赖天妃之神护佑之德也。……及临外邦，番王之不恭者，生擒之；蛮寇之侵掠者，剿灭之。由是海道清宁、番人仰赖者，皆神之赐也。[1]

从郑和祭祀天后的铭文不难看出，彼时的妈祖作为中国航海保护神

---

[1] 《天妃之神灵应记》，蒋维锬编校：《妈祖文献资料》，第65页。

的地位已经毋庸置疑，而郑和七下西洋的这幅路线图所展示的区域，也正是在之后的几个世纪中，中华文化与欧洲文明交汇的舞台。郑和下西洋作为中国航海史上浓墨重彩的一笔，不仅宣扬了明朝的国威，荡清了海氛，为接下来几个世纪中的中国商人在整个亚洲地区的海洋贸易奠定了基础（尽管未必是合乎于明朝"海禁"政策，但确为历史事实），还带回了大量海外的货品，而分赐予海外诸国的中国方物也潜在扩大了中国商品（丝织品、瓷器等）的海外市场。而来自东南亚的香料也大量地涌入了中国，以胡椒为例，尽管胡椒进入中国历史悠久，但真正成为普遍的消费品却是在郑和下西洋之后。15—16 世纪中国在东南亚地区收购的胡椒年达五万包，或二百五十万斤，等于 17 世纪上半期胡椒从东方输入欧洲的总数。导致胡椒在明朝的政府库藏中堆积如山，以至于明朝廷颁布"在京各衙门吏，其折色钞，亦照文武官吏例给胡椒、苏木"，强行推销胡椒，而导致胡椒价格在中国的逐渐衰落，昔日珍品一变而为"遍中国食品，为日用之物也"①。田汝康先生对于郑和航行与中国的胡椒价格波动的研究相当出色，而田先生未来得及完成的工作，是将郑和下西洋运销的大量胡椒造成的世界性影响作更多的阐释。

田汝康先生已经注意到，"胡椒价格的昂贵是促使葡萄牙人向东方找寻新航路的原因之一"②。而当代的欧洲经济史学家越来越多地注意到，欧洲各地的胡椒价格在 1400 年之后出现了一个突然的高峰，刺激了之后以葡萄牙、西班牙人为先锋的航海行动。③ 而这个胡椒价格高峰

---

① J. C. van LeurIndonesian, *Trade and Society, Essays in Asian Social and Economic History*, The Hague: Wvan Hoeve Ltd. , 1955, p. 125.

② 转引自刘婷玉：《明代海上丝绸之路与妈祖信仰的海外传播》，《中国高校社会科学》，2017 年第 6 期。

③ David Bulbeck, "Southeast Asian Exports since the 14th Century: Cloves, Pepper, Coffee and Sugar", *Institute of Southeast Asian Studies*(December 31, 1998) .

的出现，恰恰就是因为郑和下西洋，大量东南亚地区出产的胡椒被其收购到了中国，才引发了欧洲地区胡椒价格在短期内的暴涨，[①] 从而引发了欧洲地区对于胡椒需求量的剧增，揭开了所谓"地理大发现"的序幕。

让我们再来看 16 世纪的欧洲。欧洲香料市场的形成受到十字军东征（1095—1291）的影响，在近两个世纪的多次东征中，东方的物品随之大量流入欧洲，大量香料、香草等经过巴格达转运到威尼斯，继而销往欧洲各地[②]。《剑桥东南亚史》载："长达约 200 年的十字军东征后，西欧人开始大量消费肉食，并养成了添加亚洲香料的口味，随之形成对亚洲香料的需求。"[③] 欧洲中世纪时期，以冬季缺乏饲料，常在秋末大量宰杀牲畜，因而一年之中仅在秋末冬初能吃到鲜肉。大封建统治者有冰窖贮存鲜肉，一般人民则食用熏肉和咸肉。由于食盐价昂兼制炼不纯，熏咸多不得法，每当春初常有一半熏咸肉变质，所以特别需要胡椒调味，对胡椒的需要远胜于今日。[④]

除了对于胡椒等香料和财富的渴望外，以中国为代表的神秘的东方国家本身对于 15、16 世纪的欧洲人来说也充满着巨大的吸引力。正如文艺复兴时期重新发掘了"地圆说"，并且促成了哥伦布远航的人文主义者托斯卡内利（Toscanelli）在写给哥伦布的一封信里所说的：去中国不仅可以获得财富，还可向他们的哲人学子、天文学家学习交流治

---

① 这个解释来源于牛津大学经济史学家 Kevin Hjortshøj O'Rourke 教授在 2016 年量化历史研习班（北京）的演讲。

② ［美］汤普逊：《中世纪经济社会史（300—1300 年）》，耿淡如译，商务印书馆 1961 年版，第 480—481 页。

③ ［新西兰］尼古拉斯·塔林主编：《剑桥东南亚史》（第一卷），贺圣达译，云南人民出版社 2003 年版，第 179 页。

④ R. H. Crofton, *A Pageant of the Spice Islands*, Published by John Bale, Sons & Danielsson Ltd, London, 1936, p. 23.

国之道、战争之法，"盖不独金、银、珍珠、宝石、香料，所在皆是，可以致富也。而吾人亦可与其国学人、哲士、天文家等交谈，互换知识。统治国家之才能，巧慧战争之方法，吾人皆可自其人学习取材也"①。而这一阶段欧洲人对于遥远的东方国度的想象，主要来自 13、14 世纪旅行者的描述，其中最具代表性的，就是《马可·波罗行纪》。马可·波罗为西方人创造了最早的集体想象中的中国形象：大汗统治下的繁荣富有的大帝国，不仅是财富与王权的象征，也是仍然生活在宗教启蒙之前的欧洲国家早期世俗精神和政治欲望的一种隐喻性投射。

托斯卡内利根据"地圆说"绘制了一张世界地图，将印度置于大西洋西岸，认为只要一直向西就会到达东方，在他写给哥伦布的信中，处处可以看到马可·波罗的影响，所以他使哥伦布相信："足下依此航行，即可抵产香料宝石之国。其地肥美，最为富厚。仆言其国在西，而普通则皆谓在东。足下或讶异，不解其故也。然苟一思地为圆形，向西直，经地之下面，其地自可达也。若由陆路，经地之上，则其地方向固在东方也。……由里斯本向西直行，可抵京师城（Quinsay，即杭州），城市美丽，人烟稠密。图中表示两地距离共二十六方格，每方格长二百五十迈耳。京师周围一百迈耳。城内有桥十处。京师之义，犹云天城（City of Heaven）也。前人至其地者，述各种奇事、巧匠，富厚甲天下。由里斯本至京师间，道里几占全球三分之一。"②

15 世纪的伊比利亚半岛对于航海事业的热望，最集中体现于航海

① 张星烺编注，朱杰勤校订：《中西交通史料汇编》第一册，中华书局 1977 年版，第 338 页。

② 张星烺编注，朱杰勤校订：《中西交通史料汇编》第一册，中华书局 1977 年版，第 337—339 页。

家亨利王子身上，他对于非洲海岸线的探索，奠定了之后葡萄牙航海的基调，正是由于他组织起的出色的航海船队，才有了 1487 年，迪亚士率领的船队到达好望角，为从非洲南端前往印度的航线做好了准备。与此同时，1492 年 8 月 2 日，哥伦布（Columbus）在西班牙王室的资助下，横渡了大西洋，于 10 月中旬到达巴哈马群岛，意料之外地到达了美洲。葡萄牙和西班牙的航海竞赛愈演愈烈，最终有了 1493 年的"教皇子午线"的划定，经由教皇亚历山大六世的裁定，在亚速尔群岛和佛德角群岛以西 100 里格的子午线为分界线，并把该线以西的一切土地都划归西班牙，以东的一切土地归葡萄牙。不久之后，葡萄牙和西班牙通过《托德西拉斯条约》（The Treaty of Tordesillas）对此划定进行了修正，因为西班牙误以为前往东方的航线是向西的，反而帮助葡萄牙取得了向东航行新发现的所有权。

1497 年 7 月，达·伽马率领的船队（Vasco da Gama）又从葡萄牙出发前往亚洲，并于次年 5 月底成功抵达印度卡利卡特，在那里买了一船的胡椒和肉桂等亚洲商品后，船队开始回航，于 1499 年 9 月回到里斯本，继而揭开了葡萄牙武力殖民印度洋各国的序幕。15、16 世纪的东南亚地区本来已经是繁茂的贸易场所，但并未有哪个国家采取武装征服的方式进行贸易，直到葡萄牙和西班牙武装船队的到来。1510 年，葡萄牙占领果阿（Goa），并把它作为"亚洲帝国"的首都，1509 年八九月份，四艘葡萄牙战船先后抵达马六甲，开始了侵夺马六甲的行动。马六甲位于马来半岛南端，是马六甲海峡的重要咽喉，它在印度洋和太平洋季风的交汇点上，是"季风的终点，别的信风的起点"①，从而成为从印度洋来到这里的商船与前往东亚进行贸易的商船

---

① ［葡萄牙］皮列士：《东方志：从红海到中国》，何高济译，江苏教育出版社 2005 年版，第 220 页。

的交汇处，各国商人都在此汇集，其中就有为数不少的中国商人，在中国的古籍中被记载"为诸夷辐辏之地"，海上之都会①。而葡萄牙武装殖民者的到来打破了这一地区的贸易平衡，并最终为葡萄牙人所垄断。

在稍晚一些的 16 世纪 60 年代，西班牙人对菲律宾的征伐也开始了，这一时期西班牙国王菲利普二世可以说是西班牙历史上最为野心勃勃的帝王，在他的计划中，强烈要求墨西哥总督派遣船队前往菲律宾，目标自然是在欧洲价格猛涨的香料贸易。而当西班牙人来到菲律宾时，发现中国人早在他们到菲之前，就已前往菲律宾贸易，运去丝织品、瓷器等。而菲律宾本岛"既无香料，又无金银"，西班牙人发现在这个岛上，不可能有任何利益可想，除了有可能打开中国或其他岛屿的贸易联系，因而只能继续招徕华商来菲律宾贸易。② 在发现了明代中国对于白银的巨大需求后，更进一步地，西班牙人开辟了一条从菲律宾到墨西哥的贸易航线，这就是持续了二百多年从马尼拉到墨西哥的阿卡普尔科的大帆船贸易。大帆船贸易主要贩运中国的丝绸，中国的生丝不仅质量上乘，花样齐全，而且价格低廉，当时中国丝绸价格在墨西哥只及西班牙同类产品的三分之一。③

葡萄牙和西班牙殖民者并未满足于在东南亚的运销贸易，他们的目标从开始就是中国，正如 1640 年的荷兰人在论及东方贸易时说的："他们（葡萄牙人）获得如此令人目眩的丝货……仅仅在于借助了中国人卓有成效和富有才华的帮助。中国人提供货源，葡萄牙人专事分销，舍

---

① （明）黄衷：《海语》，岭南遗书本，第 4 页。

② E. H. Blair and J. A. Robertson, *The Philippine lslands, 1493－1898*, Cleveland, 1903－1907, Vol. 2, p. 255, Vol. 3. p. 181.

③ 全汉升：《自明季至清中叶西属美洲的中国丝货贸易》，《中国经济史论丛》，香港中文大学新亚书院、新亚研究所 1972 年版，第 470 页。

此，葡萄牙人无法将贸易推向前进。"① 而荷兰人和英国人的船队虽然较晚到达亚洲，但也随着伊比利亚半岛势力的衰弱而次第兴起。

二、16 世纪葡萄牙人与中国的接触

葡萄牙国王唐·曼努埃尔一世时期是葡萄牙海外贸易王国走向巅峰的时期，这位国王不断从在亚洲贸易的葡萄牙商人及他派驻的官员那里听到有关中国的只言片语，逐渐激起了他极大的好奇心。早在 1508 年 2 月 13 日，葡王唐·曼努埃尔一世给奉命探索东方的迪奥戈·罗佩斯·德·塞戈拉（Diogo Lopes de Sequeira）下达长篇指令：

> 要弄清中国人（Chi jns）的情况。他们来自哪里？距离有多远？到马六甲贸易的间隔时间是多少？携带什么商品？每年来往商船的数目和船体规模如何？是否在当年返回？他们在马六甲或者其它地方是否设有商馆和公司？他们是否很富有？性格怎么样？有没有武器和大炮？身穿什么服装？身材高矮如何？此外，他们是基督徒还是异教徒？他们的国家是否强大？有几位国王？国内有没有摩尔人和其他不遵行其法律及不信奉其宗教的民族？如果他们不信仰基督教，他们信仰和崇拜什么？风俗如何？国家规模以及与什么国家接壤相邻？②

---

① C. R. Boxer, *The Great ship from Amacon, Annals of Macao and the Old Japan Trade, 1555—1640*, Centro de Estudos Históricos Ultramarinos, 1963, p. 168.

② 《葡萄牙国家档案馆藏有关葡萄牙航海与征服档案汇编》（Alguns Documentos do Archivo Nacional da Torre do Tomboacerca das Naveg coes e Conquistas Portuguesas），里斯本 1982 年，第 194—195 页，转引自万明：《明代中葡两国的第一次正式交往》，《中国史研究》1997 年第 2 期。

及至 1515 年，曼努埃尔一世决定委派费尔南·佩雷斯·德·安德拉德（Fernao Pares de Andrade）率领一支船队前来东方，并委派一名使臣觐见中国的皇帝。该使臣，即是被誉为"欧洲第一位赴华使节"的托梅·皮雷斯（Tome Pires）①。皮雷斯使团在中国的行程被不同的目击者记录了下来，其中甚至有不少与妈祖文化相关的珍贵资料，我们在后文会详细地谈及。但这一使团最后的命运是遭到了明朝政府的驱逐，一方面由于其卷入了正德皇帝死后的政治清洗运动，另一方面也是由于其他葡萄牙船队在中国沿海试图重演其在东南亚的野蛮行径，遭到了明朝军队的坚决还击。给事中王希文在上疏中就说："佛郎机匿名混进，突至省城，擅违则例，不服抽分，烹食婴儿，掳掠男妇，设栅自固，火铳横行，犬羊之势莫当，虎狼之心叵测。"② 在 16 世纪的下半叶，葡萄牙人持续不断地试探着接近中国沿海地区，在浙江双屿、福建浯屿和走马溪频繁出入，并且有时和中国沿海的海盗、倭寇或私商混杂在一起，遭到了嘉靖时期受命打击沿海倭寇的明朝大员朱纨的打击。后来，葡萄牙人逐渐在广东澳门稳定地经营下来，确立了"果阿—马六甲—澳门—日本"这一航线，在整个亚欧贸易中占据了最有利的地位，"而且他们发现把香料运往中国，和运往葡萄牙一样可获大利"③。

三、荷兰人和英国人的到来

菲利普二世时期的西班牙在欧洲极力打压荷兰的商业势力，反而激

---

① ［葡］阿曼多·科尔特桑：《欧洲第一位赴华使节》（*Primeiro Embaixade Europeia à China*），里斯本 1945 年，第 29 页，转引自万明：《明代中葡两国的第一次正式交往》，《中国史研究》1997 年第 2 期。

② （明）王希文：《重建防以苏民命疏》，归光任、张汝霖：《澳门纪略》卷上。

③ ［英］博克舍：《十六世纪中国南部行纪》，何高济译，中华书局 1990 年版，第 3 页。

发了荷兰人寻求东方香料新航路的热望，因此尽管荷兰人于16世纪末期才到达东印度地区，却不遗余力地加速扩张自己在亚洲地区的势力。自1595年首个远征队到达东印度以来，二十年间荷兰的发展极为迅猛，并且效仿1600年英国成立的东印度公司也成立了荷兰东印度公司（Dutch East India Company）。荷兰人在东南亚地区的主要策略就是想方设法挤压葡萄牙人的势力，并且与几乎同期进入东南亚的英国竞争。因此，17世纪的亚欧贸易，出现了葡萄牙、西班牙、荷兰和英国四国激烈的竞争。荷兰人把大量的金钱和精力都投注在了亚洲香料贸易的运销中，但同时也从事来自中国的货物的转口贸易，在东南亚购买中国货物运回欧洲进行销售。当然，在更多的情况下，荷兰人通过打劫葡萄牙远东贸易船只和中国商船的方式来获取中国货物。随着阿姆斯特丹成为欧洲新的东方商品销售的中心，贸易对于荷兰本国经济的地位愈发重要，如约瑟夫·库利舍尔在《欧洲近代经济史》中所说的："17世纪，荷兰成为世界第一个贸易国家，它称霸了整个海洋。'贸易是这个国家的灵魂'……荷兰是粮食、鱼类、盐、建筑材料、纺织品、胡椒、肉桂、丁香、茶叶、咖啡、烟草这些殖民地物产的贸易中心。"[1]

荷兰不再满足于在东南亚各地设立商站的形式，而是打败了英国人，占据了雅加达，建立了巴达维亚城，开始了长达数个世纪的以巴达维亚为中心的亚欧贸易。巴达维亚城设立之初的主要目的之一，即是为了吸引中国商人前来贸易与居住，他们将巴达维亚城堡垒作为东印度公司大本营，准许土人及中国人住于市内，与他们一同居住在一个城市。[2] 荷兰

---

[1] ［英］约瑟夫·库利舍尔：《欧洲近代经济史》，北京大学出版社1990年版，第216—218页。

[2] 沈钧：《兰领东印度史》，商务印书馆1924年版，第42页；［荷］包乐史：《巴达维亚华人与中荷贸易》，庄国土等译，广西人民出版社1997年版，第67—68页。

人早期的对华贸易策略主要有三种不同的考虑，第一种是破坏中国商船与西班牙、葡萄牙和英国之间的贸易，吸引中国商船前来巴达维亚进行贸易；第二种是学习葡萄牙侵占澳门的方式，在中国沿海寻求一个基地；第三种是派荷兰商船前往中国沿海进行贸易。在当时巴达维亚总督给国内的报告中就曾直接指出："我们需要在马尼拉水域保留联合舰队的船只，因为往马尼拉的航行使中国商人不再积极前来雅加达，而雅加达的繁盛如何依赖于中国贸易，这一点不难权衡。"① 从 1621 年开始，荷兰人开始与西班牙人、葡萄牙人频繁交火，意图谋求澳门或者澎湖与台湾。荷印总督给舰队司令莱尔森的指令中最为明确地展现了那一时期荷兰人对于中国的利益诉求：（1）要攻打并毁灭葡萄牙在澳门的殖民地，可与派到马尼拉附近海域破坏贸易的私掠船合作；（2）无论攻陷澳门与否，舰队应赶到福建沿岸，在澎湖或台湾建立堡垒，并由此要求中国通商；（3）如果中国人拒绝要求，必须用武力打开市场，在这种情况下，准许与日本及中国海盗合作；（4）如果发生战事，尽可能俘虏中国人送到巴达维亚使用；（5）舰队运载 213588 里亚尔及大量胡椒、檀香和铅以便通商，此外在巴达维亚储存 750000 里亚尔备用。② 不难看出，荷兰人与早先来到的葡萄牙、西班牙一样，对于武力侵占中国、强行通商的策略是不遗余力地进行，对于掠夺中国沿海人民不假思索，而和中国沿海的海盗合作也是他们的一贯作风，将其行径界定为强盗丝毫不为过。

1622 年，荷兰人试图侵占澎湖，遭到了明朝军队的讨伐，之后一

---

① 许云樵校注：《开吧历代史记》，《南洋学报》第 9 卷 1953 年第 1 辑，第 24 页。

② ［荷］布鲁施：《荷兰人侵占澎湖群岛的经过（1622—1624 年）》，朱杰勤译，《中外关系史译丛》，海洋出版社 1984 年版，第 121 页。

直徘徊于中国东南沿海，直到 1624 年进占台湾，建立了热兰遮城。①
而热兰遮城则迅速成为"日本—中国—巴达维亚城—荷兰"这一航线
的重要中转站，让荷兰成为 17 世纪欧洲最为重要的亚欧货物经销者，
大量的中国丝绸、瓷器经由此航线输入欧洲，巨额的欧洲白银也随之流
入中国。这几乎可以看作是 17 世纪亚欧贸易的缩影。

　　17 到 18 世纪，英国在欧洲的对华贸易中逐渐占据了一定优势。实际
上，英国几乎是同时与荷兰一同来到亚洲的，英国的船只曾经于 1580 年
与 1591 年先后两次到东方进行远航，极大地激发了英国商人发展同东方
贸易的热情。1600 年，英国商人在王室特许下组织了"伦敦商人东印度
贸易公司"，也就是后来世界闻名的英国东印度公司。英国所采取的策略
也和荷兰类似，从 17 世纪初开始，英国东印度公司在从印度沿海到日本
的广大沿海区域建立了商馆，除了中国沿海。英国人只能通过间接贸易的
形式展开对华贸易，所以整个 17 世纪上半叶，英国都在努力挑战葡萄牙和
荷兰在欧亚贸易中直接对华商业的垄断地位，例如英国曾屡次派船前往澳门
试图直接对中国开展贸易，并且在广东海域遭遇了明代军队的打击。

　　英国对中国直接贸易的突破口在中国明清易代战争之际终于出现了。
1662 年，郑成功从荷兰人手中收复了台湾，作为反清复明的基地，这严
重打击了荷兰在东亚的势力，也给了英国可乘之机。作为南明朝廷仅存
的抗清势力，郑成功家族是倚靠其庞大的海洋商业集团支撑的，清朝在
大陆上对郑氏家族的封锁，逼迫郑氏家族不得不在东亚海域寻找荷兰以
外的商贸伙伴。英国东印度公司就是在这一情形中，得到了郑成功之子
郑经的许可，于 1670 年在台湾设立了商馆。紧接着，又在郑氏控制下的
福建厦门建立了商馆，将其作为和澳门一样的中英贸易的真正桥头堡。

―――――――――

　　① 　程绍刚译注：《荷兰人在福尔摩莎》，联经出版事业公司 2000 年版，第 46 页。

尽管郑氏家族的抗清斗争最终失败，但英国东印度公司却取得了新的统治者——清政府的许可，继续在厦门经营其商馆和贸易。① 经过一系列不懈的试探和努力，在 1699 年，英国东印度公司终于获得了在广州进行对华贸易的许可。中英贸易进入了稳定的发展。这一时期，以英国、荷兰为代表的欧洲国家逐渐接受了饮茶的习俗，中国的茶叶开始逐渐代替生丝、瓷器，成为英国向中国购买的最大宗的商品。在这个世纪结束的时候，马戛尔尼使团代表英国国王前往清朝宫廷为古稀之年的乾隆皇帝贺寿，他所反馈回欧洲的贫穷、肮脏、落后的中国，代表着中英关系乃至中国与整个欧洲的关系即将在下个世纪中发生巨变。

纵观 16 世纪到 18 世纪欧洲国家与中国接触与交往的历史，不难看出，是以欧洲国家试图展开对华贸易为主轴的。破除了"欧洲中心"的史观后，我们很容易看出，所谓"地理大发现"造就的"世界贸易体系"不过是一个近代制造的"神话"。世界贸易体系一直存在，16 世纪欧洲通向亚洲和美洲新航路的开辟，只是让欧洲人更多参与到这个贸易体系而已。亚洲的中国和印度，才是这个贸易体系的中心，即使在欧洲人的新航路开辟之后，欧洲国家也未能在此贸易体系中占据优势地位。真正扭转局势的，是殖民主义在亚洲和美洲掠夺的大量金银。15 世纪开始，中国商品经济的勃发与白银本位的确立，才使得欧洲殖民者可以用大量在美洲掠夺的白银来购买中国的商品。据经济史家的统计，17 和 18 世纪美洲生产的白银有 70% 左右输入到欧洲，其中大约一半又转运到亚洲，主要是印度和中国两地。另有大批白银从美洲经太平洋航线运至马尼拉，其中绝大部分最终也流入中国。在 1800 年前的两个半世纪里，因其巨大的并持续增长的生产能力和出口竞争力，仅中国一地就吸收了世

① ［美］马士：《东印度公司对华贸易编年史》（第一、二卷），中国海关史研究中心组译，中山大学出版社 1991 年版，第 41—64 页。

界白银产量的近半。① 在《白银资本》的作者弗兰克看来，是在美洲掠夺的金银，使欧洲得以在亚洲经济列车上购买一张三等舱的车票，然后又包下一节车厢，进而最终在 19 世纪取代亚洲成为世界经济列车的火车头②。日本学者滨下武志在其以中国为中心的朝贡贸易体系研究中也认为，以中国为中心的亚洲经济贸易圈的存在乃是历史事实，欧洲人东来不过是加入了这个贸易体系③。1498 年达·伽马首次抵达印度南部港口城市时，当地官员问他到底想要什么，他的回答很简单："基督徒和香料。"④ 16到 18 世纪的中欧关系，不仅仅是贸易，欧洲人前往亚洲和中国，有着更多的诉求，和欧洲殖民者一起奔赴亚洲各地的欧洲传教士在这段历史中扮演着极为重要的角色。而在下文我们要讨论的妈祖文化向欧美的传播，其中也有传教士难以忽视的身影。而以妈祖文化的传播为窗口，也给我们提供了一个更为细致的视角，看待"中国"和"中国文化"在欧洲的变迁。

第二节　西班牙人眼中的妈祖

一、迪斯与妈祖记载

关于西方文献中对妈祖最早的记载，著名的澳门史专家金国平先生

---

① ［德］弗兰克：《白银资本：重视经济全球化中的东方》，第 202—208 页；另参见徐洛：《评近年来世界通史编撰中的"欧洲中心"倾向——兼介绍西方学者对"早期近代世界"的一种诠释》，《世界历史》2005 年第 3 期。

② ［德］弗兰克：《白银资本：重视经济全球化中的东方》，第 69、373 页。

③ ［日］滨下武志：《近代中国的国际契机：朝贡贸易体系与近代亚洲经济圈》，朱荫贵，欧阳菲译，中国社会科学出版社 1999 年版，第 31—32 页；何爱国：《滨下武志的演讲：转换历史研究的视角》，引自 http://www.legaltheory.com.cn（2004 年 2 月 23 日）。

④ Jerry H. Bentley and Herbert F. Ziegler, *Traditions and Encounters: A Global Perspective on the Past*, New York, p. 610.

认为，来自西班牙人迪斯（Diez）。迪斯曾于 1544 年从南洋航行至福建漳州沿海，在前往日本途中，他在宁波普陀山参观了一座庙宇，并有如下描写：

> 在中国海岸见到一个小岛。上面有一个寺庙，内有 30 个教士。他们着宽大的黑服，戴开口的帽子；寺庙的房子很好，教士起居、饮食有规矩，不进血腥，仅食蔬果；禁止女子入庙。祭坛上供奉着一个他们称为 Varella 的女子的漂亮画像，她的脚下画了一些面目狰狞的魔鬼；至于属于甚么修会甚么宗教，我们不得而知；人们虔诚庆祝，向她供奉一切。岛上只有这些教士。①

金国平认为："许多情况下，天妃与观音合祀。此处虽未准确说明这个'女子'是谁，'但她的脚下画了一些面目狰狞的魔鬼'一语为我们提供了将其推断为天妃的依据。所谓'面目狰狞的魔鬼'大概是千里眼、顺风耳二神将。据《封神演义》及民间传说，二将原为殷纣时高明、高觉两兄弟，自封金王、柳王，为姜子牙所败。后化为妖鬼作乱，遂被妈祖收服为帐下二将，成为她的随从，与妈祖同享世人香火。在天妃与观音合祀的情况下，一般是前殿奉祀妈祖，后殿供奉观音菩萨。此又可证所见的'女子'应该是妈祖。迪斯可能是西方报道普陀山妈祖信仰的第一人。"

西班牙人迪斯是否是西方报道普陀山妈祖文化的第一人呢？考察这

---

① 金国平：《澳门与妈祖信仰早期在西方世界的传播——澳门的葡语名称再考》；金国平、吴志良：《早期澳门史论》，广东人民出版社 2007 年版。本章内容的相关研究，参见孔陈焱：《明清来华西方人对妈祖文化的早期认知》，《福建省社会主义学院学报》2014 年第 3 期；杨钦章：《海神天妃故事在明代的西传》，《海交史研究》1987 年第 1 期。

个问题，除了迪斯的描述之外，我们还需要向当时普陀山地区的妈祖和观音崇拜的历史资料寻求答案。在清代乾隆年间的《普陀山志》中，我们确实发现有如下记载：

> 天后阁三间，在东山门上，下为香灯寮。①

同一卷中，又有"雍正九年辛亥三月，同前寺赐帑七万两，重修大雄宝殿、大圆通殿、万寿亭，新建御碑亭、天后阁及各殿堂楼阁，并修建梵音洞、庵山门及前后两殿。至十一年六月竣工"。

这里确实提及了普陀山寺庙中有天后阁的建立信息，不过是在清代的雍正九年（1731），而不是迪斯来到中国沿海的明代后期。但依然存着天后阁在明代的普陀山也有建立，并且与观音合祀的可能。

然而，这一版的《普陀山志》卷十二中，有一则这样的记载：

> 雍正九年辛亥，发帑七万，修建普陀。时法雨住持法泽，谓山在海洋，礼香者皆由舟楫。而寺中从未奉有天后香火，甚为缺典。乃谋建阁三间以祀。及阁成日，黄昏后，忽见彩船一仪，从旌旗缤纷，整肃左右，羽扇交蔽，前掌大灯两盏，照耀光明，从东洋海上而来至千步沙。监督诸员及僧众工役，同时共见，知为神灵示现，无不惊异。②

这一则记载明确告诉我们，普陀山作为主祀观音的佛教寺庙，在雍正九年之前是"从未奉有天后香火"的。而在雍正九年建立天后阁之

---

① （清）许琰：《普陀山志》卷3《梵刹》，清乾隆刻本。
② （清）许琰：《普陀山志》卷12《事略》，清乾隆刻本。

时，甚至有妈祖神迹降临，让在场诸人受到极大震撼。而这也说明，普陀山的观音寺庙中，观音和妈祖的合祀，可能要晚至雍正九年才开始。所以 1544 年迪斯在普陀山看到的，可能未必是普陀山观音寺庙中的妈祖崇拜，他所模糊描述的神像脚下的"面目狰狞的魔鬼"，也很可能只是观音菩萨的坐骑金毛犼的形象，毕竟那个时候的西方旅人对于东方文化的认识相当有限。

但是否要完全否定迪斯报道的女神崇拜是妈祖崇拜呢？也仍然存在着他看到的就是妈祖崇拜的可能性，只是也许并非是在普陀山的观音寺庙中，而是宁波地区专门奉祀妈祖的宫庙。据研究，宁波地区见于史志记载的最早的妈祖庙，可追溯至宋代。[①] 如元代延祐七年（1320）的《延祐四明志》："天妃庙：在县甬东隅，皇庆二年重建。"又有元人程端学作的《灵济庙事迹记》记载更为详尽："鄞之有庙，自宋绍兴三年来远亭北舶舟长沈法询，往海南遇风，神降于舟以济，遂诣兴化分炉香以归。见红光异香满室，乃舍宅为庙址，益以官地、捐资，募众创殿庭，像设毕具，（有司因）俾沈氏世掌之。皇庆元年，海运千户范忠暨漕户倪天泽等，复建后殿、廊庑、斋宿所，造祭器。"[②] 关于这座天后宫始建的年代，《四明谈助》的说法略有不同。其卷二十九天后宫条记：旧名"天妃庙"，宋绍熙二年建。国朝康熙间，海禁既弛，闽、粤商贾辐辏，海中屡著灵异，捐资修建，为城东巨观。雍正五年，敕号"天后"。[③]

不管是宋绍兴三年也好，是宋绍熙二年也罢，宁波地区妈祖文化

① 李广志：《宁波海神信仰的源流与演变》，《民间文化论坛》2011 年第 5 期。
② （元）王元恭修：《四明续志》卷 9《祠庙》，宋元四明六志本。
③ （清）徐兆昺：《四明谈助》卷 29《东城内外（下）》，桂心仪等点注，宁波出版社 2003 年版，第 965 页。

的建立，要远远早于西班牙人迪斯来到宁波的明代后期，那么他所看到的，也很有可能就是该地的妈祖文化。尽管这一观点还需要更多史料的支持，但当时穿行于宁波海岸线的西班牙商人，一定有诸多接触到妈祖文化的机会。毕竟 16 世纪的宁波，尤其是宁波的双屿港，是当时亚洲最大的海上走私贸易基地，被日本学者藤田丰八称为"十六世纪之上海"。

二、修士拉达笔下的妈祖

在葡萄牙积极寻求着和中国建立贸易关系的时候，另一个在海洋贸易中和葡萄牙分庭抗礼的帝国——西班牙，也不甘示弱。尽管在早期的探险与亚洲贸易中，暂时地被葡萄牙占了上风，西班牙一直在默默寻求着到中国去的机会。在 16 世纪前往中国的欧洲人中，有这样一个西班牙人——奥古斯丁会修士拉达（Rada），留下了关于明代中国妈祖的宝贵记录：

> 航海家偏爱的一个女人叫娘妈（Nemoa），生于福建省兴化附近叫做莆田（Puhuy）的村庄。他们说她在无人居住的湄州（Vichiu）岛（他们说那里有马）上过着独身生活，岛距海岸有三里格。他们也拜鬼，害怕鬼会加害于他们。他们经常把同一人的三幅像放在一起，当问道为甚么这样做时，他们说那三幅像实为一人。我们在料罗（Laulo）看见一个例子，三幅大娘妈像放在一起，还有一个格栏在祭坛前，在一旁是一个红人的像，另一个是黑人的，在接受祭品。他们常在礼拜后献祭的是香和香味，及大量的纸钱，然后在铃声中把纸钱烧掉。他们也常给死人烧纸钱，如果死者是富人，也烧绸缎。虽然他们不是很虔诚的人，他们仍在偶像前点

上小灯。他也用整牛、猪、鸭、鱼和果品向偶像献祭，那些都生的放在祭坛上。在进行了许多仪式和祈祷后，他们极恭顺地取来三小杯酒，为他们的神（它是天）献洒一杯，再喝掉余下的，并把食物分掉，当作圣物去吃。除这些典礼仪式之外，他们有其它一些非常可笑的，如我们往驶近群岛时船上所见。因为他们说必须举行欢送娘妈的仪式，她把我们护送到此以保佑我们一路顺风。

马丁·德·拉达（Martin de Rada），1533 年出生于西班牙纳瓦列省首府旁布罗纳（Pamplona），1578 年逝世于南中国海。拉达出身于西班牙贵族家庭，作为早慧的少年，十一岁就由兄长陪同前往巴黎留学。后由于法国局势不稳，新教和天主教之间冲突不断，青年拉达返回西班牙进入萨拉曼卡大学，并于二十岁那年成为圣奥古斯丁修会的成员。之后的拉达不顾家人的反对，毅然踏上前往墨西哥城传教的征程。

在墨西哥的传教经历，使得拉达的博学与能干进一步为人所知，所以很快被选中进入西班牙远征菲律宾的舰队，尽管他的家人又一次十分忧虑地劝阻他，拉达仍然义无反顾地到达了菲律宾，此时已经可以看出，拉达本人是一位极具有冒险精神的人。之后的日子，拉达一方面在宿雾传教，保护在菲律宾饱受殖民者欺凌的当地土著；一方面已经开始积极地为前往中国做准备。因为自 1521 年，麦哲伦率探险队"发现"菲律宾之后，西班牙开始在远东进行殖民扩张，在占领菲律宾后，把它视为"进入伟大中国的立足点和跳板"[①]。在菲律宾的商人和探险家不断向西班牙传回有关中国的信息，例如与菲律宾最接近的中国福建

---

① E. H. Blair & J. A. Robertson, *The Philippine Islands, 1493 – 1898*, Cleveland, 1903 – 1907, Vol. 7, p. 124., 参见廖大珂：《早期西班牙人看福建》，《南洋问题研究》2000 年第 2 期。

"一般从马尼拉到泉州航行需要一周时间，距离大约140里格。据说在天气好时航行需要6天，但从不超过10天"①。1569年，皇家驻菲律宾的代理人安德烈·德·密朗达奥拉从宿雾写给国王菲利普的信说，他听该岛上的葡人称"他们如何在中国和日本沿海进行交易和来往，这又如何支持他们的生意，因为那是迄今所见到的最大和最有利的买卖"。密朗达奥拉在他信函的末尾预言，如果国王在适当时候同意，对西班牙人说，征服中国将证明是件轻而易举的事。

拉达首次提到中国则是在他1569年7月8日致墨西哥总督的一封信里。他在信里简单地介绍了中国，鼓吹征服它。他解释说，传教士迟迟不给许多菲律宾人施洗，是因为据说国王可能下令撤出菲律宾，把西班牙的全部精力集中在中国上。在1572年7月1日给墨西哥总督的信中，他再次强调自愿去中国，证实一下他听一个叫"甘科"（Canco，在拉达宿雾的家里住了几个月）的中国人说到的有关它的富足及弱点的消息。他又说，除非得到国王或墨西哥总督的批准，长官不愿让他去，最后说，如果有两个修士去，那会是件好事，"因为除了给福音和吾主服务敞开大门，也可以因此得到真实的情况，他们将把我王的伟大告之中国人，让他们知道臣服我王陛下是他们的义务，因为他出财力把传教士派去教导他们。哪怕这两个人仅仅充当译员与中国人建立贸易关系，那行程也将具有不小的意义；而我如是被差遣者之一，我会认为那是特殊的荣誉，极愿如此"②。

而同一时期，也不断有人将中国文明的情况传回到西班牙国王耳中，称中国"乃是世界最好的国家"，促使国王慎重考虑向中国派遣使

---

① E. H. Blair & J. A. Robertson, *The Philippine Islands, 1493–1898*, Cleveland, 1903–1907, Vol. 4, p. 54.

② ［英］博克舍：《十六世纪中国南部行纪》，何高济译，第43—44页。

团的决定。1573 年，阿尔铁达上尉（Captain Diego de Artieda）给国王
的报告说：中国"是一个很大的国家……到此间贸易的商人说，中国
人具有高度的文明，有工具可以铸铁，我看到镶有金银的铁器，和世界
任何地方所精制的一样技巧，他们能用木材和其他材料制作产品"，
"他们拥有我们所有的一切武器，我见过来自中国的火炮，一些工匠判
断，他们质量优异，比我们铸的还要好"，"该国土地如此肥沃，物产
如此丰富，据信乃是世界最好的国家"。①

　　由于葡萄牙的封锁，菲律宾的西班牙殖民者虽然一直对于前往中国
跃跃欲试，但一直不得其门而入。1571 年 4 月，西班牙探险家列格兹
比写给墨西哥总督的信里提到，他赴马尼拉途中从菲律宾族人手里赎出
五十名船只失事的中国人，把他们送回中国，以履行他善待一切中国商
人的政策。他曾考虑派两名修士随一艘返回的船去中国，希望他们能与
皇帝结约和保持永久的友谊，但中国人拒绝接受他们。中国人解释说，
没有特许证书，修士不得进入中国境内，但他们答应设法从福建省官员
那里取得一份。他们给列格兹比一张广东到宁波的中国海岸草图。前往
中国的契机日益成熟，直到 1574 年，这个机会终于来到了。

　　给予西班牙人与中国进行正式交往契机的，竟然是一个在中国沿海
臭名昭著的海盗——林凤。

　　1574 年末一个有月亮的晚上，有个在伊罗科斯海岸的西班牙士兵
发现一支庞大的配备有炮的舰队按整齐队形向南行驶。他以为是入侵的
葡萄牙人，立即向他的司令官儒安·德·撒示度（Juan de Salcedo）报
警。尽管不明这支神秘舰队是什么，撒示度意识到马尼拉是它的目标，
他马上向那里增派了一支五十名枪手的军队，用七艘桨船运送。他在风

---

① E. H. Blair & J. A. Robertson, *The Philippine Islands, 1493 - 1898*, Cleveland,
1903-1907, Vol. 3, pp. 205-206.

暴的海上航行了六天，走了 180 英里，及时在 12 月 1 日赶到该城。撒示度发现马尼拉刚刚在 11 月 30 日晚击退了入侵者的一次袭击，原来那是中国的海盗船，头头是一个广东的冒险家，名叫林（阿）凤，西班牙人后来称他为 Limahon。①

林凤，一名林阿凤，西人称之为 Limahong②，广东饶平人。据门多萨《中华大帝国史》记载：

> 这个海盗生于广东潮州城。他出身卑微，自小就在放任和邪恶中长成。他天生好战，本性凶恶，不愿意学行业，而在道路上抢劫。因此变得十分有经验，很多人前去跟他干那种勾当。他自己成为 2000 多人的头目，强大到使他所在的省份都恐惧。③

据《支那大王国志》载："支那国的海盗李马洪……出身于广东省潮州市的中等家庭。从小其父母将他置于放纵无忌的环境中培养，因此，他生来就具有粗暴、品行不端的性格。没有任何职业和技术，一路抢劫，充分发挥了他的行劫本事，很快有许多人聚集到他的周围。他被推为首领，横行于省的一方。此事国王和他的内阁们都知道。国王为确保海盗横行的那个省的安全，命令地方官尽可能快速集中边境警备兵力，逮捕海盗李马洪，并押解到京。如果在敌不过的情况下，把海盗的

---

① ［英］博克舍：《十六世纪中国南部行纪》，何高济译，第 21 页。

② 关于林（阿）凤为 Limahong 之考证，可参见 Ucorgc Phillips, *Early Spanish Trade with Chinchco（Changchow）*；张星烺：《菲律宾史上李马奔 Limahong 之真人考》，《燕京学报》1930 年第 8 期；李长傅：《菲律宾史上 Limahong 之真人考补遗》，《燕京学报》1931 年第 9 期；汤开建：《明隆万之际粤东巨盗林凤事迹详考——以刘尧海〈督抚疏议〉中林凤史料为中心》，《历史研究》2012 年第 6 期。

③ ［西班牙］门多萨（J. U. do Mondoza）：《中华大帝国史》，何高济译，中华书局 1998 年版，第 159—160 页。

脑袋送来。"①

时驻守在伊禄古地方的西班牙军官撒示度获悉此事后，立即派人前往马尼拉向菲督拉维撒里（Guido de Lavezares）报告。11月29日夜，林凤船队抵达马尼拉湾口之科雷希多岛（Corregidor），林凤命部将日本人庄公（Sioco）率领400名精锐士兵登上小舟准备进攻马尼拉。30日清晨8时，林凤部众弃舟登陆，以200名火枪手在前，200名精兵随后。在向导的指引下，林凤军首先进攻位于马尼拉地峡西北端的炮台和菲督官邸，第一个遇害的是西班牙军队守将戈蒂（Martin de Uoyti），林凤军"把遇到的东西都烧光和摧毁，呼喊胜利"。在他们尚未进城前，马尼拉市民已知道了林军来袭的消息。队长维尔克斯（Velasquez）和查昆（Chacon）急速召集驻守之士兵赶至海岸，以火绳枪向林军射击。尽管当时林军数量多于西军，但由于西军的顽强抵抗，迫使林军上船撤退。这一仗，西兵死亡14人，而林军则多达80余人。

林军撤退以后，菲督拉维撒里接受在马尼拉居住的华人Sinsay（先生）的劝告，下令动员所有西人连夜修建防御栅栏和工事，又在小炮台上架起4门大炮，准备迎战再来之林凤。12月2日，林凤亲自指挥全部船队来到马尼拉港，约有1000—1500名士兵，分为三队，从三个方向攻城。有80名林凤的士兵冲入城中，但在西兵的还击下，这80名林军全部遭到杀害。最后，林凤军队在西班牙士兵的顽强抵抗下，不得不撤退。林凤第二次进攻马尼拉的战役亦告失败。这一仗，西军战死13人，伤数人，而林军损失则达200余人，主要将领日本人庄公亦在这一战

---

① 转引自〔日〕松浦章：《明清时代的海盗》，李小林译，《清史研究》1997年第1期。

役中阵亡。两次进攻马尼拉的战役失败后，林凤显然断绝了攻取马尼拉之念，率部众撤退驶向距马尼拉 40 里格的傍佳施栏（Pangasina）河口，于距河口 4 里格的上游之地设置基地，并建筑要塞，准备拒守，以迎击西军的反击。

就在西军对林凤军全面围困期间，西军 1 艘运粮船于仁牙因（Lingayen）湾麻里恶（Buliano）港与 1 艘中国船相遇。该船西军指挥官路亚尔加（Miguel）经随军之马尼拉华裔 Sinasay（华商海澄人林必秀）翻译，知道这是 1 艘中国的官船，船上的中国军官名为 Omocon，翻译 Sinasay 又带领 Omocon 来到傍佳施栏，并面见司令官撒示度。Omocon 向撒示度报告称，林凤是一凶恶巨盗，为中国官兵追剿之对象，如西人能够予以活捉或杀死，中国政府将赐以重赏，并可在京城建一牌坊以表彰其功。接着 Omocon 又与 Sinasay 一起前往马尼拉，获拉维撒里总督接见，并商议讨灭林凤事宜，两者曾达成协议，拉维撒里答应如能生擒林凤，将之引渡中国政府。

关于桑德《菲律宾叙事》所记 Omocon 之人之事，李长傅先生已考定为"王望高"。中文文献《谕夷剿贼捷音疏》对此亦有记载，可视之为中国海军与西班牙舰队在海上的初次相遇：

万历三年六月十三日，据兴泉兵备参议乔懋敬报前事。本年五月十三日，据原差过海哨官王望高等回寨呈称，望高等遵奉院道明文督领林克顺、周英哨船二只出洋，至三月十二日到外番吕宋国，探听林凤见据玳瑁港，众尚三千余人，有船六十余只，造城二座，自称大明国差来国王，欲以次降下番人复入闽广为乱。望高等潜到吕宋，将原带表里紬绢等仪物进见吕宋国主，因探知漳州府海澄县民林必秀一向在番生理，熟识吕宋国主，一同引见。说以林凤系中国叛贼，远来劫夺各番，欲迫胁番人同为盗贼。①

明政府已掌握了林凤逃遁吕宋，进据玳瑁港的确切消息，并认定林凤一定会"复入闽广为乱"。为了消除林凤这一"闽广后患"，选派"素有胆略，谙识夷情"的王望高先赴吕宋，一而打探林凤在吕宋之现况，一而"许以便宜行事行间"，并颁发军令牌面，给予札付，授予这位中下级武官在海外行使特权。可以反映福建方面对王望高的信任。

据《谕夷剿贼捷音疏》载，王望高于三月十二日抵达吕宋后，在"番酋"的支持下，调集了 5000 名番兵、200 艘战船，于三月十八日至二十八日连续向据守在玳瑁港内的林凤军队发动几次袭击和进攻。几场战斗下来，"贼人死者过半"，林凤所剩兵力已不足千人，林凤部下主要将领林逢春、颜裕谦、许应美及吴大成等均已投降王望高。林凤集团在王望高指挥的番兵打击下，已到了"战则无兵，守则无食，逃则无船"只等束手就擒的困境。

而门多萨《中华大帝国史》载王望高到吕宋后的情况如下：

王望高将一张中国皇帝的敕谕展示给西班牙官员及神父看，该敕谕称，林凤的属下如离弃林凤，投奔官军，将获无罪；同时允诺，给予捕获或击杀林凤以重赏。翻译 Sinasay 向王望高介绍了林凤来吕宋的经过，并告以林凤目前正被围困于傍佳施栏河口，无处可以逃逸。王望高听到这些消息后，十分高兴，几次拥抱西班牙人。并决定要去傍佳施栏，并与 Sinasay 同去。西班牙傍佳施栏战地司令官撒示度很有礼貌地接待了王望高之后，告诉他林凤已濒绝

---

① （明）刘尧海：《督抚疏议》卷 2《谕夷剿贼捷音疏》，第 56—57 页，转引自前述汤开建文。

境，不久就会被消灭，他劝王望高到马尼拉去。他还告诉王望高，他不需要中国舰队的合作，因为他的军力足以应付林凤。于是，他派1艘小船载王望高到马尼拉，并且保证，在数日内将林凤送交，不管是死是活。王望高到马尼拉后，受到菲督拉维撒里的盛情款待。但是在马尼拉过了数日，王望高见围困仍然在继续，林凤何时消灭却尚无定期，中国方面又不知其讯息。反正林凤已被围困，西班牙人又已向他保证过，无论如何，他们将把林凤交给他，不管是死是活，这样就可以向福建的上司交差。于是，他通知西班牙总督，说决定先行回国，在接到林凤被捕获的消息后再来。菲督表示同意王望高这项决定，而且再度向王望高申明，如果林凤被捕获或击杀，他将立刻通知王望高。①

这次联合围剿林凤的军事行动，为西班牙人与中国政府之间的交往奠定了信任基础。已经将林凤围困的王望高想先趁五月份的南汛返回福建向上司报功。《谕夷剿贼捷音疏》称：

> 只因南汛将过，望高恐不能回寨，姑留周英哨船一只，与番人协守港口。先将擒斩贼级，夺回被虏人口与番僧、番使同解，先回报捷前来。

而西班牙驻菲律宾的总督极好地抓住这个机会，实现一直以来想要和中国达成贸易外交往来的愿望，据《中华大帝国史》：

---

① 主要资料来源于前引汤开建文。

　　菲督答应供给他返途时全部必需品，王望高对菲督十分感谢，于是答应他可以带几位神父和数名西班牙士兵同往中国。他相信，由于他将带回林凤的好消息，他携带神父赴华，将不会给他带来什么危险。菲督对此十分高兴，因为这件事是他和岛上居民长期以来的期盼。……他们决定只派两名教士去，因为当时人不多，再派两名军人作伴。教士应是奥斯定丁会的修士马丁·德·拉达（Martin de Rada），跟他同行的是修士哲罗尼莫·马丁（Geronimo Martin），被指派同行的军人是马尼拉城大军曹伯多禄·萨尔密安托（Pedro Sarmiento）和米古额·德·洛阿卡（Miguel de Loarca），两人都是要人和忠实的基督徒，都宜于去完成他们的任务。这些神父携带他们同行的意图是，若神父们留在皇帝那儿传播福音，那他们就把消息带回来向总督报告。

中文资料《谕夷剿贼捷音疏》也还存有出使的详细资料：

　　至六月十二日，据该道将所获贼总吴大成及谋主林逢春、告招颜枯谦、许应美等，并番僧二名，一名马力陈，一名罗里暮；番使四名，一名微倪·赖里驾，一名巴里·衰罗绵陀，一名但估那·是俱莺哈，一名患黎·地里安那，通事一名陈辉然，其余番从一十三人，音捧吕宋国主番书及贡献方物，呈解到臣。除将方物即令原差千户阎迈伦连批转发布政司收库外，差来番僧、番使即取办绢段花红犒赏有差，仍行福州府设宴礼待。

这段中文资料里面的番僧马力陈、罗里暮，应当就是圣奥古斯丁修会的修士拉达与哲罗尼莫。在西班牙资料的记载中，1575 年 6 月 12 日，菲律宾总督指示使者把赠送中国官员的礼物和信件带到泉州和福州。修士要向中国官员充分保证西班牙人的友谊，要请求允许传教士自由地宣讲福音。他们要请求划定福建的一个港口供西班牙人作贸易之用，一如葡人之在澳门。他们还要尽力了解中国人的性格习俗和贸易，及"所能得到和获悉的该中国的一切其他情况和秘密"，如地方官员坚持要把西班牙人的要求上报北京，那么修士要请求留在该邦以待皇帝的决定下达。总督特别告诫修士说，无论他们还是他们的随从，都不得嘲笑偶像庙宇或中国人的宗教仪式，"因为据说这是使他们十分恼怒的事。他们不得对他们看到的事物表示惊异或爱好，不得对此加以指摘和嘲笑。不许西班牙人和中国妇女交谈"，"因为据说男人很妒忌，这样做是危险的事；由此可导致巨大的损失和麻烦，提供反对我们计划的理由或口实"，为避免争吵、打斗的危险，不许西班牙人和菲律宾人晚上在街上行走。最后，不马上付现金就不要向中国人讨取任何东西，"这样可以让他们发现，允许西人去跟他们做生意，可使他们获利"。①

　　这次由菲律宾出发前往中国沿海的西班牙使团的行程，被修士拉达详尽地记载了下来。

　　　　我们离开棉兰老，顺风航行到下一个礼拜天，这时我们看见，中国的土地，7月5日礼拜二，我们进入中左所（Tiongzozou）。而为吾主的荣誉起见，我不愿保守如下的秘密：在一天一夜的风暴中，我们发现自己处于危境，中国人告诉我们说，因有我们这些教士在场，上帝解救了他们。为我们之故，他们放弃了通常在这类险境中向附在船尾的偶像所举行的仪式，因为我们曾告诉他们说那样

①　［英］博克舍：《十六世纪中国南部行纪》，何高济译，第18—22页。

做是徒劳无益的，他们应向唯一真正的上帝求助。倘若他们真向他
们的偶像礼拜，那他们是偷偷干的，没让我们看见。奥蒙军官向我
们的圣像深深鞠躬，拜倒在地，甚至说他愿成为一名基督徒。①

　　和这一时期西班牙文献记载中喜好夸大己方的功劳的惯行一样，拉
达在前往中国的航程中就开始杜撰了这样一个中国人愿意改变信仰的故
事，而其中恰巧就提及了妈祖文化。拉达其实此时应该目睹了中国船员
在遇到海上风暴时向船上的妈祖像祈祷的仪式，只不过他偷梁换柱地编
造了一个船员因为被教士说服而改向上帝祈祷的故事。无独有偶，和沙
勿略神父前往中国的航行一样，妈祖文化也是西班牙修士对于中国民间
神祇与宗教信仰的首要认知，同时也成为他们传教最主要的竞争对手。
这让我们不得不再一次慨叹妈祖文化在 16 世纪中西方初遇的进程中，
一而再地扮演了如此重要的角色——即中国宗教信仰的代表。
　　妈祖文化之所以会代表了中国宗教，一再出现在 16 世纪欧洲人的
视野中，一方面是由于当时东南亚地区的海洋贸易网络，在很大程度上
掌控在福建、广东、浙江的华商手中；另一方面也是由于这些西方使者
来到中国的第一站，往往就是遍布着妈祖文化的华南沿海地区。这往往
也是国家在外交政策上有意安排的结果，就如上文引用的朝廷对于西班
牙修士使团来华的处置方式是："除将方物即令原差千户阎迈伦连批转
发布政司收库外，差来番僧、番使即取办绢段花红犒赏有差，仍行福州
府设宴礼待。"可见福建地区的行政单位福州府承担了主要的外事接待
职责，尽管并非是传统意义上的朝贡或理番机构。所以，拉达一行人在
福建到达的第一站就是厦门（当时称为中左所），之后经由同安前往福

---

① ［英］博克舍：《十六世纪中国南部行纪》，何高济译，第 172 页。

州，这一路上沿海地区人口之繁盛、城镇之稠密，让拉达大为惊叹：

> 次日晨，我们按时启程，从中左所出发，这是一个有三千户人家的市镇，然后乘奥蒙军官的船溯流而上，他不愿在送我们去见总督前离开我们，接着我们到达一个叫同安（Tangua）的城，当我们从陆地返回时，我们发现它距厦门港有七里格。中左所的全体守军和劳老爷乘三艘船送我们到半途，他们返回去了。我们万分惊异地看到沿河两岸有许多城镇，彼此相距那样近，简直可说那是一座城而不是许多镇，不仅这里，我们还发现赴福州的整个路上（约六十里格）人烟都是那么稠密。他们说中国其他地方情况也一样。唯一例外是广东（Quemton）省，葡人在那里进行贸易，因地处瘴瘠而多山的区域，人口不那么密。我们途经的那些城镇，当地的居民开耕土地达到连巉岩石山都播种的程度，尽管看来在那儿得不到什么收成，所以我认为这是世界人口最多的国家。①

　　足迹从欧洲到达美洲再来到东南亚和东亚，拉达作为一位博学之士，拥有敏锐的观察力，他对于福建地区"居民开耕土地达到连巉岩石山都播种的程度"的观察，相当符合明代福建土狭人稠的历史现实。而中国是"世界人口最多的国家"这一论断，即使在今日依然如此。拉达一路上对所见所闻进行了尽可能详细的记录，但他作为一名神职人员，最为关注的当然还是中国人的宗教崇拜的情形。

　　我们沿途看到的偶像多到不可胜数，因为除了庙里和供奉在特

---

① ［英］博克舍：《十六世纪中国南部纪行》，何高济译，等175页。

殊房屋里的而外，家家都有自己的偶像。在福州的庙里有一百多个各种不同的偶像，有的偶像有六只、八只或更多的手臂，另一些有三个脑袋（他们说那是鬼王）再有的是黑色、红色和白色，有男有女。

家家都有小偶像，乃至山头，沿大街小巷，几乎没有大石头不雕成偶像的。在所有这些中，他们把天当作是真正的神灵，因为他们认为其他的不过是一种中介，他们正是通过这些中介向天（他们叫做 Thien）祈求赐给他们健康、财富、地位或旅途平安。他们认为天创造一切事物。

天上最大的人物叫做玉皇（Yohon）、或玉皇上帝（Yohon Santey），他们说他像天一样永生，但他比天低而且没有身子。这个人物有一个叫做 Saneay 的仆人，他是天制造的，也没有身子。他们说他掌管天底下的一切事物，包括生死。他有三个仆人，奉他之命管治这世界，天官（Tianquan）管水，水官（Cuiquan）管海和航海者，地官（Teyquan）管地上的人和果实。他们也拜一个据说是天门的看守人，及其他许多这类人物。

此外，他们有其他很多被他们当作圣人崇拜的人，有的叫做佛（Fut），有的叫菩萨（Pousat）。他们拜这些人，是因为这些人很勇敢——例如我们前面提到的叫红脸的关羽，帮助刘备起兵征服全国。但他们最礼拜的是叫做观音（Quangin）的女人，她是一个叫做庄王（Toncou）的国王的女儿，按她的方式过着独身和圣洁的生活。

然而航海家偏爱的一个女人叫娘妈（Nemoa），生于福建省兴化附近叫做莆田（Puhuy）的村庄。他们说她在无人居住的湄州（Vichin）岛（他们说那里有马）过着独身生活，岛距海岸有三里格。他们也拜鬼，害怕鬼会加害于他们。

他们经常把同一人的三幅像放在一起，当问道为什么这样做时，他们说那三幅实为一人。我们在料罗（Lanluo）看见一个例子，三幅大娘妈像放在一起，还有一个格栏在祭坛前，就在一旁是一个红人的像，另一旁是黑人的，在接受祭品。他们常在礼拜后献祭的是香和香味，及大量的纸钱，然后在铃声中把纸钱烧掉。他们也常给死人烧纸钱，如果死者是富人，也烧绸缎。

虽然他们不是很虔诚的人，他们仍在偶像前点上小灯。他们也用整牛猪、鸭鱼和果品向偶像献祭，那些都生的放在祭坛上。在进行了许多仪式和祈祷后，他们极恭顺地取来三小杯酒，为他们的神（它是天）献酒一杯，再喝掉余下的，并把食物分掉，当作圣物去吃。

除这些典礼仪式之外，他们有其他一些非常可笑的，如我们在驶近群岛时船上所见。因为他们说必须举行欢送娘妈的仪式，她把我们护送到此以保佑我们一路顺风。

他们制造一个竹船模型，有帆有舵，举行盛大仪式。把一条小烧鱼和一团饭放进去，投入海里。为驱逐船上的妖魔，他们每人手执一块板，排列在舷缘。这时有两个人，各拿一大锅饭，从船侧把饭撒入海，始自船首，止于船尾。他们后面另有两人，用刀和盾武装，边走边挥舞武器并且做姿态，同时船员大叫大嚷地用板敲打舷缘，还做其他许多蠢事。

同样，他们经常赌咒、许愿和献祭。我们看到有的斋戒者发誓若干天不吃肉、蛋、鱼，只吃米、菜和水果。另一些人赠送还愿的绸制祭坛罩，上面写着还愿者的姓名，为何奉献，奉献给谁。他们是很迷信兆头的人，因此无论去哪里，那怕半道上，他们都要向偶像问吉凶。他们先向偶像祷告，再取大把小棒，转动它们不看就取出第一根掉出的，然后看上面写的字，根据它的意思到一张桌前去，上面摆着所有答案。另一种是他们把字写在一根四边呈方形的细棒上，祈祷后立一个有香炉的坛，把棒扔在上面，那朝上一面所写的字，他们认为会发生，如此等等。①

即使在民间宗教研究发展多年的今天，读到拉达这名 16 世纪的天主教修士对于福建民间宗教的描述，依然会让人感到极为准确和详尽。拉达几乎如同一位熟练的人类学家一样，报道了他所经历的福建民间宗教与信仰的场景，为我们留下了宝贵的明代福建民间信仰资料。

拉达敏锐地抓住了福建宗教信仰最主要的特点之一，就是所崇拜祭祀的神祇的繁芜。"我们沿途看到的偶像多到不可胜数，因为除了庙里和供奉在特殊房屋里的而外，家家都有自己的偶像。"正如《重纂福建通志》指出："照得闽人好鬼，习俗相沿，而淫祀惑众，……从未有淫污辱、诞妄凶邪、诸象祀公然祈报，如闽俗之甚者也。"《厦门志》："邪怪交作，石狮无言而称爷，大树无故而立祀，木指飘拾，古柩嘶风，猜神疑仙，一唱百和，酒肉香纸，男女狂趋。"当代福建民间信仰研究的著名学者林国平在《福建民间信仰》的专著里这样总结："古代福建境内究竟有多少神鬼，没有一个确切的统计数字，实际上也不可能加以全面地统计，福建民间的鬼神毕竟太繁杂了，既有闽越族残存下来的鬼神崇拜，又有中原传入的道教、佛教、民间宗教所崇拜的神灵以及各种土神，还有印度教、伊斯兰教、基督教所崇奉的神灵，同时，福建土生土长的神灵的数量也非常之多，充斥着天上、人间地府，构成了十

_____

① 〔英〕博克舍：《十六世纪中国南部纪行》，何高济译，第 217—219 页。

分庞杂的神鬼体系。"① 而拉达在 16 世纪对于福建的观察中，已经发现了这一特点，尽管不如今人研究的完备，但也相当准确。

　　在详细的描述福建沿海的妈祖文化之前，拉达还注意到了福建对于玉皇大帝、天官、地官、水官等道教神祇的信仰。而与之前的传教士们对观音相当模糊的描述不同，拉达简略而准确地记录下了福建民间的观音信仰，"他们最礼拜的是叫做观音（Quangin）的女人，她是一个叫做庄王（Toncou）的国王的女儿，按她的方式过着独身和圣洁的生活。"尤其是准确地提到了观音信仰传入中国后经过汉化改造的妙庄王传说。据宋代的《香山大悲菩萨传》碑和元代的《观士音菩萨传略》记载，千手千眼观音原是某国妙庄王的三女儿，名叫妙善。将成年时，妙庄王为大女儿妙清、二女儿妙音和三女儿妙善定亲，老大、老二都服从父命，只有老三执意不从，结果被赶出王宫。出宫后，妙善到香山出家修行，修得正果，成为菩萨。后来，妙庄王浑身长疮，国医束手无策，已奄奄一息。妙善化为一老僧前去看望，说非要亲生女儿的手眼作为药引才能治愈。妙庄王想让大女儿、二女儿献出手眼，均遭到拒绝。老僧便说："香山的主持行善救人，向她求救准能解决。"妙庄王派使者到香山求救，果不其然，主持剁下自己的手，挖下自己的眼睛，托使者交给妙庄王。妙庄王的病很快康复，就上香山答谢，才知道主持是自己的三女儿妙善。于是，痛心疾首地请求天地再为妙善长出手眼。妙善的孝道感动了大地，不一会儿，妙善真的长出了千手千眼，妙庄王皈依佛门。流传于福建各地的观音传说在此基础上又有了发展，并且成为宫庙壁画的重要题材。其中莆田县西天尾镇渭阳村迎福寺观音壁画最具代表性，共 30 幅，描绘的内容从"下凡尘慈航别世尊"，到"南海慈云现

――――――――――

　　① 林国平：《福建民间信仰》，福建人民出版社 1993 年版，第 32 页。

万德庄严大慈大悲救苦救难观世音菩萨",情节比文献记载更加曲折、生动,突出了妙善在"忤父命"后所经历的种种磨难及对修行的虔诚。①

　　既然观音与妙庄王的故事在福建地区是流行的宫庙壁画的题材,那拉达很有可能是目睹了这些宫庙内的观音壁画,才留下了这样准确的记载。

　　而拉达记录中最令人惊叹的部分,还是他对明代福建地区妈祖文化观察的细致。在他的描述中"然而航海家偏爱的一个女人叫娘妈(Ne-moa),生于福建省兴化附近叫做莆田(Puhuy)的村庄。他们说她在无人居住的湄州(Vichin)岛(他们说那里有马)过着独身生活,岛距海岸有三里格。他们也拜鬼,害怕鬼会加害于他们"。尽管这段描述里对于湄洲岛的描述略有偏颇(例如他可能将讲述人的妈祖理解为有马),但拉达可以算是最早对妈祖出生地莆田和湄洲岛进行报道的欧洲人,这说明拉达尽己可能地向当地群众打听妈祖文化的具体情况,而不是如前面所讲述的那些妈祖报道者一样,仅仅停留在观察到的层面。

　　而拉达更是观察到了妈祖神像是三尊并祀的情况,并且通过询问得知"那三幅实为一人。我们在料罗看见一个例子,三幅大娘妈像放在一起"。这种细致入微的观察,甚至是他之后的来访中国的欧洲人都没有注意到的,拉达具有的学者的敏锐和认真在此处凸显出来。福建地区的妈祖常常是同时奉祀大妈、二妈、三妈三尊妈祖像,例如厦门银同天后宫就为黑面三妈祖庙,神龛内并祀湄洲粉面大妈、温陵红面二妈和银同黑脸三妈。更可贵的是,拉达还记录下了明代妈祖祭祀仪式的具体场景:

　　　　还有一个格栏在祭坛前,就在一旁是一个红人的像,另一旁是黑人的,在接受祭品。他们常在礼拜后献祭的是香和香味,及大量

---

　　①　汪洁:《闽台宫庙壁画研究》,硕士学位论文,福建师范大学 2003 年,第20 页。

的纸钱，然后在铃声中把纸钱烧掉。他们也常给死人烧纸钱，如果死者是富人，也烧绸缎。虽然他们不是很虔诚的人，他们仍在偶像前点上小灯。他们也用整牛猪、鸭鱼和果品向偶像献祭，那些都生的放在祭坛上。在进行了许多仪式和祈祷后，他们极恭顺地取来三小杯酒，为他们的神（它是天）献酒一杯，再喝掉余下的，并把食物分掉，当作圣物去吃。①

　　这个描述，可以和很多之后的研究进行对比。例如据《福建省民俗志》记载，福建沿海渔民在择定出海日期后，"要到神庙（即妈祖庙）中将香火带到船上"的神龛中，而且"渔家要备三牲、带香烛、金箔、鞭炮等到海滩上设位祭神，由船主点香跪拜，祷告神灵恩泽广被，顺风顺水，满载而归。接着焚烧纸钱，鸣炮喧天……渔船缓缓驶向大海"②。清朝张曲楼的《官井捕鱼说》载："吾乡渔利，以马绞为最……每小满前数日，群鱼相率由外洋卵育，以水暖浪小，鱼苗可保也。吾乡人于是早预继缠，傍晚开糟。先于本洋放缝，每潮收放二三次，夜出晨归，洋头四五日，俟潮大则驶往官井捕取，名曰'下洋'。先以香烛往天后宫延接香火，祀于糟之中仓。后备薪米及一切用物。黄昏炊烟横斜，各赠驶至天后宫前，焚烧褚帛，鸣金放爆，庙祝亦鸣鼓以送之。然后转舵张帆，直驶而下，五十余船同时并发……及到官井，先寄旋仙人瓦待潮，早后放缠……二月轮满天，鱼帜飘扬……收网停泊，得鱼盈舱……"③

　　拉达同样也是第一个记录福建人妈祖文化中"卜笠"仪式的欧洲

① ［英］博克舍：《十六世纪中国南部纪行》，何高济译，第218页。
② 林国平主编：《福建省志·民俗志》，方志出版社1997年版，第27页。
③ 徐友梧：《霞浦县志》卷18《实业志》"官井捕鱼"条，1929年铅印本。

人。他写道：

> 他们是很迷信兆头的人，因此无论去哪里，那怕半道上，他们都要向偶像问吉凶。他们先向偶像祷告，再取大把小棒，转动它们不看就取出第一根掉出的，然后看上面写的字，根据它的意思到一张桌前去，上面摆着所有答案。另一种是他们把字写在一根四边呈方形的细棒上，祈祷后立一个有香炉的坛，把棒扔在上面，那朝上一面所写的字，他们认为会发生，如此等等。①

这和福建沿海妈祖文化的卜笄仪式几乎完全一致。由于海上渔业生产相关的人事安排，渔民们多请海神决定。船老大人选的确定通常要到海神庙"卜笄"，由神明决定。船老大是船上的掌舵人，是关系到船上渔民生命财产的安危与海上渔业捕捞丰歉的关键性人物。渔船出海前必须选定船老大，出远海尤其如此。船老大的选择除了渔民自家独资造船自家人充任船老大外，一般还有两种情况：一是几家合资造船，船老大由大家推举产生；二是船主备船，船老大雇人充当。无论是前者还是后者，都要求充任者必须有丰富的海上生活与渔业生产经验以及临时应变的能力。具备这些条件后，进行"卜笄"，请海神决定。人类学田野调查表明，福建惠安崇武小岞村渔船的船老大一般要选有丰富的海上渔业生产经验、有一定威信者，如遇数人条件相当，就要到妈祖庙"卜杯"求神明决定，以连续两次卜得"信杯"者当选。如果渔业产量长期不高，渔民们也会去妈祖庙"卜杯"，重新改选船老大。②

---

① ［英］博克舍：《十六世纪中国南部纪行》，何高济译，第219页。
② 陈国强、石奕龙主编：《崇武小岞村调查》，福建教育出版社1990年版，第63页。

　　另外一个为拉达所记述的有关明代妈祖祭祀的仪式，让人颇怀疑是类似惠安地区渔民出海前的"消度"的习俗。拉达记叙的是"他们制造一个竹船模型，有帆有舵，举行盛大仪式。把一条小烧鱼和一团饭放进去，投入海里。为驱逐船上的妖魔，他们每人手执一块板，排列在舷缘。这时有两个人，各拿一大锅饭，从船侧把饭撒入海，始自船首，止于船尾。他们后面另有两人，用刀和盾武装，边走边挥舞武器并且做姿态，同时船员大叫大嚷地用板敲打舷缘，还做其他许多蠢事"。

　　惠安地区举行"消度"主要是出海日子的选择，是由妈祖托庙祝之口决定。要举行祭海时，各家各户要出几碗菜，同时派人去大岞村请来妈祖神像，由四人或八人抬轿，跟在举旗者之后，一路敲锣、打鼓、鸣炮。上船后，奉上供撰（应是"五大牲"）祭敬妈祖，船老大在船头摆上炉子，用铁锅烧生油，油烧热后，将盐撒入油中使其爆溅。船老大又持斧头从船头、水仙门、桦位及其他重要部位和船上舢板敲打，口呼"顺！顶！顺！"随后口含烧酒，喷到油锅内，全体船员列队跨过油锅，仪式至此结束。过夜后再将妈祖神像抬回大岞。[①]

　　这个过程的描述，虽然是发生在现代，但几乎和明代拉达笔下的妈祖祭祀仪式如出一辙。从中，我们既可以感受到中国东南沿海妈祖文化的持久的生命力，也可以再一次地确信拉达所记载的妈祖文化和其他有关中国宗教及人民社会生活的内容，都是相当可信的。

　　与上述惠安地区相似的，沿海有妈祖文化的地区，大都有非常类似的仪式举行。例如渔讯结束后还要举行的一些相关的仪式。江苏海州湾"农历腊月三十中午，船老大要带领全体船上人员捧着猪头到船前，面向大海，烧香磕头，祭船敬龙王敬天后娘娘。猪头要煮熟放在椭圆形的

_____

　　① 《崇武镇港域村社会文化调查》，陈国强、蔡水哲主编：《崇武人类学调查》，福建教育出版社1990年版，第182页。

元宝桶内……祭祀之后，船老大用石刀在猪头上横竖各剁一刀，成十字形口。十谐音实，表示祭船敬龙王天后都是实心实意……祭船之后，船老大要亲手杀一只公鸡，把鸡血淋在船头两侧，驱邪赶恶气壮喜，这叫'挂红'——这些项目完成之后，全体船上人员在船老大的带领下吃猪头，喝团圆酒互相道喜说彩祝愿明年'大发财源'，'开门大吉'，'财神到家'，'合家团圆'，等等"①。

可以说，从拉达开始，欧洲人对于中国妈祖文化的了解，开始脱离道听途说和简单观察的阶段，而是进入了对于妈祖文化的来源、仪式进行深入了解的重要阶段。这一点具有划时代的意义。

1582 年，利玛窦到澳门时也记下了类似情况，他说：他们（指中国人——引者）把邻近岛屿的一块地方划给来访的（佛朗机）商人作为贸易点。那里有一尊叫做阿妈（Ama）的偶像。今天还可以看到它，而这个地方就叫作澳门，在阿妈湾内。②

三、门多萨《中华大帝国史》中的妈祖文化

1585 年，有一部即将影响欧洲人接下去三个世纪的中国印象的重要书籍出版，即门多萨的《中华大帝国史》（*Historia de las Cosas más notables*，*Ritos y Costumbres del gran Reyno de la China*）。胡安·冈萨雷斯·德·门多萨（Juan González de Mendoza 1545—1618），出生于西班牙的里奥哈地区，他早年曾经加入过军队，但不久之后就加入了圣奥古斯丁修会，和我们前文提到的拉达一样。门多萨较之拉达幸运的是，他没有和其他这一时期前往亚洲开拓的修士那样死于旅途困苦，后来在教会内部一直承担着较高的职位。在完成了他的巨著《中华大帝国史》之后，

① 刘兆元：《海州湾渔风录》，《民俗研究》1991 年第 2 期。
② ［意］利玛窦：《利玛窦中国札记》，何高济等译，中华书局 1983 年版。

门多萨于 1593 年担任意大利利帕里地区的主教，之后又陆续担任过墨西哥恰帕斯等地的主教，直到 1618 年过世于波帕扬地区主教的任上。

据研究，门多萨的书首次于 1585 年在罗马出版，小 8 开本，标题如下："大中国著名事物、典仪和风俗的历史，据同一中国书籍所载，以及据到过上述国家所属省份的教士和其他人的记述。由著名钦定教师，圣奥斯丁会修士儒安·贡查列斯·德·门多萨编写整理，他是教皇听悔牧师，天主教国王陛下派他于 1580 年赍御书及其他礼物出使中国国王。致国王陛下之顾问，皇家印度事务部部长，极负盛名的圣·费尔南多·德·维加·依·方赛卡。附新世界行纪。教皇圣上特许和批准。罗马，巴托罗姆·格拉西海岸，1585，印于文深蒂阿·亚科而蒂（Vincent Accolti）。"大英博物馆有一个副本，标题有赫斯·斯乐安爵士亲署。书有 440 页；前有教皇色克斯图五世的拉丁文特许，日期是六月十三日；门多萨给费尔南多·德·维加的献词，日期六月十七日，罗马。[①] 从《中华大帝国史》最初的这些版本可以看出，尽管本书不是欧洲第一部以中国为名的著作，这一殊荣归于曾经来华的葡萄牙修士加斯帕·达·克路士的《中国志》（出版于 1569 年），但其发行范围与影响力却远远超过了克路士的《中国志》。原因在于《中华大帝国史》的写作与出版、发行、流通都得到了教皇的授意，而在那一时期的欧洲知识世界里，教会的力量依然是无人可以比拟的。

———————

① 这段研究来自于《中华大帝国史》的英文译本绪论，作者为 Richard Henry Major（1818-1891），大英博物馆的地图馆藏的策划与收集者。《中华大帝国史》的英文译本由 Sir George Staunton, 2nd Baronet, 也即小斯汤通组织翻译出版于 1853 年。小斯汤通是英国著名的东方学家，在幼年曾与父亲一起陪同马戛尔尼到访中国。Juan Gonzalez de Mendoza, Robert Parke Trans, *The history of the great and mighty kingdom of China and the situation thereof.*, London: Printed for the Hakluyt Society, 1853-1854. 中文译本为何高济译。

门多萨的《中华大帝国史》的主要资料，来源于我们上面提到的
两位亲历者的记述，一位是加斯帕·达·克路士的《中国志》，另一位
是上一节里我们仔细讨论过的西班牙修士拉达的《出使福建记》（Rela-
cion）。为何门多萨本人曾经为"天主教国王陛下派他于 1580 年赍御书
及其他礼物出使中国国王"，但是他的著作却并非来自亲身经历，而是
来自其他人的资料呢？实际上，门多萨本人并没有来到过中国。和克路
士、拉达不同，门多萨没有能够顺利地完成他的出使任务。门多萨使团
的出使任务和拉达颇有渊源，拉达本人虽然不幸死于马尼拉，但他的有
关中国的撰述于 1576 年由他的同伴哲罗尼莫·马任修士亲手交给菲利
普二世，这位西班牙最鼎盛时期的国王（几乎控制了大半个欧洲）大
为触动，因此任命了三位使臣，即圣奥古斯丁修会的马任，胡安·冈萨
雷斯·德·门多萨神父，及弗朗西斯科·德·奥特加（Francisco de Or-
tega）神父作为新的使团成员。他们被遣往墨西哥以适当增补国王提供
的昂贵礼物。不幸的是，墨西哥总督不支持他们马上出发，而是给他们
的行程设置诸般障碍，以致 1584 年使团最后彻底失败。

门多萨使团之所以没有成行中国，除了墨西哥总督的多方阻挠，还
有一个重要的原因就是这一时期前往中国的欧洲使团的遭遇均很不幸。
其中一个使团来自西班牙圣约瑟省的方济各会，后来由其中的伯多禄·
德·奥法罗（Pedro de Alfaro）写下了旅途经历，被门多萨录入《中华
大帝国史》的第二部第二卷。奥法罗在 1578 年 7 月 2 日和同会 14 名会
士从西班牙到达马尼拉，他身任团长，去就任吕宋圣格利哥里省大
"监督"之职，并在该城建立一座教堂。他到达时，马上就了解到马
丁·德·拉达的中国之行，热忱希望进入那几乎难以接触的帝国。因此
他向菲律宾总督墨西哥皇家议会主席弗朗西斯科·德·桑德（Francisco
de Sande）请求批准这项工作，但因前次出使失败，以及害怕危害刚打

开的国家之间的关系，遭到拒绝。为此这位热情的传教士决定不经许可就登程。他携带下述的人同行：儒安·巴普斯蒂塔·德·皮扎罗及塞巴斯蒂安·德·贝科蒂亚等圣方济各会士，三名西班牙士兵，四个菲律宾土著，和一个从林凤处掳来的年轻中国人充当译员。这个使团的成员几乎没有任何航海经验，奇迹般设法通过守卫海岸的舰队进入广州港。在当地官员的询问下，一个充当翻译的当地基督徒巧妙地修改了他们的话，表示说他们是和尚一样的圣人，他们无意访问中国，但在从菲律宾到伊罗的航行中他们的船只沉没，丧失了大部分船员。他们依靠的只是这艘小船，它出乎意料地把他们送进这个不认识的港口，官员询问他们在船上有什么东西，回答说他们没有武器和商品，但仅有他们的书籍和礼拜用的物品，当这些东西给送来，他看见它们很感兴趣，但表示惊奇它们怎能在这样的风暴中得以保全，机灵的翻译回答说这些是他们保有的最珍贵的东西，这次审查结果是正式允许登岸，不过不许他们传教，他们十分贫匮，但最后公家慷慨地供给他们生活所需的物品同时对他们有谣传，这使他们再次受到长时的审查，结果奉该城长官之命把他们送往福州，以便查明他们的一切。这次旅行让他们能够观察中国的情况，这由门多萨记录在第二卷中。总督问他们一些问题，把他们交给他的副手，副手待他们很客气。在福州停留几天后，兵备道副手再送他们返广州，到达后他们被命令离开中国。后来他们一些人获允去澳门，另一些去吕宋。决定回菲律宾的人前往泉州，在那里登船，于1580年2月2日到达吕宋。①

目睹了这些冒险修士以热诚努力所产生的屡次重复的灾难，门多萨转而采取一个据认为更实用的实现教会与国王委派任务的方法。他收集

---

① ［西班牙］门多萨：《中华大帝国史》，何高济译，第46—47页。

了上面已提及的各个葡萄牙和西班牙教士的旅行经历，即加斯帕·达·克路士、马丁·德·拉达、伯多禄·德·奥法罗等的记述，将它们汇集为一卷付印。在这项工作中他必定得到使团的同伴哲罗尼莫·德·马任可贵的帮助，马任伴随德·拉达前往中国，曾是全书所记极重要事情的目击者。除此之外，据博克舍的研究，拉达本人写过不止一份报告，其手稿在门多萨时代尚存；和拉达同行的军人洛阿卡也有一份行纪，这些资料都曾被门多萨利用。这一类增补的内容，在许多章节中可明显看出，例如，谈中国古史部分，门多萨比拉达的要详尽得多。而且很有可能的是，门多萨甚至得以阅读拉达等人带回欧洲的大量中国印刷的书籍，所以《中华大帝国史》的另一个具有首要贡献的地方，就是第一次在欧洲呈现了中国的文字。根据裴化行的记载①，拉达带回欧洲为门多萨编纂所用的中国书籍可以分为二十七个大类，涉及中国文化的方方面面，主要情况如下：

　　（一）地理类：中国十五省之位置、界限，及其长度与宽度；

　　（二）国库类：税款及朝廷之收入，朝廷之组织，职员之薪金，官吏之名称及其职务；

　　（三）税务类：各省应纳税之人民，及免除税役之人民，税款之征收时期及征收方法；

　　（四）造船类：各类船舶之制造，航行之规律，各商埠码头之深度及其特性；

　　（五）历史类：中国之古史及其年代，世界之制造，太古之事迹；

---

　　①　［法］裴化行：《天主教十六世纪在华传教志》，萧濬华译，第 149—150 页。

（六）朝政类：各朝代之事迹及其治国之方法，君王及皇帝之传记及其性格；

（七）祭祀类：祭神时所行之仪式，各神之名称及其由来，祭祀日期；

（八）信仰类：中国人对于灵魂不死之意见，天堂地狱之解释，埋葬、殡仪、孝服之规例，即仪礼一类之书；

（九）司法类：中国之法律根源及其成立者之姓名，罪犯之惩罚，以及其他关于善良政府之细则；

（十）木草类：药用植物，及其对于疾病之功效，即本草纲目一类之书；

（十一）医药类：古代及现代之医药书籍多种，以及治疗疾病之方法；

（十二）天文类：天之数目及其运行，星宿及其奇特之效能与影响；

（十三）外国地理类：处理凡属中国人民所认识之国家及民族之书籍；

（十四）圣贤类：各圣贤之诞辰、忌日、坟墓，及其一生事迹；

（十五）游戏类：围棋及象棋、戏法等；

（十六）音乐类：音乐歌曲及其创立人；

（十七）数学类：算术及数学珠算；

（十八）产科类：儿童之胎内生理，分娩之适宜时机；

（十九）建筑类：美术及建筑之方法，长度与宽度之比例；

（二十）风水类：地点之好坏，避灾之方法，福祸发生之理由；

（二十一）占星类：天文学及占星术，学习之规律，绘制占卜图之方法；

（二十二）相术类：相手术及相面术，其他有关自然现象的科学，以及解释这些现象的意义之书籍，如神相全篇之类；

（二十三）尺牍类：信札应用之问题，称呼及投递；

（二十四）养马类：养马及练马之方法；

（二十五）算命类：出行或工作前占卜命运之方法，预算将来如何之方法；

（二十六）朝礼类：谒见皇帝或长官时应行之仪礼，分别与官衔之标记；

（二十七）兵器类：制造各种兵器及战具之方法，练兵之方法。

裴化形认为，门多萨的著作就是建立在以上拉达带回的中国书籍基础之上的。基于当时欧洲翻译人才的缺乏，门多萨在多大程度上能够利用这些书籍资料，我们不得而知。但从门多萨对于中国宗教，尤其是妈祖文化的记载来看，确实有超越拉达记录的部分。

门多萨的《中华大帝国史》有专章讨论中国人的宗教信仰，他是这样记叙的：

他们把具有超人的智力、勇力、勤奋，或过孤身刻苦生活的人当作圣人，或者是那些不伤害他人的人。而在他们的语言中称这些人为菩萨，相当于我们称作的圣人。

他们还向鬼献祭，并不是他们不知道它是邪恶的，或该诅咒的，而是让它不害他们，既不害他们的身子也不害财物。他们有很多稀奇古怪的神，数量多到单记它们的名字就要一大本书，非本书之简略所能包容。因此我将仅提他们最崇拜的主要的神（除我已提到的那些之外）。

其中最主要的他们叫做释迦，来自西边的天竺国，他是该国内这类有男有女神职人员的头个创造者，而且总的说他过着没有婚配的生活，长久与世隔绝，所有追随这种信仰的人都剃光头发，人数很多，下面你将看到他们紧紧奉行留给他们的教义。

下一个叫观音，庄王的女儿；庄王有三女，两个已婚，第三个即观音，他也要她嫁人，但她绝不同意，说她已向天起誓要过圣洁生活。因此她的父亲国王十分生气，把她关进一处像寺院的地方，要她在那里搬运柴、水，进行劳作并打扫那儿的一座果园。中国人讲了许多有关这个女孩的故事，简直可笑。如说猿猴下山来帮助她，神仙怎样把水送给她，天上的鸟儿用嘴清理她的果园，而且巨兽出山给她送柴。她的父亲发现这些，认为她是用妖术或某种魔法（这是很可能的）行事，就命令放火烧她住的房子，这时她看到因她之故房子要给焚毁，她想用别在她头发上的一根银针自戕。但这当儿突然天降倾盆大雨，把火扑灭，于是她离开那里，藏到山里，修炼苦行过着圣洁生活。而她的父亲因对她犯下了大罪和恶行，遭到报应，变成麻风病人，满身蛆虫，以致无医可治，因此他被迫去找他的女儿来治病（这是神灵显示他的）；然后她父亲得到救治，求她宽恕，十分忏悔以前之所为，对她礼拜。她看到这个，拒绝她父亲的礼拜，而把一尊菩萨放在他面前，让他拜菩萨，不拜她。然后她径直返回山里，虔诚修行而死。他们把她当作一位大圣人，向她祷告，求她宽恕他们在天之罪，因为他们相信她在天上。

此外，他们有另一个叫作娘妈（Neoma）的圣人，生在福建省的 Cuchi 城。他们说她是该城一位贵人之女，不愿结婚，而是离开她自己乡土，到兴化对面的一个小岛上去，过着贞节的生活，表现了很多虚伪的奇迹。他们把她尊为圣人的原因如下。中国皇帝的一名将官，叫作康波（Compo），被派去跟那儿不远的一位国王打仗。刚好他乘船来到莆田下锚，在准备离开时，他要起锚，但怎么着不能移动它；他十分惊异，往前望去，只见这位娘妈坐在锚上。于是这员将官向她走去，很卑顺地对她说，他是奉皇帝的命令去打仗，而假若她是仙，她会告诫他怎样做最好。她回答他说，如果他要取得对他征伐的百姓的胜利，那他应把她带去。他按照她说的做了，把她带到那个国家，那里的居民是大巫师，把油扔到海上，使得船只像着火的样子。这个娘妈施展同样的法术，破了那些人的妖法巫术，终于，他们的魔法一无作用，更不能伤害中国人。该国的百姓发觉这点，他们便向中国皇帝俯首称臣。那位将官认为这是奇迹，可他仍然求她（做一件好事），因为事情可能不是那样，为证实一下他的看法，他好向皇帝报告。他说道："仙女，我手头这根枯枝，如果你能够把它变得青葱茂盛，我要把你当菩萨来拜。"就在当时她不仅把它变绿，还让它散发异香。那根树枝他插在他的船尾作为纪念，因为他一路顺风，他归功于她。所以直到今天，他们把她尊为圣人，在船尾带上她的像，入海航行者向她献祭。①

对比门多萨这一节关于中国宗教信仰中的神祇的部分，可以看到明显的拉达的影子，两人都是先后叙述了菩萨、数量众多的神祇、观音与

---

① ［西班牙］门多萨：《中华大帝国史》，何高济译，第 40—42 页。

妙庄王的故事，最后是关于妈祖文化的由来。但是显然的，门多萨的记载要比拉达详尽许多，不论是妙庄王的故事还是妈祖的故事，在门多萨这里都有更加翔实的版本。对于观音和妙庄王的故事，拉达只是简单地提及"但他们最礼拜的是叫作观音（Quangin）的女人，她是一个叫作庄王（Toncou）的国王的女儿，按她的方式过着独身和圣洁的生活"。门多萨却已经可以对妙庄王的故事本末娓娓道来，显然，他不仅仅是如拉达般耳闻了观音的出身故事，而是有机会看到了拉达未来得及详细阅读的中国书籍。

在妈祖的传说故事中，门多萨的记载格外地令人瞩目，因为在此之前，欧洲的知识界中从未有过对于妈祖文化如此详细的记载。他不仅提到了妈祖出生于湄洲，祖居于兴化，还提到了妈祖帮助一位将军征服异国的故事。这一故事在中国的妈祖典籍中没有对应的记载，也无法找到名字音为"康波（Compo）"的中国将军。但大约同一时期的中国东南沿海，正在与倭寇作战的中国将领，确实有行前祭祀妈祖的习惯。例如作为抗倭主要将领的俞大猷在浙东瞿羊岛平俊海战舟师出发前先后撰写的两篇祭海神文：《祭海文》和《祭风伯海若六森文》，前者祭的是东海之神，后者祭的是海若神（海若乃传说中的海神名）。明隆庆二年（1568），海寇曾一本既降复叛，俞大猷奉命征讨、擒灭之。战前，俞大猷举行了隆重的祭天妃（妈祖）的仪式，其所撰的祭文曰："钦差镇守广西地方总兵官征蛮将军、前军都督府署都督、同知俞大猷，谨率大小将领，以牲醴祭于敕封天妃娘娘之神曰：剧贼曾一本，横行海上，毒害生灵，非惟居民上者之咎，亦尔神明好善恶恶之道未有至也。今大猷等统领舟师，会合闽师，始战之铜山，贼已丧败而走。再攻之柘林，尚期首从尽歼。愿我神明，临战之际，助以顺风，俾此丑贼，无一遗遁。尔神明之威灵斯显，而远近之感戴无已也，尚飨。"①

此外，门多萨记载的妈祖故事中，有两个细节，可以找到中国史籍中的对应。首先是当将军"刚好他乘船来到莆田下锚，在准备离开时，他要起锚，但怎么着不能移动它；他十分惊异，往前望去，只见这位娘妈坐在锚上"。这个细节，和《天妃显圣录》中的"祷神起碇"故事有一定的类似：

> 季春有商三宝者，满装异货，要通外国，舟泊洲前。临发碇，胶弗起，舟人入水，见一怪坐碇不动。急报客，大惊。登岸询洲人："此方何神最灵？"或曰："本山灵女极称显应。"遂诣祠拜祷。恍见神女优游碇上，鬼怪辟易，其碇立起。乃插香一瓣于祠前石间，祝曰："神有灵，此香为证：愿显示征应，俾水道安康，大获赀利，归即大立规模，以答神功。"迨泛舟海上，或遇风涛危急，拈香仰祝，咸昭然护庇。越三载，回航全安。复造祠，见前所插瓣香，悉盘根萌芽，化成三树。正值三月二十三日神诞，枝叶丛茂，香气郁郁缤纷。商人奇其感应，捐金创建庙宇，焕乎改观。及宋仁宗天圣中，神光屡现，善信者复感灵异，广大其地，廊庑益增巍峨。②

"祷神起碇"故事中，提到"临发碇，胶弗起"，后来是妈祖赶到解决了这一危机。而在此之后同样有"前所插瓣香，悉盘根萌芽，化成三树。正值三月二十三日神诞，枝叶丛茂，香气郁郁缤纷"。虽然和门多萨记载的妈祖将树枝"变绿，还让它散发异香"有所出入，但可

---

① 蒋维锬编校：《妈祖文献资料》，第102—103页。
② 夏德仪点校：《天妃显圣录》，《台湾文献丛刊》第77种，1970年。

以看出两个故事在结构母题上的高度相似。而二者之间的不同的产生，有两种可能，第一种是门多萨按照拉达的记载、哲罗尼莫的口述，结合他阅读到的拉达带回欧洲的中国书籍中的妈祖故事进行了自己的再加工，这意味着拉达带回欧洲的书籍里很可能夹带有明代的传述妈祖故事的书籍；第二种可能是这个故事本身就是哲罗尼莫在中国听到沿海居民讲的，故事的加工是在中国就完成了的。联系到观音故事的讲述方式，可以初步判断第一种可能大些。不管是哪一种可能，都说明在 16 世纪的欧洲，已经有了对于妈祖传说相当详尽的记载。这在妈祖文化向欧洲传播的历史上，具有相当重要的意义。

除了对于妈祖出生于神迹的故事记载外，门多萨还记载了一些很可能与民间妈祖文化相关的中国民间信仰仪式，其中超越拉达和克路士记载的，是第一次向欧洲知识界介绍了中国的降乩仪式。根据门多萨的记载：

修士伯多禄·德·奥法罗离开中国时，他们当着他的面所作的，这可见于他的记述。他们求神的方法有如下述：他们叫一个人面朝下躺在地上，这时另一个人开始对着一本书念唱，在场的部分人响应他，其余的人摇着小铃打着小鼓。不久后躺在地上的那个人有了表情和动作，这是鬼神进入他体内的确实信号。于是他们向他提出他们要知道的事，这时鬼神附体的人作回答，但他说的话都是假话；尽管他保守着秘密他仍然对他的回答作不同的说明，为此要么用话要么总是用字去回答，后者是鬼神不愿用话回答的补救法。当要用字作答时，他们在地面铺上一张红布单或被子，把相当数量的米放上去，在被单上铺匀，叫一个不会写字的人，手执一根棍子站在那儿，在场的人这时像开始求神那样念唱和演奏。不一会儿鬼神就进入那个手拿棍子的人身，让他在米上写字，他们再把棍子写出的字抄译出，连在一起后，他们得到他们询问的答案。然后其结果如上所述都是假的，有似人们跟撒谎师祖交谈，所以他们的答案也是虚假的和充满欺罔。如果有时他对他们讲了真话，那不是出自他的本性或意愿，而是以某个事实为掩饰去引诱他们坚持的谬误。他们就相信这些上千的谎言；因此他们求神，在全国它是那样流行，以致再没有比它更多或更闻名的了。①

在这段对于中国民间扶乩行为的记载中，门多萨的描绘相当形象。而且非常符合历史记载的现实，据学者研究，唐宋以来，常见的扶乩形式有两种：一种是"用取桃李之有两叉者，削其头如笔状，令两人各以一手持其柄，念动咒语请神，桃枝则跃跃动，书字书药，甚或抒写诗歌，朗朗可诵"；一种是倒扣畚箕、饭箕、米筛等竹编物，上覆盖女性衣服，下绑一毛笔或木棍，二人对面扶箕，在沙盘上书写文字，故又称扶箕或扛箕。② 而门多萨的记载来自于修士伯多禄·德·奥法罗的亲眼所见，又可以更加细致地反映明代东南沿海地区降乩仪式的真实面貌，例如在降乩前，"他们叫一个人面朝下躺在地上，这时另一个人开始对着一本书念唱，在场的部分人响应他，其余的人摇着小铃打着小鼓"，这反映出当时的降乩仪式是有一个法师团队来进行的。而在沿海地区的妈祖文化中，降乩也常常是其中重要的一个部分。

除了降乩仪式外，门多萨还提到了在船只入水之前向妈祖献祭的仪式：

① ［西班牙］门多萨：《中华大帝国史》，何高济译，第48页。
② 陈进国：《扶乩活动与风水信仰的人文化》，《世界宗教研究》2004年第4期。

当他们把造好的船投入水中时，这些宗教人士都披上华丽的丝袍，到船尾去献祭，那里有他们的祭坛，并在那里献上有各种图像的彩色纸。在偶像前把纸切成一片片的，伴有某件仪式和歌唱，摇着小铃，他们向魔鬼表示敬意，同时他们在船楼里绘上魔鬼像，好让它不危害船只。这做完后，他们尽量吃喝到不能再吃了。他们认为这样做将足以使船只一帆风顺，那他们当作是必然无疑的，而若他们不按这套法子祝福船只，一切都将是另一个样子。①

显然，这段记载来自克路士和拉达的描绘，特别值得注意的是在祭祀仪式中，祭坛设立在船尾，船楼中也设有妈祖像的部分。同样在奥法罗的旅行记录中，还有这些西班牙方济各修会会士亲身经历的中国船员在海上遇险时向妈祖祭祀祈福的过程：

1月2日，载着西班牙人的船，和另两艘护送他们的船，顺风离开海澄港；但因时值冬季，仅有一阵子好风，不过他们仍到达离大陆6里格（Amoy）的厦门岛，在那里停留一天。第二天他们出海继续航行，在海上遇到可怕的恶劣气候，不知道船只被驱向何处，屡次有沉没之危。这场风暴持续了4天，刚好在他们为进入马尼拉港而沿岛岸航行离入口有5里格时，突然刮起了猛烈的北风，使大海成汪洋。他们发现自己处在比上一次更大的危险中，以致他们在大风中调整一半的桅杆，随时随刻都准备沉没。中国人因为迷信和懂巫术，开始祈求和召唤妖魔把他们救出险境，当他们遇到危

①　［西班牙］门多萨：《中华大帝国史》，何高济译，第58—59页。

难时这是他们一贯作法。他们也求妖魔指示他们怎样做可以出险。但当西班牙人知道他们的作法时就阻止他们继续作他们的符咒和祈求，开始咒骂魔鬼，因此魔鬼不愿响应中国人的祈祷。

（略）中国人是用不同方式召唤妖魔的，然而他们听见一个妖魔说，不应因不回答他们的请求而给予责备，因为妖魔被他们携以同船航行的那些西班牙神父诅咒而不能这样做。不久，当黑夜来临，因上帝的意愿风暴停止，几个钟头内变得十分平静。尽管只平静了一阵子，因为当他们开始扬帆向港口，就要差不多进入的时候一股新的风暴又袭击他们，如此之强烈，使他们害怕在岸边碰碎，便被迫返回大海。这时刻他们缺水又缺粮，这对他们是一种新的折磨。他们陷入了绝境，船上有96人，余下的粮食却只够2天食用。中国人又开始用符画祈求和呼唤妖魔，这法子使妖魔非回答他们不可，这次也如此，而且没有受到神父们的阻扰；不过妖魔的回答中仍在说谎，因为妖魔说，3天内他们要进入马尼拉城，而实际过了4天多。最后，靠全能上帝的恩赐克服了他们海上的困难和缺水缺粮的需要，他们在1580年2月2日到达期望的港口。……所有这些仍然不能使对方停止射击，或更接近他们的船。在这当儿，他们中有个士兵在吕宋呆过，是知道西班牙人的中国人，受上帝的启示，他示意叫其他人停止射击，他们立即停止。于是他乘他的帆船驶近西班牙人的船，其余的都跟随他。当他们发现西班牙人既无武装兵器，又不想逃离他们时，他们便进入船内，手执白刃在西班牙人头上挥舞，大声吵嚷喧闹，把西班牙人带进港口，名叫中左所。……上述将官亲自登上一艘帆船，跟他们一起登陆；一当他上岸他就把西班牙人带进一座偶像寺庙，他则对偶像作习惯的礼拜，不过教士尽管如前述十分怕死，他们仍不仿效他而是把脸转离偶像，向偶像吐唾沫，用手势让将官知道，他不该拜偶像，因为偶像并不比人给他们更多的好处，相反，叫那些偶像拜人因为人制造了偶像，他们应当真正礼拜的是真实的上帝，天地的创造者，从这行动可明显看出圣灵赐给他受洗基督徒以力量，这些教士在死亡门口，仍然有力量和精神抗拒和申斥那些能够要他们命的人，将官虽然表示对他见到他们的作法不满，仍没有加害于他们，但马上把他们带出寺庙，并命令士兵留在那里通宵看守他们，他们整晚躺在地上，不过觉得自己快乐，感谢上帝把他们从临近的死亡中拯救出来。①

这里奥法罗记载的整个航程中都和妈祖文化密切相关，当他们乘坐的前往中国的船只遇险时，中国船员的第一反应是"开始祈求和召唤'妖魔'把他们救出险境"，这里的"妖魔"显然是这些天主教修士囿于宗教的成见而冠以的蔑称。而且在此过程中，奥法罗还记下了"开始用符画祈求和呼唤妖魔，这法子使妖魔非回答他们不可"，这反映出在明代的中国船只上，对于妈祖的祈福和祭祀仪式，降乩是其中不可或缺的重要组成部分。最后的结果看起来和妈祖的回答是非常相近的，"妖魔说，3天内他们要进入马尼拉城，而实际过了4天多"。而在船只抵达厦门之后，当地的将领将他们领上岸的第一件事情是"一当他上岸他就把西班牙人带进一座偶像寺庙，他则对偶像作习惯的礼拜"，这也反映出在明代的中国海军中，上岸即向妈祖报告与祈福是相当固定的习俗。

从以上的记载不难看出，门多萨的《中华大帝国史》作为欧洲早期汉学的一部里程碑式的著作，集16世纪欧洲中国学著述之大成，给此后的欧洲汉学家以极大影响。中西交流史的研究者许明龙就认为：

① ［西班牙］门多萨：《中华大帝国史》，何高济译，第303—305、358—360页。

"这部著作对中国的描述停留在表面，比较肤浅，但比较准确，涉及面较广，对中国的悠久文化给予较高的评价，在欧洲受到普遍的欢迎，多次再版。在早期有关中国的著作中，门多萨的这本书比较有名，对欧洲人了解中国发生了良好的作用。此书的法文版于 1588 年问世，法国的著名作家蒙田在他的《散文集》中多次论述中国，所据材料即是《中华大帝国史》。"并指出法国大启蒙思想家孟德斯鸠的藏书目录中，也有门多萨的这本书。①

第三节 葡萄牙人眼中的妈祖

一、华人船长"希考伦"与妈祖

16 世纪极为深入地介入到东亚海洋贸易网络中的西班牙、葡萄牙人，甚至在踏上中国土地之前，就更早地见识到了中国人的妈祖文化，尽管也许他们并不能明确意识到所见到的神祇本身是谁。因为他们在亚洲海域里，时时刻刻都难以避免要和中国船只打交道。根据一名葡萄牙人的信函记载：

我主：

我于去年，1522，离开满剌加前往中国。我获悉，因我们人在那里夺取了中国式帆船，爆发了战争，有葡萄牙人被杀。同时我也了解了有关人员、炮械及炮手的情况，想必殿下从我写给您先父的信中已获知，因人手缺乏，任务艰巨，我时常考虑是否应改变此

---

① 许明龙：《孟德斯鸠与中国》，国际文化出版公司 1989 年版，第 54—55 页。

行。从那里带来的东西不多。我已经受两次挫折。

……他问其中一个葡萄牙人，他是其中两个孩子的父亲。另外一个葡萄牙人已奄奄一息。问他们是如何落入那个强盗手中的，那个家伙叫什么名字。他回答说，那个强盗有两个名字，一个基督教名字，一个异教名字。异教名称为希考伦船长，当时他这样自称。基督教名字为弗朗西斯科·德·萨。5 年前他在满剌加受洗基督教。当时的满剌加要塞的司令为加尔西亚·德·萨。因为那司令是他们的教父，所以给了他"德·萨"这个姓氏，还把一个混血孤女嫁给他做妻子。那是个温顺的女子，其父为一大名鼎鼎的葡萄牙人。这样做的目的是把他留在那个地方。

他于 1534 年坐一条大船去中国，随行的有其妻子和 20 名满剌加要塞最富有和最享盛名的葡萄牙人。抵达广东岛后，在那里补充了淡水，准备到漳州港去。船在那里停了两天了，全体船员同他一样都是华人。因此，一天晚上，趁葡萄牙人睡觉时，他们揭竿而起，用斧头杀死了所有人，凡是有基督教名字的人，甚至连孩子都未能幸免。他强迫妻子改信异教，崇拜舵公带在船上一个箱子里的一尊偶像。说等她脱离了基督行婚礼。他的妻子不愿崇拜那个偶像，也不同意他的计划，那狗东西竟然用斧子砍她的头，顿时脑浆四溅而死。然后开船去双屿。那年他到双屿去做买卖，因为害怕，不敢去北大年，那里住有葡萄牙人。然后到暹罗去越冬。第二年又到漳州港。①

---

① 《末儿丁·甫思·多·灭儿致函国王汇报中国之行情况》，葡萄牙国家档案馆，总督函档，第 153 号，转引自金国平编译：《西方澳门史料选萃（15—16 世纪）》，广东人民出版社 2006 年版，第 37—45 页。

　　这名葡萄牙人的记载中，有两件事尤为值得我们注意。第一件，是"因我们人在那里夺取了中国式帆船，爆发了战争"，所以在这一区域的葡萄牙人，一定无法避免在夺取的中国船只上见到妈祖的神龛与神像。如果这一条还不足以证明这点的话，那这则记载中更值得注意的另一件事，则可以进一步证明这一点。他在这里讲了一个相当惊心动魄的故事，一名叫做"希考伦"的华人船长的故事。按照他的记叙，这名华人在满剌加要塞受洗成为基督徒，接受了要塞司令给予的基督教名字"弗朗西斯科·德·萨"，还娶了一名葡萄牙混血的孤女作为妻子，得到了满剌加葡萄牙人的信任。所以其后有满剌加要塞的 20 名葡萄牙人乘坐其船前往中国。在船停泊于漳州港之时，这名华人船长同他的华人船员一起，杀害了船上的葡萄牙人。而且特别提到的，是这名希考伦船长"强迫妻子改信异教，崇拜舵公带在船上一个箱子里的一尊偶像"。这里的船上一个箱子里的一尊偶像，极有可能就是妈祖。

　　这个故事充满了血腥与残酷的味道，但需要指出的，这也许才是当时葡萄牙人和华人在争夺东南亚乃至整个东亚海域贸易权与控制权时，比和平相处更加常常存在的状态。这名"异教名"为希考伦的华人船长，最有可能的就是漳州前往满剌加贸易的商人，不管是在怎样的压力下接受了基督教的洗礼，从其之后的行为看来，他一定是心存不满的。而他"强迫妻子改信异教"的行为，又很类似于一种应激反应，用以对抗葡萄牙人强迫其改信基督教的行为。毕竟在中国本土，强迫性的崇拜较为罕见，尤其是在民间信仰神祇繁多的福建地区。那这名华人船长为何会做出让妻子崇拜妈祖的这一行为呢，更大程度上应是象征意义上的。妈祖在这里不仅仅是福建诸多地方信仰神祇的一种，也不只是护佑航行的职能神海神，而是他所身处的中华文化本身，是他用以对抗基督教文化的中国宗教信仰符号。

二、东亚天主教拓荒者沙勿略与妈祖

如果西班牙人迪斯和葡萄牙人记载中的华人船长"希考伦"的故事里，他们所提到的中国宗教神祇无法准确地被描述为妈祖。那么，在东亚地区进行天主教传教开拓工作的耶稣会士方济各·沙勿略（Francis Xavier），如我们在本章开头提到的那样，可能就是第一个准确记载与描述中国的妈祖文化的西方人。这一点并不偶然，和那个年代的大部分有关亚洲和中国的信息一样，他们的主要传播者，也是我们这一章的主人公——欧洲的天主教耶稣会传教士。

> 在船舱的左侧的神龛里，供着一个妈祖婆的像，因为她是水手及海贼的保护者。在她的两傍，一边有一个侍卫，全都给她跪着：一个叫"千里眼"，一个叫"顺风耳"。第一个侍卫，是一副靛蓝色的面孔，两个眼睛都闪闪有光，有一个很宽大的嘴，从里面长出一些很长的牙来，他的身量又非常高大；第二个侍卫，有一幅冬瓜相似的面目，长得一个通红的血盆嘴，从里面探出一条条如同宝剑一样的长牙，他的头发是红色的，在头顶上，还生了两个触角。①

这一段记载里的妈祖，正是我们在本章开头讲的那个故事，也是天主教"东亚宗徒"沙勿略对中国宗教与民间信仰的第一印象。沙勿略作为在欧洲大陆里掌握着知识的教士阶层里的佼佼者，在与东亚遭遇的第一面里，就对中国船上的妈祖文化留下了极为深刻的印象。这一点，

① ［法］裴行化：《天主教十六世纪在华传教志》，萧濬华译，第67页。

既有偶然性，也有必然性。若想要更深刻地理解沙勿略在面对妈祖，这一极陌生的异国神祇时复杂的内心，我们首先要对耶稣会士沙勿略本人的经历作一简要的了解。

沙勿略（Xavier，1506—1552），1506年4月7日出生于法国边境的纳瓦拉王国。他的父亲胡安（Juan）不仅仅有博洛尼亚大学的法学博士学位，还做过国王的财政大臣，而母亲玛利亚则是出身于显赫的贵族家庭。在沙勿略幼时，纳瓦拉遭到了西班牙的入侵，父亲和兄长相继死于这场战乱。直到1525年沙勿略前往巴黎学院（Collège Sainte-Barbe，University of Paris）学习之前，他的人生都被这场战争缠绕着。

在巴黎，经由朋友的介绍，沙勿略结识了对他一生产生影响的挚友罗耀拉（Loyola，1491—1556）。而在1534年，他们与几个其他的朋友一起，在巴黎的圣皮埃尔教堂（Saint Pierre de Montmartre）成立了耶稣会（Society of Jesus，缩写为S.J.）。

1541年，正在印度及东南亚迅速扩张的葡萄牙国王向教宗请求派传教士前往果阿传教，而沙勿略成为最终的人选。沙勿略在果阿和安汶岛进行了艰苦的开拓工作，试图在葡萄牙的南亚移民中恢复天主教的信仰，毕竟来到此地的，很多是曾经的罪犯或是走投无路的冒险家，即使原先有着信仰的人，也在多年的异乡生活中逐渐被磨灭了。在疲惫不堪的工作中，沙勿略依然时刻关注着更遥远的东亚国家日本与中国的信息，例如他在1546年从一位曾经在中国行商的葡萄牙人那里听到的：

> 我在Malacca（马六甲）遇到了一位葡萄牙商人。他来自被称为中国的国度，并在那里进行过大笔交易。他说，从中国宫廷来的许多中国人向他提了许多问题。其中包括基督徒是否吃猪肉？葡萄

牙人回答说，是的，吃猪肉。然后问道，为什么提这样的问题？那个中国人回答说，有许多人居住山区，远离其他民族。他们不吃猪肉，还遵守各种各样的祭典，我不知道那些人是否如他所说，或是像 New Catholic Encyclopedia 的信徒那样遵从着旧约与新约的教义，或者就是犹太民族。因为所有的人都说他们不是伊斯兰教徒。每年有许多的葡萄牙船从马六甲驶往中国的港口，我向了解这个民族的许多人们打听被他们遵守的祭典与习惯等许多事情，这是为了判断他们是否是基督徒、是否是犹太人。很多人都说使徒圣多马去了中国，使许多人成了信徒。他们还传说，在葡萄牙人统治印度的很久之前，希腊教会曾派遣主教向使徒圣多马及其弟子在印度获得的信徒的子孙们传授教理并施行洗礼。有一个主教马尔雅各布斯作证说，他在葡萄牙人征服印度，从他的故国来到印度后，曾从在印度遇到的主教那里听说（圣多马去了中国），并从那里的人们中获得了信徒。如果这是确实的，我将在来年报告此事。①

1547 年，在取道马六甲赴日本的途中，沙勿略将一份关于中国的详细调查表交给了他的一位葡萄牙友人，目的在于获得更多有关中国的信息，而不是仅仅与商贸相关的。沙勿略本人在 1548 年向加尔西亚总督递交了另一份有关中国情况的专题报告，其中特别关注的问题，就是中国人的宗教与祭祀状况。他在报告里这样描述到：

　　我的情报员还说这些人，像摩尔人那样，要修身养性一天；这一天，他们中无论男人还是女人都不做任何工作，所有的男人都到

---

① 《沙勿略全书简》，河野纯德译，平凡社 1985 年版，第 239—240 页，转引自戚印平：《沙勿略与耶稣会在华传教史》，《世界宗教研究》2001 年第 1 期。

他们的一个寺庙去在那里供奉有他们崇拜的偶像，这些偶像同中国人所崇拜的不同。当这些男人去寺庙朝拜时，他们都穿着宽大的礼服和长裤头上缠着头巾；他们走进寺庙后就下跪，不断磕头打恭。他说，在平常日子，他们的穿着同中国人一样，蓄的头发也一样，他们只在他们自己人中间交往。他们说的话中国人不懂。我问他们，这些人是否有他们的头领，他说是有，还说在北京以北，在一座山那面就是这些人的住地，他们的头领也住在那里。他说，这些人由于他们自己的地盘小，所以来到中国。为了能同这些人和睦相处。①

显然，沙勿略迫切地想要了解有关中国的宗教信仰状况，尤其是伊斯兰教在中国传布的状况，以便确认在中国传播基督教的可能性与困难程度。而传来的信息越多，沙勿略想要进入中国的愿望就愈发的强烈，尤其是在他到达日本，由日本了解到了佛教以及其来源的中国的更多信息。"中国在日本的对面，拥有多数杰出的人才与高深的学士，他们极重视学术，并且以为研究学术是一件顶光荣不过的事情。在那里有大学问的人都有重要的位置。都是有权柄的。同依赖中国作学术文化策源地的日本完全不一样"②。

1551 年底，沙勿略终于得到了前往中国的机会，却因为中国沿海的整肃而被迫停顿在了广东的上川岛，此时正是葡萄牙人因为违法贸易而与中国官府剧烈冲突的时期。有关这一段时间的剧烈而影响深远的变化，我们会在之后的章节里做更详细的描述。遭遇坎坷的沙勿略，依然抱怀着期待，在广东沿海的小岛上等待可以将他带入中国的广东商人。

---

① （中国澳门）《文化杂志》编：《十六和十七世纪伊比利亚文学视野里的中国景观》，大象出版社 2003 年版，第 33 页。

② ［法］裴化行：《天主教十六世纪在华传教志》，萧濬华译，第 69—70 页。

然而同行者的冷漠和糟糕的健康状况，终于将沙勿略击倒，他在上川岛的一块大石上过世了。而在他临终时守在他身边的，不是他的欧洲同胞，而是一名曾在印度果阿公学就学后一直追随着他的中国人。在沙勿略人生的最后的日子里，对于到达中国的渴望燃烧着他的生命，他是如此迫切地想要知晓有关中国人宗教与精神世界的状况，而他实际上可以接触到的真实的中国宗教信仰场景，只有他曾经乘坐过的中国商船上的妈祖祭祀，正如他在信中提到的：

> 我们在旅行中体会最深的事情有两件。一是我主上帝给我们的晴天和风候无济于事，错过了前往日本的季风，因此，我们被迫在中国等待下次季风。二是船长不断求神拜佛。异教徒对船上带的一尊偶像顶礼膜拜。无法阻止。多次算命，问它我们是否可以去日本，是否一帆风顺。据他们的说法和信仰，有时好运，有时坏运。①

沙勿略带着无尽的遗憾过世了，而他所引领的耶稣会士对于包括妈祖在内的中国人的宗教精神世界的探索，却正要开始。

三、若昂三世（John Ⅲ of Portugal）时期葡萄牙文献记载里的妈祖

葡萄牙王国对于亚洲和海洋的征服，在若昂三世时期几乎达到了巅峰。若昂三世（John Ⅲ of Portugal，1502—1557）不再满足于像其父曼努埃尔一世那样，仅仅享受葡萄牙亚洲贸易帝国带来的香料与巨大财

---

① 沙勿略致果阿耶稣会会士函，1549 年 11 月 5 日于鹿儿岛，《日本文献》(1557) 1990 年，第 136 页，转引自金国平编译：《西方澳门史料选萃（15—16 世纪)》，广东人民出版社 2005 年版，第 215 页。

富，他极力地推动着西方世界对遥远的亚洲文化的多方位了解，正是在他的支持下，耶稣会的传教士奔赴了亚洲，去了解遥远的国度——中国。除此之外，若昂三世也大力地鼓励着他手下的知识阶层撰写有关印度与中国等亚洲国家的见闻与历史。由于这些见闻大都来源于葡萄牙赴亚洲进行航海贸易的商人，妈祖作为中国航海的保护神，可以说几乎是最早出现在欧洲视野中的中国神祇之一。

费尔南·洛佩斯·德·卡斯塔内达（Fernão Lopes de Castanheda，1500 年生于圣塔伦地区 Santarém，1559 年卒于科英布拉 Coimbra），作为一位历史学家写下的最著名的著作，名为《葡萄牙人发现与征服印度史》（*Historia do descobrimento e conquista da India pelos Portugueses*），是葡萄牙乃至欧洲文献中出版的第一部涉及中国妈祖的历史学著作。卡斯塔内达的父亲是葡萄牙派驻果阿的法官，因此他在 28 岁的时候，得到了陪父亲一起前往亚洲的机会。在亚洲居住的十年间，卡斯塔内达游历了不同的亚洲国家，亲自访问了这些国家的人们与首领，掌握了关于这一原来只能通过信函与报告来了解的神秘地区的一手资料。而原来几乎无法在欧洲社会以传说以外的形式存在的中国文明，也第一次通过一位专业的历史学家之笔为大众所周知。卡斯塔内达的著作一经出版（1551 年初版）便在欧洲被译作了多种文字进行传播，其中就有对中国神祇妈祖的详细描写。卡斯塔内达对中华帝国和妈祖的描述是这样的：

　　据说，它是一个非常大的省份，它需要所有食品，包括各种西班牙水果。在那里有许多金、银和各种金属的矿山。那里出产许多蚕丝——用这种非常精细的蚕丝可以制成各种绫罗绸缎。有大黄、樟脑、桂皮、水银、瓷器。这些东西都由中国商人经营，他们人数很多，十分富有。他们乘坐大帆船飘洋过海，到达异乡。还有许多麝香和龙涎香。他们居住在城墙高筑、城堡林立、护城河卫护之下的许多大城市之中，城市里有富丽堂皇的建筑、庙宇和住宅。

尽管种种迹象表明在这片土地上曾有过基督教徒，但他们都是异教徒。他们只相信天帝，并认为他是世界的创造者；他们崇拜三个男偶像，但无论是谁，他们都是人的化身。他们崇拜两个女偶像，认为她们是圣女。一位叫娘妈（Nama），认为她是航海者的捍卫者。另一个叫做观音菩萨，有人说她是一位中国国王的女儿，离家出走后终生过着独身生活。据说她是大地的保护神，在她的画像中有一只红嘴鸽子。还有其他一些他们所崇拜的偶像，这些偶像都可在庙宇里看到，历史学家说这些庙宇的样子像埃及的金字塔，装饰得异常富丽堂皇，而这些偶像置放在木制的高台上。

庙宇里住着僧侣，他们恭敬天帝，为老百姓做佛事。庙宇里各种装饰绚丽夺目，就像我们的神父做弥撒那样。他们三人在高台上读书念经，就像我们神父念拉丁文一样谁也不懂是什么意思。这些庙宇像我们的修道院一样有卧室、回廊和其他房间，还有太阳钟和铸有非常精细的镶金文字的金属钟，他们拿木锤敲打它。僧侣穿着黄色长袍，头发剃光。他们除了吃的没有任何收入。有些僧侣不吃鱼肉。这就像修士院和修女院一样。①

从卡斯塔内达的描述来看，他对于中华帝国的了解大概并非来自于亲身经历，尽管这依然是一个有待解决的问题，但大部分研究者认为他的资料来自曾经赴中国沿海尤其是广东地区进行贸易的葡萄牙商人。不难看出来，卡斯塔内达对中国人的宗教崇拜的描绘十分粗疏，甚至无法

---

①　（中国澳门）《文化杂志》编：《十六和十七世纪伊比利亚文学视野里的中国景观》，第43—44页。

准确地说出"崇拜的三个男偶像"的具体神祇。对于观音菩萨的记叙也存在谬误，唯独对于妈祖的记录是相当准确的，"一位叫娘妈（Nama），认为她是航海者的捍卫者"。也许卡斯塔内达本人也在中国商船上亲自见到过妈祖的崇拜，因此能够较为准确地说出这一点。

在亚洲的十年生活结束后，卡斯塔内达返回了葡萄牙，在国王若昂三世的委派下进入了葡萄牙最古老的大学——科英布拉大学。卡斯塔内达在科英布拉的生活，平淡而充实，一方面作为学校的教务人员负责一些学生的注册与教材乃至图书馆的事务，一方面紧锣密鼓地写作他的《葡萄牙人发现与征服印度史》。而在 1551 年这部大著经由国王的批准出版之后，卡斯塔内达获得了不菲的收入与经久不衰的名誉。

四、中葡两国第一次正式交往中的妈祖记载

1566 年出版的葡萄牙官方史书《唐·曼努埃尔王编年史》（*Crónica do Felicíssimo Rei D. Manuel*）中，对于中国人的宗教信仰，有这样一段记载：

> ……华人信仰一个上帝，将其视为万物的创造者。他们供奉三个同样的神像。他们特别供奉一个妇女，将其视为圣人，称其为娘妈（Nama）。她在上帝面前保护所有人，无论陆上还是海上人家……费尔南·佩雷斯·德·安德拉德（Fernão Peres de Andrade）曾带来这些神像。它们画在用木棍或树枝支撑的布上，如同在佛兰德（Flandres）生产的那种彩布。他将这些神像及该省的其他物品在埃武拉呈献给唐·曼努埃尔国王。①

---

① ［葡］达米昂·德·戈伊斯（Damião de Góis）:《唐·曼努埃尔王编年史》（*Crónica do Felicíssimo Rei D. Manuel*）第 4 卷，科英布拉大学出版社 1926 年版，第 58 页。

这样一篇有关妈祖的记载，有可能是出现在欧洲宫廷史料里的第一次有关中国宗教信仰神祇的记载，这意味着妈祖文化早在 16 世纪中叶就已经为葡萄牙王室所了解。

这部史书的作者是达米昂·德·戈伊斯（Damião de Góis，1502—1574），一位具有极大影响力的葡萄牙历史学家、文艺复兴时期的著名人文主义者。戈伊斯出生于贵族世家，家族世代为葡萄牙王室工作，戈伊斯自己也历经唐·曼努埃尔和若昂三世两位葡萄牙国王的宫廷工作。作为文艺复兴的先驱之一，戈伊斯在 1540 年出版了极富盛名的著作《信仰、宗教与埃塞俄比亚的习俗》，这部书在整个欧洲疯狂传播着，不管是在天主教还是新教的范围内，三十年内重版四次，被誉为 16 世纪最广为传播的葡萄牙文经典之一。① 埃塞俄比亚作为最早的非犹太皈依基督教的国家，是基督教早期历史上极其令人着迷的话题，而戈伊斯在这本书里借一位埃塞俄比亚人本人之口讲述该国的宗教与风俗，让保守沉闷的欧洲基督教世界大为震撼。而戈伊斯本人也因此遭到了葡萄牙教廷的惩罚，该书被禁止在葡萄牙国内流通。1548 年，在与法国的战争结束后，戈伊斯回到葡萄牙，曾经获得太子教师的职位，但未能真正开始工作。后来他开始在教廷指派下写作《唐·曼努埃尔王编年史》，这一历史著作也成为他死前最大的成就。

简单回顾了作者戈伊斯的人生，是为了指出他的关于妈祖记载的两个值得注意的特点。首先，戈伊斯是作为葡萄牙皇室的史官来写作这一部编年史巨著的，从这一点上来看，该书类似于同一时期我国的《明实录》。这意味着该书的史料来源是相当可靠的，而且从他行文的语气进行分析，戈伊斯的大部分资料来源于事件的亲历者，具有一手史料的性质。

---

① Tom Earle, *Three Portuguese Best-Sellers in Early Modern Oxford and Cambridge*, St. Peter's College, Oxford.

其次，戈伊斯本人作为文艺复兴时期人文主义者之一，他写作《信仰、宗教与埃塞俄比亚的习俗》一书所抱持的对于异文化的开放心态，有助于我们理解他对于一个更加遥远神秘的东方国度的描述，是尽量客观而不受到既有偏见影响的。这意味着在处理史料时，戈伊斯不同于那一时期大部分对亚洲带有想象和恐惧的欧洲人，他会较为公正地处理自己手中的资料。这两点，让戈伊斯对于妈祖的记载的可信度增加了几分。

戈伊斯对妈祖的记载，之所以值得我们用更多的笔墨来研究，是因为这一记载出现在葡萄牙国王第一次正式派遣使者前往中国拜见明朝皇帝的过程中。葡萄牙国王唐·曼努埃尔一世时期是葡萄牙海外贸易王国走向巅峰的时期，这位国王不断从前往亚洲贸易的商人及他派驻的官员那里听到有关中国的只言片语，逐渐激起了他极大的好奇心。早在1508 年 2 月 13 日，葡王唐·曼努埃尔一世给奉命探索东方的迪奥戈·罗佩斯·德·塞戈拉（Diogo Lopes de Sequeira）下达长篇指令："要弄清中国人（Chijns）的情况。他们来自哪里？距离有多远？到马六甲贸易的间隔时间是多少？携带什么商品？每年来往商船的数目和船体规模如何？是否在当年返回？他们在马六甲或者其他地方是否设有商馆和公司？他们是否很富有？性格怎么样？有没有武器和大炮？身穿什么服装？身材高矮如何？此外，他们是基督徒还是异教徒？他们的国家是否强大？有几位国王？国内有没有摩尔人和其他不遵行其法律及不信奉其宗教的民族？如果他们不信仰基督教，他们信仰和崇拜什么？风俗如何？国家规模以及与什么国家接壤相邻？"①

---

① 《葡萄牙国家档案馆藏有关葡萄牙航海与征服档案汇编》（*Alguns Documentos do Archivo Nacional da Torre do Tomboacerca das Naveg coes e Conquistas Portuguesas*），里斯本 1982 年，第 194—195 页，转引自万明，《明代中葡两国的第一次正式交往》，《中国史研究》1997 年第 2 期。

及至 1515 年，曼努埃尔一世决定委派费尔南·佩雷斯·德·安德拉德（Fernao Pares de Andrade）率领一支船队前来东方，并委派一名使臣觐见中国的皇帝。该使臣，即是被誉为"欧洲第一位赴华使节"的托梅·皮雷斯（Tome Pires）[①]。安德拉德也成为葡萄牙尝试启动与中国政府正式贸易的关键人物。根据戈伊斯在《唐·曼努埃尔王编年史》里的详细记载：

　　安德拉德起航返回满剌加，在那里取完货物及给养后，于 1516 年 8 月 12 日扬帆前往中国。他携带两条大帆船，由曼努埃尔·法尔康及安东尼奥·法尔康兄弟分别担任船长。……他于 1517 年 6 月再次远航中国。他共率领 9 艘帆船。他乘坐 1 艘。其余的船长为佩罗苏亚雷斯、若尔热·马斯卡雷尼亚斯、庞巴尔人氏若尔热·博特略、曼努埃尔德·阿拉乌若、安东尼奥洛博·法尔康、马尔廷·格德斯，以及杜瓦尔特·科埃略。在这些人的陪同下，他于 8 月 15 日来到了 Tamanlabua（屯门）岛。该岛距陆地 3 里格。按照国王的命令，所有抵达广东省的外国大帆船必须停泊在那里。广东系中华王国的一个省份。在到达该港之前，他遇到了一支中国保护前来各港口的大帆船的舰队。

　　广东省盗寇麇集。巡海见到我们的大帆船非常吃惊，看我们这样子，以为是什么新的海盗来犯，于是率领众船向我们冲来，几乎动起干戈。但费尔南·佩雷斯·德·安德拉德既无防卫的样子，又无攻击的架势，径直往泊 Tamao（屯门）岛。华人甲比单末亦来同港泊驻。他派人来问说，我们系何国人、为何而来。费尔南·佩雷

---

① ［葡］阿曼多·科尔特桑：《欧洲第一位赴华使节》（*Primeiro Embaixade Europeia à China*），第 29 页。

斯·德·安德拉德——做了答复并请他提供领航员带他去广州城护
送他的主人葡萄牙唐·曼努埃尔国王派遣的一个觐见中国国王的大
使。华人甲比单末派人告诉他说，他马上通知位于前往广东江道入
口处的南头镇守备，然后由他将其到来禀告广州大吏。南头镇守备
（人称备倭）叫费尔南·佩雷斯·德·安德拉改天去见他，并派人
告诉他们说已向广州派信差。但广州的答复迟迟未到，费尔南·佩
雷斯·德·安德拉德等得不耐烦了，于是率几条大船及小艇从他停
泊的港口前往南头。南头距广州约15里格。他再未得到人称都堂
的广州城大吏的口信。他在广州城主要大门处抛了锚，停靠在一座
如同我们家乡的那种有阶梯的石码头。码头对面有一小岛，上面有
一钟楼状的宝塔。广州城大吏习惯邀请视为贵宾的外国人前往那
里。大吏欲邀请费尔南·佩雷斯·德·安德拉德，但他以身体不适
为由加以婉拒。他在此码头停泊了数天。在此期间，他与大吏以及
城中其他官员谈妥了他的事情，将出使中国国王的使臣及几个随从
留在城中。

他则返回了 Tamao。他在那里逗留了14个月。按照唐·曼努
埃尔国王的规定，他要在中国一带尽量多待，清楚了解一切情况，
诸如当地贸易、国王的权力及领土。此时来了许多琉球、高丽及日
本的船只。他们带来的大宗货物是黄金且数量巨大，所以他决定派
遣若尔热·马斯卡雷尼亚斯带领当地领航员及翻译前往一些省份。

他跑遍了福建海岸。这一海岸平直，村镇星罗棋布。在此航
行中，他遇到了许多远航他地的当地船只。在他停泊的一港口，
人们向他提供了福建一大城市的情况，他扬帆准备前往那里，当
他驶入该城所在的一河口时，收到了费尔南从陆路发给他的信，
要他返回，因为回印度的时间已到。他照做了，并将此行所见所

闻向费尔南·佩雷斯·德安德拉德做了汇报。这些省份富庶、物产丰富。还谈到了它的贸易、家畜以及给养的供应情况。胡椒在那里比在中国还畅销。这里交易的货物优于中国，市场亦优于中国。

　　若尔热·马斯卡雷尼亚斯抵达后，费尔南·佩雷斯·德·安德拉德派人在 Tamao 及广州四处喊话说，凡有葡萄牙人的债主可找他，他会下令偿还。对此众人十分高兴，赞扬他在此贸易期间的优良举动。此举令广州、Tamao 及所有地方的官员、平民十分高兴，对他的友好颇感满意。话别后，他于 1518 年 10 月启程返回满剌加。他的船只满载而归。佩罗苏亚雷斯的船在途中遇风暴沉没，货物全部损失，人员后抵达广东，后随西蒙回到印度。费尔南·佩雷斯·德·安德拉德受到印度新总督的热烈欢迎。整个 1519 年他在印度停留。1520 年 1 月，他与瓦斯科·费尔南德斯科蒂尼奥各率一条大帆船一道返回王国。同年 7 月抵达。当时里斯本正流行鼠疫。他前往国王及前王王后唐娜·雷奥内尔所在的埃武拉并受到了他们的热情接待。国王多次向他询问中国及那个地区的事情并兴致勃勃地听他讲述，因为国王生性对世界上的事情感兴趣，尤其是国家的政治、诸国及其领土。①

　　戈伊斯在《唐·曼努埃尔王编年史》里细致到近乎琐碎地记载了安德拉德的这次远航中国，其细致程度与叙述的口吻让人怀疑很有可能是直接来自安德拉德本人的口述。毕竟安德拉德回国向唐·曼努埃尔王复命时，国王曾经"多次向他询问中国及那个地区的事情并兴致

----

　　①　[葡]达米昂·德·戈伊斯（Damião de Góis）：《唐·曼努埃尔王编年史》（*Crónica do Felicíssimo Rei D. Manuel*）第 4 卷，第 55—58 页。

勃勃地听他讲述，因为国王生性对世界上的事情感兴趣，尤其是国家的政治、诸国及其领土。"那么史官戈伊斯很有可能在此时随侍在旁，或者至少有宫廷人员记下了这些对话。按照安德拉德的讲述，他们是在 1517 年由满剌加乘坐大帆船航行至广东的屯门岛，然后遇到了广东沿海的备倭，由同行的华人甲必丹（上文译作"甲比单末"）与广东当地的官员进行联络。正在紧张应对沿海寇乱的中国海道官员显然对于他们的突然来访相当紧张，要求他们停驻屯门岛，等待中方的进一步回应。而由于中方行政程序繁琐，安德拉德无法耐心等待，径自将船开往广州城城门附近停泊，"码头对面有一小岛，上面有一钟楼状的宝塔"，可知其停泊处为琶洲附近。安德拉德在此终于见到了等待的广东"大吏"，并且与广东当地官员进行了一番交涉，但安德拉德并未接受中方官员的邀请上岸，而是将葡萄牙官方的使者托梅·皮雷斯一行送达后便离开了广东，毕竟葡萄牙国王给他的使命不是成为大使，而是送达大使和了解中国沿海的情报。因此在返回屯门后，安德拉德在此逗留了一年多来了解中国的风土人情，至 1518 年才返回满剌加。而与此同时在广东等待官员接见的葡萄牙使臣托梅·皮雷斯一行则没有他那么幸运了。

有关葡萄牙使节有历史性意义的首次访华，中国也有所记载。《明武宗实录》正德十三年（1518）正月有如下记载："佛郎机国差使臣加必丹末等贡方物，请封，并给勘合。广东镇抚等官以海南诸番无谓佛郎机者，况使者无本国文书，未可信，乃留其使者以请。下礼部议处。得旨：'令谕还国，其方物给与之。'"①除了《明实录》的记载之外，其时处理此事的地方官员也留下了相应的记载，时任广东佥事署海道事的

---

① 《明武宗实录》卷 158，正德十三年正月二日。

顾应祥的《静虚斋惜阴录》有如下记录：

> 正德间，予任广东按察司金事，时巡海副使汪进表赴京，予带管海道。蓦有番舶三只至省城下，放铳三个，城中尽惊。盖前此番舶俱在东莞千户所海澳湾泊，未有经至城下者。市舶提举吴洪赐禀，予亲至怀远驿审视。其通事乃江西浮梁人也，禀称此乃佛郎机国遣使臣进贡，其使臣名加必丹，不曾相见。予即差人往梧州呈禀。三堂总镇太监宁诚、总兵武定侯郭勋俱至。其头目远迎，俱不跪拜。总督都御史陈金独后至，将通事责治二十棍，分付提举：远夷慕义而来，不知天朝礼仪，我系朝廷重臣，着他去光孝寺习礼三日方见。……总督衙门分付：《大明会典》原不载此国，令在驿中安歇，待奏准方可起送。……后奉旨许令进贡，至京，见礼部亦不拜跪。武庙南巡，留于会同馆半年有余，今上登极，将通事问罪，发回广东，逐之出境。①

后来广东巡抚林富疏中也述及此事："至正德十二年，有佛郎机夷人突入东莞县界。时布政使吴廷举许其朝贡，为之奏闻，此不考成宪之过也。"②

如果将中葡双方的记载合在一起看，更容易理解这一次外交事件最后归于失败的原因。在以朝贡贸易为主要外交框架的明代中国政府看来，佛郎机的使臣只能被纳入"朝贡"的行列中，中国并不认为其与其他来朝贡的东南亚和东亚等国有何区别。尽管近代以来的研究，多有

---

① （明）顾应祥：《静虚斋惜阴录》卷12《杂论三》，《续修四库丛书》第1122册，北京图书馆藏明刻本。

② （明）黄佐：《泰泉集》卷20《代巡抚通市舶疏》。

感叹中国失去与欧洲尽早进行平等外交的机会,将之归为"天朝上国"的"傲慢"与"短视",但若回归于具体时空中,明朝廷在这一事件中的表现并无可被指摘之处。综合双方的记载,1517年,广东的海道官员在处理沿海寇乱的情境之中,见到葡萄牙的船只,第一反应是防御性的,这在情理之中。而面对葡萄牙船放铳三响的行为,广东海道的处理也相对克制,没有立刻做战争的反应。接到通事的报告后,让其在屯门等待,再向上级汇报,等待进一步处理,这亦无可厚非。只是在此过程中,通事起了相当关键的作用,在中方的所有记载里,葡萄牙来使都是以"甲必丹"的身份出现的,这意味着通事按照对中葡双方的了解自作主张地进行了转译,把葡萄牙当作原来满剌加的身份进行了替换。

而安德拉德由于等待时间过长而未经允许就将船开到广州城外,广东的当地官员也并未因此而对其进行责难,反而对其进行了礼貌地接待,个中缘由,应当是有知情人士在二者之间进行转圜,所以若说此时中国官员对于葡萄牙及其来意一无所知,则看起来不合情理。从始至终,广东地方官员对待葡萄牙来访的态度可谓是相当宽容的,这可能与葡萄牙商人已经与广东沿海贸易相当一段时间有关,尽管整个国家的海洋策略还是以朝贡贸易和海禁政策为主,但负责海外贸易的广东市舶司已开始对海外各国来华贸易活动放松了朝贡和勘合的要求,"无论是期非期,是贡非贡,则分贡与互市为二,不必俟贡而常可以来互市矣"①。

但国家层面上对于此次来访的态度则相当不同,在安德拉德于1518年返回屯门之后,代表葡萄牙国王的使节托梅·皮雷斯一行在广州等待了将近一年的时间,才得以赴京觐见。据中方的记载:"查

---

① (明)王圻:《续文献通考》卷31《市籴考·市舶互市》,万历三十一年(1603)刊本。

《大明会典》，并无此国入贡，具本参奏朝廷，许之起送赴部。时武庙南巡，留会同馆者将一年。"这里对葡萄牙国王派往中国的使节团队做一个简要的介绍，这个团队的主要使节为托梅·皮雷斯（1465—1540），他的父亲曾经作为葡萄牙皇室的药剂师，而托梅继承了这一职业，成为若昂二世的药剂师，但王子的逝世让托梅离开了葡萄牙宫廷，前往东方。在印度、马六甲、科钦、爪哇乃至苏门答腊岛游历，并受托筛选要发往葡萄牙的药物。但显然在王室的经历让他享有葡萄牙在当地主持官员的尊重，而获得尊重的另一个重要原因则是托梅的博学，尤其是他对于东方各地信息的兴趣与搜集，让他在 1515 年完成了一部有关亚洲沿海地区的博物志《东方概要》（*Suma Oriental*）。这部书里广泛地搜集了诸多亚洲沿海国家的民族志资料，而其中关于中国的部分，可能是促使他后来成为首位葡萄牙赴华使节的主要原因。托梅在他的书中介绍了中华帝国、中国的妇女、皇帝、中国的海军与海洋政策、港口等等重要信息。最关键的是他提到了"使节朝觐的方式"：

　　这些使节朝觐皇帝时，见不到皇帝的面目，只能模糊地看到帘子后的身影。皇帝从那里答话，说话时有七名书记员记录。签字由大臣（Mandarin）代劳，皇帝既不动手也不看。再次朝觐时皇帝给予他们双倍的赏赐。使节们把所有贡品留下，但见不到皇帝本人。这才是真的，而不像以前所说的，有四个人坐在面前，〔使节们〕同所有人讲话，但不知道哪个是皇帝。正如后面所说，使节们可以停泊在广州。①

---

　　① （中国澳门）《文化杂志》编：《十六和十七世纪伊比利亚文学视野里的中国景观》，第 5 页。

尽管这一有关使节朝觐中国皇帝的描述相当简略，但也不失准确，想必托梅的信息来源是曾经来到中国朝觐的东南亚国家的使节。在很大程度上，这部《东方概要》使托梅成为当时葡萄牙人里对明朝廷的礼节最为了解的人，尽管他当时还并未亲自到过中国，这至少反映出葡萄牙驻印度总督在挑选代表葡萄牙帝国赴中国出使的人选时，是经过相当慎重的考虑的。虽然在后来的一系列事件中，托梅的"纸上谈兵"显然无法满足明朝廷对于"礼仪"的要求。托梅使团后来的遭遇已经完全脱离了他自己的控制，按照《明史·佛郎机传》的记载：

> 佛郎机，近满剌加。正德中，据满剌加地，逐其王，十三年（1518），遣使臣加必丹末等贡方物，请封，始知其名，诏给方物之值遣还其人。久留不去，剽劫行旅，至掠小儿为食，已而夤缘镇守中贵，许入京，武宗（朱厚照）南巡，其使火者亚三因江彬侍帝（明武宗朱厚照）左右，帝时学其语以为戏。其留怀远驿者，益掠卖良民，筑室立寨，为久居计。……亚三侍帝骄甚，从驾入都，居会同馆，见提督主事梁焯，不屈膝，焯怒挞之。彬大诟曰："彼尝与天子嬉戏，肯跪汝小官耶？"明年，武宗崩，亚三下吏。自言本华人，为番人所使，乃伏法。绝其进贡。[①]

《明史》的记载让我们大略了解了葡萄牙使团后来的命运，可知其之后最终获得入京觐见的机会，但很有可能是经由通事贿赂当时的权贵太监江彬而实现的。甚至后来只是承担翻译任务的"火者亚三"在中方看来成为主要的大使角色，这个曾经身份低贱、在闽粤沿海担任违法

① 《明史》卷325《外国六·佛郎机传》，中华书局1974年版，第8432页。

海洋贸易翻译的阉人亚三，因为其模仿葡萄牙语言和风俗引起当时正德皇帝的兴趣，甚至可以"从驾入都，居会同馆"，而醉心玩乐的正德皇帝甚至"时学其语以为戏"。按照当时葡萄牙使团成员的描述，他们受到了正德皇帝相当优裕的招待：

> 他对我们表示恩宠，高兴看见我们，并且与多默·皮列（里）士玩棋，有时我们都有在场。同时他命令我们参加所有大人物的宴会。至今我们已这样三次见到。他进入我们乘坐的船。他命令取出所有箱子；穿上他认为好看的衣服。而且他恩赐多默·皮列士，叫我们去北京，把我们遣走。他叫供给我们中国最好的船只及货物，如前所说，他是体面地打发我们。①

而最终正德驾崩，江彬倒台，又适逢前文提及的安德拉德之弟带领的葡萄牙商人在广东海界作恶，满剌加作为中国的藩属国来中国求援，对江彬等阉宦势力恨之入骨的明代官员们自然借机将葡萄牙使节打入牢狱乃至驱逐出境。明代朝臣的态度，可以从《明实录》正德十五年的记载中相当明确地看到：

> 海外佛朗机，前此未通中国，近岁吞并满剌加，逐其国王，遣使进贡。因请封诏，许来京，其留候怀远驿者，遂略买人口，盖房立寨，为久居计。满剌加亦尝具奏求救，朝廷未有处也。
> 会监察御史丘道隆言："满剌加朝贡诏封之国，而佛朗机并

---

① 张海鹏：《中葡关系史资料集》，四川人民出版社 1999 年版，第 191 页。有关这一事件的研究，参见廖大珂：《满剌加的陷落与中葡交涉》，《南洋问题研究》2003 年第 3 期。

之，且啖我以利邀求封赏，于义决不可听。请却其贡献，明示顺逆，使归还满剌加疆土之后，方许朝贡。倘或执迷不悛，虽外夷不烦兵力，亦必檄召诸夷声罪致讨，庶几大义以明。"

御史何鳌亦言："佛朗机最号凶诈，兵器比诸夷独精。前年驾大舶突进广东省下，铳炮之声，震动城郭。留驿者违禁交通，至京者桀骜争长。今听其私舶往来交易，势必至于争斗而杀伤，南方之祸殆无极矣。且祖宗时四夷来贡，皆有年限，备倭官军，防截甚严。间有番舶诡称遭风飘泊，欲图贸易者，亦必核实具奏，抽分如例。夷人获利不多，故其来有数。近因布政使吴廷举首倡缺少上供香料及军门取给之议，不拘年分，至即抽货，以致番舶不绝于海，澳蛮夷杂杳于州城，法防既疏，道路益熟，此佛郎机所以乘机而突至也。乞查复旧例，悉驱在澳番舶，及夷人潜住者，禁私通，严守备，则一方得其所矣。"

礼部覆议，道隆先为顺德令，鳌顺德人，故备知其情。宜俟满剌加使臣到日，会官译诘佛朗机番使侵夺邻国、扰害地方之故，奏请处置。广东三司掌印并守巡、巡视备倭官不能呈详防御，宜行镇巡官逮问，以后严加禁约。夷人留驿者，不许往来私通贸易，番舶非当贡年，驱逐远去，勿与抽盘，廷举倡开事端，仍行户部查例停革，诏悉如议行之。①

从《明实录》正德十五年的记载来看，明代朝臣对于来访葡萄牙使团和商人并非一无所知，上奏的监察御史丘道隆曾经做过广东顺德令，御史何鳌更是本身就是顺德人，对于在广东沿海贸易的葡萄牙人其

---

① 《明武宗实录》卷194，正德十五年十二月己丑。

实了解颇多。之前由于权宦江彬的维护，明朝未深究葡萄牙侵占藩属国满剌加之罪，甚至有官员如吴廷举者有意放松对葡萄牙的朝贡贸易的限制，这显然与丘道隆和何鳌等人的主张大相径庭。而一度因江彬的原因得到正德皇帝接见的葡萄牙使团，在1521年，也由北京被驱逐回广州甚至投入监狱。托梅本人也被传说死在广州的监狱之中。葡萄牙与中国的第一次外交往来，就这样以悲剧告终。

而没有参加使团的安德拉德似乎逃过一劫，在1518年回到满剌加之后，又返回葡萄牙顺利向国王唐·曼努埃尔一世复命，而且如《唐·曼努埃尔王编年史》里讲述的那样，国王对他所讲述的中国见闻非常感兴趣，时常询问。所以在编年史的后半部分中，戈伊斯详细地记录下了安德拉德和从其他来源到达葡萄牙宫廷的中华帝国的信息，专门有一章节命名为"华人的风俗习惯、宗教，中华大地的富庶，托梅·皮莱资见中国国王使团的情况"：

华人身材十分匀称。有些人不太黝黑，可以说十分白皙。北部的华人与德国人般白皙，其穿戴与鞑靼人相同，使用紧身的丝、缎、棉质服装以及当地盛产的皮毛。马匹成群结队。给养丰富。面包、家畜、野味及猎物充塞市场。他们善于征战。他们有白刃武器，但不如我们的质量优良。他们使用矛、戟、弓及其他各式武器。他们有小型铁铳、其他金属火器及大鸟枪，但见到我们的武器大炮后开始照式仿造，而且几可乱假成真。

他们进餐的桌子很高，如同我们欧洲人一般使用台布、餐巾及餐刀。出于卫生使用餐巾进餐。他们经常举行宴会，大吃大喝。尽管宴会是在四五天之后，来宾从邀请他们的时间起便开始节食，以便在宴会那天尽量多吃、多喝，以示对主人的尊敬。……妇女丽质，打扮入时。贵族妇女乘坐有丝棚的小车。戴用金首饰，浓妆艳抹。据说此俗已久。他们有风笛、风琴。还有其他乐器。他们善于吹拉弹唱。除了从其他省份，如琉球人、高丽人及日本人贩来的大量黄金外，此地亦盛产黄金、白银。

华人信仰一个上帝，将其视为万物的创造者。他们供奉三个同样的神像。他们特别供奉一个妇女，将其视为圣人，称其为娘妈（Nama）。她在上帝面前保护所有人，无论陆上还是海上人家……费尔南·佩雷斯·德·安德拉德（Fernão Peres de Andrade）曾带来这些神像。它们画在用木棍或树枝支撑的布上，如同在佛兰德（Flandres）生产的那种彩布。他将这些神像及该省的其他物品在埃武拉呈献给唐·曼努埃尔国王。除了我已描述的圣人外，华人还有其他一些传说中的神灵，每年当中有节庆日。寺庙林立，金碧辉煌。他们称之为 Varela。还有式样不一的道观尼庵。他们颂经做功用的语言，只有学过它的人才懂，如同我们中间的拉丁语。在这些庙宇中有钟，尤其细金属制的钟。他们忌口极其严格，许多人不食肉鱼。……①

从戈伊斯记载下的安德拉德反馈给葡萄牙国王唐·曼努埃尔一世的情况来看，他们在中国确实做了较为细致的情报收集，但可能还是比较局限在沿海地区。在他的描述中，中国人"十分白皙"，北部的中国人甚至和"德国人般白皙"，这与 19 世纪以后被"制造"的中国人是"黄种人""黄祸"的概念极不一样，说明在人种学和殖民主义合谋之前，葡萄牙人认为中国人在肤色和人种上与自己的相似性是大于不同点

---

① ［葡］达米昂·德·戈伊斯（Damião de Góis）：《唐·曼努埃尔王编年史》（*Crónica do Felicíssimo Rei D. Manuel*）第 4 卷，第 55—58 页。

的。而葡萄牙人对于中国人的武器和战斗能力也是相当注意的，在同一时期的不同记录里，葡萄牙人也毫不掩饰依靠武力征服中国的愿望。从这一点来看，明朝廷选择对葡萄牙人充满戒心乃至驱逐出境，并非只是为了维护所谓旧有的"朝贡贸易"的外交和商贸框架，而是从相当实际的考虑出发的。在广东主持海外贸易的明代官员如吴廷举和陈金，甚至更加了解葡萄牙对于满剌加的侵占和取而代之的情况下，对待葡萄牙使团的态度，从始至终都是相当克制有礼的。而正德皇帝显然并未如他的臣子那样认识到葡萄牙在海上对中国的威胁，而是把葡萄牙使团当作有趣的人和事务，甚至"时学其语以为戏"，这当然是正德皇帝本人的性格决定的，在葡萄牙人的记载里，他显然还是相当礼遇葡人使团的。但他的大臣们显然并不赞同，除了对于江彬的痛恨而牵连葡萄牙使团外，在倭寇和广东海域盗寇出没的情形下，明代的政治家们显然早已注意到了海外贸易的不可阻挡和葡萄牙人在贸易外衣下的其他用心。所以在正德死后，嘉靖年间的"禁海"到隆庆的"开海"，都是在这样的大前提下进行的。

而遥远的地球那一端，葡萄牙国王唐·曼努埃尔一世虽然对亚洲的贸易与领地有着极大的野心，但他向安德拉德打听的有关中国的种种奇闻异事，不得不说，一定也有着他所熟悉的马可波罗的大汗那样的心态。这一点上，中国的皇帝，葡萄牙的国王，并没有什么本质的差别。毕竟，对于葡萄牙与中国的交往，这仅仅是一个微小的开端而已。我们无从揣测安德拉德带给葡萄牙国王的妈祖画像到底是怎样的，但我们至少可以知道，在那个时候，整个欧洲会从葡萄牙人那里得到这样一个有关妈祖的信息：

他们特别供奉一个妇女，将其视为圣人，称其为娘妈

（Nama）。她在上帝面前保护所有人，无论陆上还是海上人家。

妈祖，在 16 世纪的欧洲人对于中国的有限了解里，是一位如圣母般的全能的保护神，"她在上帝面前保护所有人，无论陆上还是海上人家"。这样的描述尽管有限，还是让妈祖的形象更加完整地出现在欧洲人面前了。

五、平托《远游记》中的妈祖

16 世纪末到 17 世纪初，有一部和西班牙巨著《堂吉诃德》齐名的文学作品，广泛地流行于整个欧洲。和伟大的《堂吉诃德》一样，这部作品充满了作者丰富的想象。该书的原名为"Peregrinação"，也即英文中的 Pilgrimage，意为带有朝圣性质的旅行，在中文世界里，向来被译介为《远游记》①。作者费尔南·门德斯·平托（Fernão Mendes Pinto），几乎可以算作是 16 世纪葡萄牙帝国海外贸易、冒险界符号性的人物，《远游记》一书即是他传奇一生的自述。与《堂吉诃德》挑战了 16 世纪欧洲对于宗教和骑士的世俗看法不同，平托带给整个欧洲对于遥远东方国度一个全新的想象。如果说在平托的《远游记》之前，欧洲大众的东方观是由《马可·波罗游记》造就的，那在平托之后，欧洲大众的东方想象就或多或少的带有了《远游记》的印记。

费尔南·门德斯·平托出生于 1509 年，大约逝世于 1583 年。其人生经历极为传奇，出生于贫寒之家的平托，幼年被送往里斯本的一个贵族妇女家庭做仆役。一年后，平托从贵妇家逃走，加入了一条往葡萄牙第三大港口赛图巴尔（Setúbal）的商船，却不幸在半路被法国海盗劫

---

① ［葡］费尔南·门德斯·平托：《远游记》，金国平译注，葡萄牙航海大发现事业纪念澳门地区委员会等联合出版，1999 年。

持。历经周折后，平托想方设法到达了塞图巴尔，并且加入了圣雅各骑士团。生活开始变得宽裕的平托，并未满足于此，而是在 28 岁那年，加入了葡萄牙的印度舰队。后来有人传说，平托可能与里斯本著名的门德斯家族有关，该家族控制着葡萄牙的黑胡椒贸易。之后的二十余年里，平托的命运就开始在印度、北非、波斯湾、泰国、中国、日本之间的广阔海洋上起伏不定，做过商人、海盗，还加入过耶稣会，陪同沙勿略神父去日本传教，出资建造了日本的第一座天主教堂。而我们在这里涉及的主要是他在中国的遭遇。

根据平托自己的叙述，他于 1542 年五月十四日在中国镇海，同行的是葡萄牙海盗安东尼奥·德·法利亚一行，乘坐两条船抢劫了一座河流上游的寺庙，因为他们从中国向导那里听闻附近的一座岛上有 17 个国王的陵墓，墓中埋藏有大量宝藏。在回程路上遇到了风暴，幸存的人们被中国官兵逮捕，押解到南京与北京。平托讲述的中国见闻就大都发生在这个过程中。其中的某一天，平托号称看到了一座宏伟的、名为"天后宫"的建筑。

　　我们在城外的一片空地上还看到另一群巍峨雄伟、富丽堂皇的建筑，即"天后宫"。但是当地人虽然如此称呼，却并不了解她的真实身份，就是圣母玛利亚。这些愚蠢之众认为，既然尘世间的国王要娶妻成婚，那么我们的在天之主也有妻子，她就是天后。而天主和天后所孕育的孩子就是夜晚在空中闪烁的星星。所以每当一颗星星划破夜空而消失，人们便说是他们的一个孩子死了，众姐妹们为此悲痛万分，流泪不止，而泪水便落到人间，灌溉着大地。上帝藉此维持着我们的生存，是为了死者的灵魂而对人间作出的施舍。

暂且不表这 32 个教派所宣扬的那无穷无尽的荒谬故事，我仅介绍一下我们在这一建筑群中看到的房屋，共 140 所僧、尼寺院，都属于那个该诅咒的宗教。据当地人说，每座寺院有 400 人，加起来共有 56000 人，还不包括大量在寺外的带发修行者。这些人不像寺里人那样经过剃度，寺里人要佩带僧人的标志，即身穿紫衣，胳膊上挽着绿色的带子，就像我们的圣带。他们还要剃净头发、胡子及眉毛，脖子上挂着念珠，拈着珠子念经。不过他们生活自给，不外出化缘……

在这群宏大的建筑中，我们看到了一些我认为值得记忆的事。其中之一是位于其中心地带的一座内院，周长几乎有一里格。四周的院墙座落在坚固的拱石上，墙头的雉堞则用黄铜栅栏围绕封闭。每隔六寻有一根铜柱，互相之间用铁链连接，一条接一条。铁链上垂吊着无数的铃铛，随着风的一阵阵吹动，不断发出人们所料想不到的一种奇特的响声。我们通过一道大门进入内院，大门口有两尊奇形怪状的地狱门神像，据他们说，一尊叫巴察龙，一尊叫瓜济伐。两尊神像都手持铁制的大头棒，面目更为狰狞可怖，令人不寒而栗。大门上方横穿着一根粗大的铁链，链子的两头系在两个魔鬼的胸部。我们从铁链下面穿门而入，便来到了一条又宽又长非常美丽的街道。街道两边建有色彩图案各异的拱门，门上有两排神像，沿街排列，应有 5000 多个。我们未有看清神像是用什么材料做的，但是个个流金溢彩，头戴僧帽，形态各异。街道的尽头有一巨大的方形广场，地上铺着非常光滑的石板，黑白相间，像棋盘似的，四周围绕着四排金属巨人塑像，每个身高 15 拃，手持长戟，披散着头发，蓄着金色的胡须，整个场面的确壮观，令人一饱眼福，广场尽头是济亚乌章，即雨神。他挂着一根长达 70 多拃的手杖，他的

身材如此高大，致使他的脑袋竟然高过了约有 12 寻之高的塔楼的
雉堞。雨神塑像也是金属浇铸的，有 26 股水柱从他的嘴巴、两颊、
额头和胸部往外喷，下面的人都将此水视作圣水，神像倚靠着塔
楼，水是从塔楼顶上接到神像身上的，但是接水管如此隐蔽，任谁
也看不见在哪里。神像的两条腿叉开，形成一个过门，我们从中穿
过，便来到了一个长长的大殿，酷似教堂，在大殿的三个殿堂里有
又高又粗的斑纹大理石柱；沿着两边的墙壁，摆放着无数大小不
等、形象各异的神像，都是镀金的，神像在架子上排列得整整齐
齐，而架子则占据了整个墙面。肉眼望去，神像都仿佛是用真金铸
成的。

　　大殿深处有一个圆形的高台，有 15 级台阶，高台上有一个与
其比例对称的祭坛，上面是天后塑像，这是一个非常美丽的妇女形
象，松散的长发披肩，双手高高举向空中，塑像用纯金铸成，表面
光滑，闪闪发光，像镜子反射一样发出耀眼的光芒，令人不能直
视。圆形高台周围，最上面的四个台阶上摆放着中国 12 个国王的
银铸塑像，个个头戴王冠，背插狼牙棒。再往下是三排镀金的人
像，双膝跪地，双手朝天。四周上方的铁杆穿越屋子，悬挂着无数
盏银灯，每盏有六七根灯心。

　　离开这里后，我们来到了另一条带拱门的街道，与我们先前逛
过的街道相仿。从这条街又走到了另外两条街，也有非常华美的建
筑。走出街道，我们便来到了一个广场，那里有 82 口大金属钟，
用粗大的铁索悬挂在铁杆上，铁杆的两头架在铸铁柱上。随后，我
们又离开了这里，来到了一道非常坚固的大门处。大门的四角是四
座高耸的塔楼，大门口有一个知府和 30 个持戟的士兵，还有两个
书记官，把所有出门者的姓名登记在一些簿子上。我们亦不例外，

还付了30雷阿儿的出门费。①

在中国人看来，平托的这一番有关"天后宫"的描绘是相当荒诞的，无论是地狱门神像，还是吐水的雨神，体型都高大得不可想象。而平托执着地认为"天后"即是"圣母玛利亚"，而不愿意承认是异教神祇。一直以来，平托这部游记的真实性一直受到各种的质疑，人们认为这位冒险家为了哗众取宠而编造了自己大部分的见闻。所以在《远游记》问世后，人们甚至拿平托的名字开起了玩笑，认为他的名字 Fernão Mendes Pinto 应该改叫"Fernão Mentes Minto"，在葡萄牙语里，费尔南·门德斯·平托变成了"费尔南，你在说谎吗？我在说谎。"专业的史学研究者也经过细致的考证比对，认为平托的很多经历都是自己虚构的。如葡萄牙文学史家安东尼奥·萨拉伊瓦和奥斯卡·洛佩斯在《葡萄牙文学史》中认为，作者对日本等一些地方的描述应该是根据亲身经历写成的，但有关中国的章节则是"在参考文学资料和其它间接资料再创作而成"。②研究早期天主教在亚洲传教史的裴化行教士称《远游记》为"小说式的记录"，并说平托"是一个多言好夸的人，如果在写述时他觉得有什么不能联贯的地方，必要用虚伪的枝节去补足。他既然无法使他的妄想就范，那样他的作品，不能不充满着小说与戏剧的意味，这是无可讳言的"。③编撰《十六世纪中国南部纪行》的英国著名

①　［葡］费尔南·门德斯·平托：《葡萄牙人在华见闻录》，王锁英译，艾思娅评介，澳门文化司署1998年，第229—232页。

②　Ant nio Saraiva e Oscar Lopes, *Hist ria da Literatura Portuguesa*, Porto Editora, 1987, p. 308，转引自姚京明：《平托〈远游记〉中的中国形象》，《中国比较文学》2003年第3期。

③　方豪：《十六世纪我国走私港 Liampo 考》，见《方豪文录》，北平上智编译馆1948年版。

历史学家博克舍（C. R. Boxer）也明确表示：平托有关宁波有关葡萄牙定居地被"血洗"的"杜撰"和他的许多杜撰一样，"必须加以否定"①。1933 年出版《中葡早期通商史》的学者张天泽也认为：平托"或许还算不上是个骗子"，但却肯定"是一个吹牛大王"，他的《远游记》"不过是一部长篇冒险故事罢了"。"他所说的许多事情同已经肯定了的事实恰好相反，而更多的是些无法查对之事。有许多稀奇古怪的人名和地名无从考证，这些名称或许是在作者的脑子里存在着"。平托"已使许多粗心大意的历史写作者深受其害"。② 而王慕民近来也通过新发现的史料，进一步考证了《远游记》的诸多不可靠之处，认为"近10 多年来，众多中葡史学论著却都把《游记》视为严肃的历史著作，并竞相将《游记》中关于双屿走私贸易基地的描述作为权威性史料而引用"的行为，"令人费解"。③

然而对于《远游记》的价值，著名的中葡关系史学家金国平先生有着较为不同的看法，他认为"为对《远游记》进行评读，迄今为止提出了不少阅读的主线：耸人听闻，冒险，奇风异俗，社会讽刺，镜子效果，乌托邦等等。文学批评所提出的有可能用于《远游记》研究的种种方法侧重了这本著作当中的'故事'成分，而轻视了它所包含的历史成分。然而，中国学界对葡萄牙在华史及澳门开埠史的研究，为（重新）肯定这部著作具有历史资讯来源的价值作出了相当的贡献。"④

他引用了《远游记》的研究者平托科雷亚（João David Pinto-

---

① ［英］博克舍：《十六世纪中国南部行纪》，何高济译，导言第 8 页。
② 张天泽：《中葡早期通商史》，中华书局（香港）1988 年版，第 95、98 页。
③ 王慕民：《评葡人平托所撰之〈游记〉》，《世界历史》2000 年第 4 期。
④ 金国平：《试论〈远游记〉于葡萄牙在华史及澳门开埠史研究中的史料价值》，《行政》2006 年第 2 期。

Correia）的话来肯定其价值：

毫无疑问，对费尔南·门德斯·平托著作文献价值的研究是一项非常重要的任务。……费尔南·门德斯·平托断言，他作为葡萄牙人和基督徒，只是写下了他曾经做过的、经历过的、看到过的和听到过的事情。"我之所以这样讲，因为我所叙述的事情均属实，乃我冒着危险亲眼目睹、亲身经历的事实。"（第 200 章）然而，我们可以强调的是，在作者的这个第一意图之外，还存在另外一个意向：转达他获得，或其他人向他传达的，以及他认为（或想象）经历过的、看到过的和听到过的情况。

无论如何，我们不能够再容忍这部著作不被视为有历史价值，仅仅因为它不是一部有明确史学记载的著作。这不是作者写作的初衷。相反，现在的当务之急是以作者的初衷来解读这本著作：并不一定是历史叙述，非常近似于自传或菲格雷多（Fidelino de Figueiredo）所说的"自我偶像崇拜"（BPP，1925—1926）。①

正如上述所说，平托自己所强调的"我之所以这样讲，因为我所叙述的事情均属实，乃我冒着危险亲眼目睹、亲身经历的事实"，其实包括"转达他获得，或其他人向他传达的，以及他认为（或想象）经历过的、看到过的和听到过的情况"。那么我们在考量《远游记》中这段"天后"妈祖的记载时，首先要拿开平托这个 16 世纪葡萄牙天主教徒的虚拟的"凸透镜"，去芜存菁地进行分析。平托可能是真的看到过

———————

① João David Pinto-Correia, *PEREGRINAÇÃO de Fernão Mendes Pinto*, Lisboa, Edições Duarte Reis，2002，pp. 79-81，转引自金国平：《试论〈远游记〉于葡萄牙在华史及澳门开埠史研究中的史料价值》。

中国沿海的"天后宫"，才能描绘出一般妈祖庙都会有的门神或是力士的大致模样："我们通过一道大门进入内院，大门口有两尊奇形怪状的地狱门神像，据他们说，一尊叫巴察龙，一尊叫瓜济伐。两尊神像都手持铁制的大头棒，面目更为狰狞可怖，令人不寒而栗。"而他对妈祖庙内部结构的描述也有一定的合理性："大殿深处有一个圆形的高台，有15级台阶，高台上有一个与其比例对称的祭坛，上面是天后塑像，这是一个非常美丽的妇女形象，松散的长发披肩，双手高高举向空中，塑像用纯金铸成，表面光滑，闪闪发光，像镜子反射一样发出耀眼的光芒，令人不能直视。"尽管对妈祖神像的描述可能夹杂着平托自己的私心，毕竟他想要证明"天后"之名"当地人虽然如此称呼，却并不了解她的真实身份，就是圣母玛利亚"。但对于雕塑本身贴金的描写，又和我们现在仍然能在东南沿海看到的一些妈祖像十分神似。其实相对于下面这幅17世纪欧洲学者眼中的中国"菩萨"像来说，平托所描述的天后宫其实还更加贴近现实一些。

下面这幅中国"菩萨"画像出自17世纪欧洲著名耶稣会士、学者阿塔纳修斯·基歇尔（Athanasius Kircher，1602—1680）的中国研究名著《中国图说》。他为这幅画像所作的解释如下：

菩萨坐在一朵荷花上，尽管她的众手做出各种令人惊异的形态，但神态却极庄重高雅。她左右两边各有八支臂膀，每只手都拿着神秘的象征物，如剑、书、水果、植物、轮子、饰物、盒子或瓶子。僧人是这样解说她的故事：据传很久以前，有三个女孩子或女神从天上来到人间的一条河里洗澡。她们的名字是安杰拉（Angela）、钱杰拉（Chongela）和福柯拉（Foecula）。当福柯拉把她的外衣放在水旁时，一种结红色果实的植物出现了（我认为这也许是 neliocacabum 或水莲）。当她看见这种植物时，捡起它并吃了下去。其他两个姊妹返回天上时，福柯拉由于吃了这个果实而怀孕，只能留在人间，直到她的儿子出生。她给儿子断乳后，把他放在河中的一个小岛上，并告诉他她就要返回天上了，一位行将到来的渔夫会把他带回家。而事情果然如她所说，男孩被渔夫抚育成人，他后来得到了整个帝国，并制定法律，而他统治的地区辽阔广大。我在婆罗门的历史文献中，也发现过类似的神话故事，虽然它同其他美丽的故事混杂在一起。有些看似比常人聪明的学者们说，这多臂的菩萨是万神之母。埃及人把她描写成有众多的乳房和臂膀，并称她为爱色斯（Isis），希腊人称之为大神母（Cybele）。中国哲人说女神的这画像显示了力量、权力、仁慈和自然力。十六只臂膀象征中国在女神的庇护下，已和平地度过十六代或十六个黄金时期。

　　她坐在一朵荷花上，荷花被水滋润意味着一切事物起源于水。而他们还认为菩萨是自然之神。中国学者在这方面和古代希腊哲学家有相同的看法。我更倾向于说：她是中国的伊希斯或大神母，在她的影响下，事物得以生存并变得丰富多产。这一切被路德维希·弗罗埃斯 1565 年用葡萄牙文写的信所确认，当时他在日本，他的这些信送往欧洲，其中有一封是谈阿弥陀佛的，弗罗埃斯写道："阿弥陀佛有僧院和很壮丽的殿堂与配殿等房屋。他的僧众终生不娶，否则就会死去。阿弥陀佛被安放在寺庙中间的祭坛上。他的面孔让人想起 Syaon。他的耳环和头部的光环使他像个女人。他端坐在木制的一朵美丽的荷花中间。"①

①　［德］阿塔纳修斯·基歇尔：《中国图说》，张西平等译，大象出版社 2010 年版，第 264—266 页。

　　不论是菩萨的图像还是"男孩被渔夫抚育成人，他后来得到了整个帝国，并制定法律"这样的传说，阿塔纳修斯·基歇尔笔下的菩萨可能对于明清的中国人来说都是相当陌生的。"十六只臂膀象征中国在女神的庇护下，已和平地度过十六代或十六个黄金时期"这样的阐释，和平托"最上面的四个台阶上摆放着中国 12 个国王的银铸塑像，个个头戴王冠，背插狼牙棒"的描述，其实本质并无差别，都远离中国的实际，都掺杂着欧洲文化背景下的人们对于中国的各种想象，只不过此时的想象的描绘，是建立在较前代更多的亲身见闻基础之上的。阿塔纳修斯·基歇尔比费尔南·门德斯·平托晚了将近一个世纪，本人并未踏上过中国的土地，但他有关中国的研究并没有招致如同平托那样的诟病。这一方面是由于基歇尔本人在其他各个领域的杰出研究（虽然其中一些也被认为是疯狂而最终被证伪），所以基歇尔被称为"十七世纪学者中的巨人""最聪明的头脑之一"①，而费尔南·门德斯·平托作为商人、前海盗、冒险家，却和马可·波罗一样，更多的被称为"说谎者"。如果从中国的"他者"视角来看，对基歇尔的赞颂和对平托的指责，都是欧洲中心视角的"透镜"的体现。二者之间在为欧洲的读者们描绘一幅遥远神秘的中国的时候，相同点要大于差异。至少有一点他们是非常相似的，那就是都受到 16 世纪到达中国的耶稣会传教士的中国见闻的影响。平托《远游记》中体现出多处受到另一位耶稣会士克路士《中国志》中见闻的影响，因此，我们若想要进一步探究当时欧洲人所看到的中国妈祖的真实情况，就不得不也来讨论这一时期其他来到中国的传教士的见闻。

---

　　① 有关阿塔纳修斯·基歇尔的生平与研究，来自 http://www.faculty.fairfield.edu/jmac/sj/scientists/kircher.htm。

第四节　欧洲商人记载中的妈祖

在我们之前的篇章里反复讲述的 16 世纪的天主教修士眼中的妈祖以外，这一时期欧洲的历史资料里，还幸运地保存着一些以其他眼光审视中国的妈祖文化的记录。例如在 1598 年来到中国的佛罗伦萨人弗朗西斯科·卡勒其（Francesco Carletti）的《周游世界评说（1594—1606）》[①]。卡勒其于 1594 年从塞维利亚出发，原本只是要从事一段短程的奴隶贸易，但最后变成了一次长达八年的环球旅行。这使得卡勒其成为第一个进行环球旅行的商人。更重要的是，他还留下了一部相当详尽的旅行日志，其中不仅记载了他旅途中到访的墨西哥、秘鲁，还有在当时普通欧洲人眼中相当遥远而具有异域风情的远东地区，关于日本、澳门、马六甲和果阿的记录，相当生动。卡勒其自己曾经提及过这趟意外的远行的目的在于"对于更广阔世界的好奇心以及商业上的兴趣"。这让卡勒其的视角与前面章节所提到的冒险家平托又有所不同。可以说，他继承了自马可·波罗以来的"旅行者——商人"的叙述视角。

卡勒其生活以及旅行的时代，较之平托的时代有所变化。虽然在他的旅行开始之时，海洋贸易的世界还是由西班牙与葡萄牙瓜分，但在他的旅行结束之时，这两个商业帝国已经走向衰落，取而代之的是荷兰商业军事力量的崛起。卡勒其于 1598 年 3 月 15 日到 1599 年居住于澳门，和在那里的耶稣会士有过密切的交往，所以研究者一般认为，他对于中国的认知受到这些传教士的影响。而这些传教士中，与卡勒其关系最为

[①]　弗朗西斯科·卡勒其（Francisco Carletti）：《周游世界评说（1594—1606）》，都灵，1969 年，第 205 页。

密切的，莫过于曾经和利玛窦一起前往北京的郭居静（Lfizaro Catfino，1560—1640）。当1598年卡勒其和他的父亲一同登上澳门的土地时，几乎是第一时间就来到了澳门的耶稣会修院，这在那一时期的远东是一种普遍的行为模式，商人与传教士之间因为共同的利益而紧密地联系在一起。卡勒其和郭居静之间的友情，部分的也是源于同乡之情，郭居静本人也是出身于意大利的贵族家庭。而震惊中国朝野的"郭居静事件"发生在卡勒其离开以后，耶稣会在中国传教时遭遇的教会内部的分歧，已经埋下了火种。卡勒其的中国见闻，部分的还来源于他在当地找到的翻译，帮助他翻译和理解中国的地理和相关文献。而卡勒其对于我们的研究最重要的贡献，是作为目击者，记录了澳门妈祖文化的盛况：

> 在一重大的节日中上供上述东西时，人们在庙宇附近会餐。我在 Amacao 曾目睹此情形。于一旷野处，在他们敬拜庙宇的地方，有巨石数块，上镂刻鎏金大字；这一庙宇人称"Ama"，故本岛称作 Amacao 岛，义即 Ama 庙宇之地。该节日落在三月新月第一日，即他们的新年。作为最主要的节日，举国欢庆之。①

金国平先生的研究认为，卡勒其的记载证明了澳门之得名于妈祖阁的意义。而"人们在庙宇附近会餐"的传统至今不失。据徐晓望先生采访的澳门渔民互助会理事长冯喜先生的口述："每年农历三月二十三日在妈阁庙举行纪念妈祖诞辰的仪式，叫'贺诞'。没有出海的渔民就和陆上的居民一起到妈阁庙去。按照祭礼，要烧香烧纸钱，供蒸猪等'三牲'。当天下午四五点钟举办盛大宴会，就在庙门口摆几

---

① 金国平、吴志良：《早期澳门史论》，广东人民出版社2007年版，第408—409页。

十桌酒席，酒菜是向餐馆订的。有时人太多，没凳子坐，有的人就只好蹲着吃。宴会完毕后就开始由请来的戏班演戏，戏台就搭在庙门口。延请戏班和演戏的事由渔民和陆上居民共同成立'妈阁庙水陆演戏会'负责筹资和安排。我们渔民互助会并不以组织的名义参加该会，而是由各位理事以个人的名义参加，大部分理事都参加了。演戏之后还要再举行宴会，称为'庆功宴'，各方面的负责人、一些头面人物，还有戏班的演员们一起吃饭。所有这些活动的资金都是由渔民和陆上居民捐出的。"①

而正如前文指出的，这一时期，荷兰人的商业势力已经开始逐渐崛起于亚洲。因此在这一时期的荷兰商人的记录中，也不时可以看到有关中国妈祖文化的痕迹。有关这一点，做出最重要研究的是包乐史的《荷兰东印度公司时期中国对巴达维亚的贸易》一文。包乐史教授广泛地研究与引用了荷兰东印度公司存留的 17、18 世纪档案，对当时中国与荷兰占领的巴达维亚之间的大帆船贸易做出了相当扎实的研究。其中涉及不少有关荷兰人目睹中国妈祖文化的部分，以起航前的祭祀仪式为例：

当东北季风徐徐起吹时，他们选择一个帆船启航的吉日。他们支付出口关税，然后海员们从船上的神龛取出海上女神"马祖"（Ma-stu）的塑像列队到寺庙并献上祭品，以祈求航行得以一路平安。到寺庙朝拜还经常伴随有戏剧演出，而由全体海员共享酒和肉、鱼、菜等祭品。礼毕，把这尊佛像携回船上在一阵锣鼓和鞭炮声中，起锚扬帆，满载的船只徐徐驶向大洋。当帆船在中国海岸航

① 金国平、吴志良：《早期澳门史论》，第 329—330 页。

行经过一些港口时，小舢板会携带走私货和最后一分钟的搭客以及到巴达维亚送信的水客上船。①

荷兰东印度公司时期为 1602—1799 年，即我国的明万历年间至清嘉庆年间。而在这一时期与荷兰东印度公司的贸易中，福建商人占据着最主要的地位，包乐史教授认为：

> 毋庸置疑，福建人是中国最伟大的航海者。福建人居住在相当贫瘠的沿海平坦地带，高山激流把他们同内地隔绝开来，因此，从很早的时候开始，他们就被迫从邻省输入大米而输出诸如粗瓷器、铁制器具和纺织品等工业产品。在 14、15 和 16 世纪期间，沿海贸易和海外贸易遭到日本和中国海盗的袭击，私人的海外贸易由于很难与海上掠夺加以区分，因而被严厉禁止，只有朝贡贸易被允许继续进行。随着海盗袭击逐渐被镇压，以及来自想恢复对东南亚私人合法贸易的福建商人日益增长的压力，促使中国政府的政策有了一个新的方向。

从事东南亚贸易的福建商人，将其贸易分为所谓东洋和西洋贸易航线。东洋航线航行至吕宋、苏禄群岛和摩鹿加。西洋贸易航线则经由印度支那沿岸和马来半岛，远达西爪哇沿岸。最有利可图的贸易是在厦门地区和马尼拉之间进行的，大量来自南美的白银在那里转手。而这条航线在 16 世纪主要是由葡萄牙人控制的。较晚来到这一地区的荷兰人对此垂涎不已，于 1619 年创建了巴达维亚。设法引诱和威胁中国商人从

---

① ［荷］伦纳德·包乐史：《荷兰东印度公司时期中国对巴达维亚的贸易》，《南洋资料译丛》1984 年第 4 期。以下有关荷兰东印度公司的记载均引自该文。

万丹和沿岸港口前来新的拓殖地进行贸易。就是在这样的历史情境下，荷兰东印度公司的职员与水手，记载了大量有关中国航海的信息。例如18 世纪荷兰水手斯达禾里纽斯（Satvorious）就记下了详细的有关中国帆船的情况，此人由于好奇心的驱使，在前去望加锡途中曾搭乘三桅帆船（一种小型的帆船）。

> 我和我的同伴刚上船不久即受到中国头人颇有礼貌的接待，我们遇到的第一件事就是在我们面前放了许多水果。这艘船有三条桅杆，中间最大的一条桅杆厚度几乎与我的船"老教堂"号的主桅杆的厚度相同，而且它是用一块完整的木料制成的。根据我的估计，这艘船的长度，从船尾的外缘到船首的尽头有 140 英尺。船身被分为许多不同的隔间，其数目如同船上的商人数目，每个商人拥有一个特定的地方堆放他的商品。水也是由几个蓄水槽供应，贮存在货舱里，用水时通过在甲板上的舱口以吊桶提汲。煮饭菜的炉子位于甲板上主桅杆的左舷，因为这些船舶只有一个甲板，我们看见那里所做的食品比起欧人船舶上所做的食品更为洁净。在船尾有几层小舱室，或者是用竹子做的棚屋，既供这艘船员也供商人住宿之用。这些舱室的正间是操舵台，其中央放着一个供奉他们的神像或偶像的祭坛……舵并非用舵栓和凿孔维系于船身，而是用藤、竹之类的茎做的粗绳悬系着，其形状与我们所使用的舵大不相同。他们的锚是用木块扭弯制成的，锚上系有沉重的石块使之下沉。整个帆篷包括张帆索具和帆都是用藤制成的。

按照这名荷兰水手斯达禾里纽斯的描绘，我们似乎可以看到这艘18 世纪的中国帆船，和明代初年郑和下西洋的宝船有着承继关系一般的形似。而郑和宝船最早的图像资料，正是绘制于永乐十八年（1420）的《太上说天妃救苦灵应经》卷首的插图。这部珍贵的资料，是参加第五次下西洋的僧人胜慧在临终时，命弟子用他所遗留的资财发愿刻印的。其插图描绘了郑和船队在海上航行、海神天妃护佑的情形。画中郑和船队图像计五列，每列五艘，船型、尺度基本相同，与《龙江船厂志》上所附该厂曾建造的早期4桅海船形制基本相合。① 而郑和宝船上也一定设置有妈祖的神龛。荷兰水手对于18世纪中国帆船的记载，在这方面有一点特别值得注意的，和之前传教士记载妈祖神龛可能设置在船尾不同，他所乘坐的这艘船"舱室的正间是操舵台，其中央放着一个供奉他们的神像或偶像的祭坛"，所以他更加准确地指出了妈祖神龛在船中设置的位置是在操舵台。

包乐史的研究中，还提到了另一位神父记载的中国船员在航行期间向妈祖进行祭祀的仪式：

> 整个航行期间，海员们尽可能与海岸保持接近，以易于他们确定自己的位置。祭品不单是为风制备的，同时也是为沿途经过的岬角而制备的。Le Comet 神父十七世纪下半叶曾随同其他教士乘中国帆船从暹罗到中国旅行，他曾写下有关这些祭品的情况："当船驶近建有他们庙宇的小山时，他们便忙于迷信活动；除了供奉肉类祭品、点燃香烛、投抛小金纸到海上以及其它平时举行的各种铺张的祭典外，所有的海员都一起花五六个小时的时间划造一条长约四英尺的小船，其式样类似我们搭乘的船舶。它是颇为精心制作而成的制品，既没有桅杆、索具和篷帆，也没有旗

---

① 金秋鹏：《迄今发现最早的郑和下西洋船队图像资料——〈天妃经〉卷首插图》，《中国科技史料》2000年第1期。

帜，但有罗盘针、舵和轻舟，还有武器、供烹调的菜蔬、食物、船货以及账簿。此外，他们还捏制了许多小纸人，其数目如同我们船上的人数，并将它们摆放在与我们相同的位置上。"经过这许多礼仪之后，这个船模被放在水上任其漂流。这位神父叹息道："海员对这种荒诞的表演甚为兴奋，然而我们却为他们这种错误的盲目行为深感悲伤，而我们无能为力加以拯救。"对于"这种迷信行为"，这些法国神父一路上确实花了很多时间与海员们争吵；在航行期间，可怜的 Le Comet 只吃些米饭，"我承认，虽然船长经常请我们和他一道吃些肉类，但这些肉食总是先作为供奉偶像的祭品，我们看到它就为之战栗，哪里还有什么食欲。"……中国海员们就用这种方法在航行中同他们的神明保持接触，试图制服自然力。

这位神父所记载的 17 世纪中国帆船在航行中与妈祖等中国海洋神灵相关的祭祀行为，具有相当重要的史料价值，特别地提及了中国帆船在暹罗到中国的航线的不同地点进行祭祀的习俗。与大概同一时期的中文史料可以很好的对应。例如《东西洋考》载，前往东南亚的海舟，尚祀都公、灵伯和灵山石佛。都公庙立于南海中南门亭旁的乌猪山（在今广东珠江口外万山群岛）。都公是位华人，"从郑中贵抵海外归，卒于南亭门。后为水神，庙食其地。舟过南亭，必遥请其神，祀之舟中，至舶归，遥送之去"。南海独珠山有座灵伯庙，舟舶"往来祭献"。位于越南海面的灵山"山顶有一石块似佛头"，"往来贩舶于此樵汲，崇佛诵经，燃放水灯彩船，以禳人船之灾"。[①] 有如

---

① （明）张燮：《东西洋考》卷 9《舟师考》，谢方校注，中华书局 1982 年版，第 172—174、186 页。

另一本清初的《吧游纪略》中也较详细记述由厦门至噶喇吧的航路上，舟舶祭祀神灵的情况：至七洲洋，"乃具牲馔，笼金钱，陈于木板，投诸海面，焚之，以礼海神；继鸣金鼓，焚楮帛，以礼所过名山之神"；舟至大佛山（即灵山大佛）洋面，"先以木板编竹为小船，帆用杂色彩纸，陈牲馔、香烛、金钱以祭。祭毕，将牲馔等物置小船中，放诸海以厌之。其小船瞬息前飘不见，则过此平安，谓之放彩船"。另者，相传"七洲海中古居民地，沉为海，过此多鬼族"，因此海舟过之，"必献镵飨于七洲之水"，"不则为祟"，"施粮乃行"；相传"大小昆仑龙所穴"，因此海舟过之，当"焚毛羽于双仑之丘"，令其"闻臭不犯"。①

从以上的中、欧同一时期的记载对比可以看出，明末清初之际的中国帆船有在七州洋放彩船祭祀的习俗，而 Le Comet 神父的记载尤其详细地为我们复原了这种彩船的制作："所有的海员都一起花五六个小时的时间制造一条长约四英尺的小船，其式样类似我们搭乘的船舶。它是颇为精心制作而成的制品，既没有桅杆、索具和篷帆，也没有旗帜，但有罗盘针、舵和轻舟，还有武器、供烹调的菜蔬、食物、船货以及账簿。此外，他们还捏制了许多小纸人，其数目如同我们船上的人数，并将它们摆放在与我们相同的位置上。"这大概是我们今天可以看到的对于该习俗最为接近真实的描述了。

随着全球海洋贸易势力有越来越多的竞争者加入，葡萄牙、西班牙航海商业势力日渐衰弱，荷兰人称霸海上。接下去，英国也加入了这场航海贸易的争夺。一位苏格兰人汉密尔顿 Alexander Hamilton（1688—1733），作为一名商人、雇佣船队的船长，记录下了这一段英国在亚洲

---

① 转引自陈佳荣：《陈洪照〈吧游纪略〉——清初记述爪哇的另一要籍》，《海交史研究》1994 年第 2 期。

贸易辉煌时期的吉光片羽。汉密尔顿早年间游历了欧洲、巴巴里海岸，西印度群岛，印度和东南亚，好望角到日本之间的海洋与群岛之间，都留下了他的足迹。汉密尔顿会说好几种不同的亚洲语言，而且在大多数时间里是作为雇佣船长的身份，这让他的观察不同于直属于教会的天主教修士，也不同于直属于各个商业帝国的殖民机构成员。虽然他在 1688 年短暂的为英国东印度公司效力，又于 1717 年被任命为孟买的海军司令，负责打击印度洋上的海盗行为。多变的身份和独特客观的视角，汉密尔顿对于大英帝国与商人、官员与统治者、英国与阿拉伯世界、与中国、日本之间的关系，都有很多独一无二的记录，他甚至记录了 1686—1689 年莫卧儿战争中英国东印度公司的惨败。因此，汉密尔顿的《新东印度纪事》（*A New Account of the East Indies*，1727）被称为 18 世纪中叶之前在英国出版的南亚和东南亚最具影响力的叙述，涉及好望角到日本之间几乎大部分国家和群岛的物产、法律、海关、宗教和贸易的大量叙述，是探讨 17、18 世纪东南亚贸易和文化复杂性的重要史料。①

幸运的是，汉密尔顿的《新东印度纪事》中记载了他四次到访福建，并且目睹妈祖文化的往事，为我们今天还原 17、18 世纪妈祖文化提供了宝贵的原始资料。汉密尔顿分别于 1693 年到 1704 年之间四次到访福建，其中有三次来到了厦门。《新东印度纪事》对其中的第一与第三次厦门之行有较详细的记载。

汉密尔顿在"纪事"里有大量的关于厦门的宗教信仰与风土人情

---

①　Alexander Hamilton, *A new account of the East Indies, being the observations and remarks of Capt. Alexander Hamilton, who spent his time there from the year 1688 to 1723, trading and travelling, by sea and land, to most of the countries and islands of commerce and navigation, between the cape of Good-hope, and the island of Japan*, John Mosman, 1727.

方面的描写。他说厦门除了寺庙外没有其他可以称道的建筑物，寺庙都是同一样式，但其美观和规模大不相同。他们的偶像或说"半神"，有的现人形，有的现兽形。在福建，女性神比男性神拥有更多的信徒，其中观音的信徒最多，被熟悉基督教的中国人称作中国的圣母玛利亚。然而，汉密尔顿笔下的观音形象却与我们心目中的有较大差距。她被庄重地安置在庙中央，身披质地上乘光彩照人的袍，安坐在蒲团上。她的小儿子站在前面，右手握着随时准备投掷的三叉枪，目标是那些人类与自然律法的冒犯者，或者那些不心甘情愿向其母亲敬献的渎神者。

另一位女神是妈祖（Matsoa），从遥远的海外泅渡而来，在一个夜间入住中国，是航海者的保护神（Protectress of Navigation）。关于当地人对该神的祭拜仪式，作者做了生动的描绘：

> 在出海前，人人须向马祖献上两种祭品——煮熟的猪头、蒸熟的面包。端上来放在神像前时必须滚烫，要一直摆放在其脚前，直至冷却。妈祖食冒上来的烟，祭献者在祭品冷却后食用。他们返航时，会演出一出戏来感谢神恩，地点可以是航船上，也可以在妈祖庙前。

此外，作者还列举了中国人信仰的其他神，如鹰头人身神、被小神灵团团围住的威严庄重的释迦牟尼佛、宽脸大肚被称作快乐之神的弥勒佛。以及他自称许许多多忘了名字的其他神，其中有些是人，有些是龙、狮、虎、狗头人身，还有一个神呈人身、鹰脚、鹰爪，与芬兰的神极为相像。同时颇值得一提的是作者对他在厦门所见菩萨，即千手观音，与开天辟地神的勾勒：

菩萨盘腿坐在蒲团上，蒲团四周绣满花卉与星星，她左右各有八九只手，胸前还有两只，呈敬拜姿势。除了胸前敬拜的双手外，其余每只手都握着某种标志性的物件，如斧头、剑、花等等。他们让开天辟地神呈人形，如同一位力大无穷、精力过人的年轻人，与罗马天主教会的观念恰好相反——教会的创世神老态龙钟、态度冷漠，活像萨尔瓦多的冬天。

最后值得一提的是，作者再度来华时发现自己首次前来时遇见的一位公正仁义的厦门长官死后被供奉在专门为他建的寺庙里，供人朝拜，便评论道"中国人似乎比古罗马人更快地被奉为圣贤"。他还注意到，厦门的每间房、每艘船都供奉有"家神"，并设有佛龛或祭台，早晚朝拜。①

和前文介绍的那些博学的天主教修士不一样的，受宗教启蒙运动影响更大的苏格兰人汉密尔顿对于中国民间信仰神祇的观察相当有自己的见地。尽管常常不够准确，添加了各种自己的解释，但可以看得出是来自于亲眼所见。例如他对厦门观音祭祀的观察，就将观音像前的力士像误认为是观音的小儿子，这显然是汉密尔顿看到观音庙之后的自我发挥的解释。而与他对于厦门妈祖祭祀的记录相比起来要准确很多，他不仅注意到水手在起航前献祭给妈祖的食物的种类，也注意到在返航后上演戏剧酬神的传统，而对于这些仪式，之前的记录者大都是出自他人转述，较为模糊。而汉密尔顿注意到的另外一个以厦门为代表的中国东南沿海宗教信仰的一个非常重要的特点："在福建，女性神比男性神拥有更多的信徒。"这点对于了解那一时期欧洲人对中国妈祖文化的印象尤其重要。

①　以上译文转引自叶向阳：《16、17 世纪西方人眼中的福建——以〈拉达行纪〉与〈新东印度纪事〉为中心》，《闽台文化交流》2010 年第 3 期。

第二章　19 世纪欧美视野中的妈祖文化

从 18 世纪到 19 世纪，来到中国的外国人群体产生了极大的变化，尤其明显的是来华传教士身份的变化。这一时期东西方的知识交流与译介已经不再是天主教独霸的局面，新教在其近代以来的译介成果渐有超越早期耶稣会士为主的来华天主教派修士，国际汉学的研究重心也随之有所转移。这一章开始，我们的讨论重心，也将集中在 19 世纪以来以新教传教士为主的群体对于中国妈祖文化的介绍与传播上。

19 世纪，在欧美世界传播中国文化最重要的一份英文刊物，当之无愧的是《中国丛报》（*Chinese Repository*，旧译《澳门月报》），是西方传教士于 1832 年在广州创办的一份英文期刊。对于研究近代中外交流史的研究者来说，《中国丛报》是研究近代中外关系史必不可少的资料，学术界对《中国丛报》已经有了非常深入的研究。鉴于《中国丛报》的刊行地点和资料来源多为中国沿海地区，这套庞大而丰富的资料中必然保存有对于当时中国沿海妈祖文化的见闻乃至研究，为我们考察 19 世纪欧美视野中的中国妈祖文化提供了最为直接和关键的材料。

第一节　美国独立战争与中美关系的开始

一、美国独立战争与中美关系

18世纪末到19世纪初，世界上发生的最重要的局势变化之一，就是美国的独立战争。而微妙的是，美国独立战争的导火索"波士顿倾茶事件"在某种程度上，将还未独立的美国与大洋彼岸的中国联系在了一起。英格兰人饮茶的历史比喝咖啡要早几十年，而当时英国东印度公司运往中国的大宗货物也很有可能是由北美的西洋参作为主要部分的。约在1690年，波士顿开设北美大陆第一家代销店。据估计，1760年北美殖民地的茶叶进口已达到100万磅，但是大部分都是走私茶，北美人民已经普遍饮茶，茶叶已经成为生活的一部分。在最初荷兰贵族的示范下，在随后英伦三岛茶香的刺激下，上行下效，饮茶成为一个时尚，同时也成为一种生活饮食方式，走进绝大多数北美人的生活。从1757年，纽约市为规范茶水销售而颁布的《纽约市茶水贩管理条例》可见当时活跃的茶叶商业状况，纽约俨然当年的盛世长安，"不问僧俗，投钱取饮"。英国禁止英国东印度公司直接向北美销售茶叶，需要先在伦敦拍卖，然后由伦敦商人运输到美国销售。由于英国对茶叶征收的高额税收，使得瑞典和荷兰在北美大量走私茶叶。英国及其在世界主要殖民地的走私茶泛滥，北美殖民地对来自英国茶叶的抵制，还有经营上投机等一些问题，使得英国东印度公司出现大量的茶叶积压，最多时达到约2100万磅，拖欠政府税款达100万英镑，公司财务收支亮起红灯。1773年5月，英国政府在英国东印度公司请求下通过了《救济东印度公司条例》，也被称为《茶叶法案》，法案允许英国东印度公司直接向北美出口茶叶，从英国出口的茶叶可以获得全额退税，只需向殖民地海关象征性缴纳每磅 3 便士的茶叶税，这样，英国东印度公司就获得在北美销售茶叶的通行证。准许该公司享有倾销廉价茶叶到北美殖民地的专利权，禁止殖民地饮用"私茶"，这样的规定使早已习惯于饮用走私茶的北美人民极为愤慨，低价的茶叶无疑极大地损害了殖民地商人的利益，从而引发他们的不满。东印度公司的茶叶虽然较便宜，但是却包含了茶税。茶税虽然是旧税，但由于以往殖民地人多饮走私茶，因此该税形同虚设。如果允许东印度公司的茶叶进入北美，就等于殖民地人要向英国交纳茶税，这会加重殖民地人的负担。更严重的是，英国对殖民地征税和制定法律的原则也将从此确立，而这是殖民地所不能接受的。茶叶的先例一开，东印度公司很有可能获得其他产品的在美销售权，这对北美经济是个潜在的巨大威胁。①

　　群情激愤的北美殖民地人民因此被极大地动员起来，将"茶"与是否"爱国（北美殖民地）"等同起来，甚至积极寻找各种茶的替代品，甚至在政治口号中也能看出这种对于民众潜在思想的影响，在当时，茶被描绘为"不要饮用这种受到诅咒的东西，因为恶魔会随着这种东西进入你的体内，立即使你变成一个叛国者"。这一关键的时刻，"茶"作为影响北美殖民地国家认同的核心概念，其影响一直持续至今，被看作是美国人倾向于选择咖啡而不是茶的最重要的社会历史因素。②

　　1783 年 9 月，美国刚刚和英国签订了《巴黎条约》，获得了独立的地位。美国作为当时世界上最年轻的国家，认为自己的当务之急是和这

---

　　① ［美］塞缪尔·莫里森：《美利坚共和国的成长》，南开大学历史系美国史研究室译，天津人民出版社 1980 年版，第 151 页；吴于廑、齐世荣：《世界史·近代史编》上卷，高等教育出版社 2001 年版，第 279 页。

　　② 李博：《"波士顿倾茶事件"新解》，《农业考古》2012 年第 5 期。

个世界上最古老的国家——中国建立贸易联系，希冀打破英国在这方面的贸易垄断。1783年12月计划开往中国的美国商船"哈丽特"号，满载西洋参等货物离开波士顿驶往广州。但该船过好望角时为英国东印度公司的船只截留。当时美国虽已宣布独立，但英国并未承认。根据英国的法律，殖民地不得与其他国家直接进行贸易。英国人强行收购了美国船上的货物，以茶叶抵价，从而结束了中美直接贸易的第一次尝试。①

　　没有什么可以如美国诗人菲利普·弗伦诺对于这一历史性事件的描绘更能表达美国人对于中国的热望的：

> 向着炙热的国度，
> 向着古老的海岛，
> "中国皇后号"行驶、探索，
> 即将抵达中国的海岸。
> 即将运回中国芬芳的茶叶，
> 再也不要英王的允许；
> 还要运回镶金的瓷器，
> 精彩，精湛，精致。②

　　最耐人寻味的是，"中国皇后号"不仅仅是作为一艘武装的商船出现在中国的海洋边境之上的，船长约翰·格林（John Green）还随身携带有一封盖有美国国会印鉴的外交信函。这封代表着当时刚刚诞生的美国的公函上是这样写的：

---

① 罗荣渠：《美国史通论》，商务印书馆2009年版，第250页。
② 菲利普·弗伦诺（Philip Freneau，1752—1832），美国独立革命时期著名诗人。

　　最最宁静、最最强大、高贵、杰出、高尚、令人尊敬、令人敬仰、贤明而审慎的皇帝、国王、共和国、公爵、伯爵、男爵、领主、市长、议员，以及基督教国家或世俗国家的各城、各地的法官、行政官、司法官和摄政官：阁下读到或听到公函上授权的内容时，我们美利坚合众国国会知会阁下，"中国皇后号"的船长约翰·格林乃我国公民，他驾驶的船乃我国公民的财产，我们希望看到，约翰·格林从事合法的商务活动时，我们祈愿，他及其货船货物平安抵达，阁下予以垂顾，以合乎贵国礼仪的方式接待，允许他以通常的缴费通关、航行和造访港口、关口和领地，以便完成交易，允许他以恰当的方式通商。我们为此而深表谢忱。①

　　从这封措辞拘谨的外交公函可以看出，初生的美利坚合众国并没有自信能够得到这个最古老的超级大国在贸易上的合作与肯定。而更重要的是，得到中国对于美利坚作为独立于欧洲旧大陆之外的全新国家的地位的承认。令人庆幸的是，这次航行获利 30727 美元，利润率达 25%，虽然不能算作是很高，但这个消息极大鼓舞了美国商人。正如后来的研究者所指出的，美国第一艘商船驶抵中国，流光溢彩，意义显而易见。独立宣言完成了政治领域的成就，"中国皇后号"达成了全球的商务交流：免于集中化权力的自由。回到纽约一个星期以后，山茂召——曾经的华盛顿麾下的副官、"中国皇后号"的押运员，致信美国国务卿，汇报他在中国受到的款待、与欧洲人的关系、"休斯女士号"事件以及贸易前景。他写道，中国人"称我们为新民族，我在地图上向他们展示

---

　　①　Philip Chadwick Foster Smith, *The Empress Of China*, Philadelphia: Philadelphia Maritime Museum, 1984, pp. 70-71, 转引自［美］约翰·海达德：《初闯中国：美国对华贸易、条约、鸦片和救赎的故事》，何道宽译，花城出版社 2015 年版，第 11 页。

我们辽阔的国土，及其……日益增加的人口，他们很高兴，因为他们帝国的产品可能会进入我们相当大的市场"。山茂召的这段话切中要害。正如中国广袤的国土令美国商人神往一样，美国反过来也激励中国商人的雄心壮志。在信的结尾，山茂召宣告他和中国人结下的友谊，甚至预告，"不出几年"，美国人"即使不超过欧洲人，也能和他们享有同等优势"。

中美之间贸易的建立，对美国这个初生的合众国的意义非比寻常，甚至在某种程度上形塑了美利坚民族精神，毕竟在建国之初，美国的国父们最担心的，是这十三个独立的殖民地在各个方面都千差万别，难以凝聚。后来的研究者们认为："中国皇后号"值此时刻登场，对新生的美国来说是急需也是非常及时的一个象征性的胜利。这是一艘美国人造的美国船，装的是美国货，配的是美国船长和船员，而且他们多数是参加过独立战争的老战士。这样的船载这样的船员成功前往中国开展贸易，意义十分重大。实际上，目的地本身就承载着象征意义。一百多年了，英国人强迫美洲殖民地被动消费茶叶和瓷器，不允许他们积极参与对华贸易的竞争。卡罗琳·弗兰克说，"美国人在英国人手下所受的待遇是被阉割的"。许多人把赴中国的处女航与民族身份的重大问题联系起来不足为奇，民族身份使人焦躁。《费城独立报》写道："船长和船员被视为上帝手中的工具，他们由此而感到振奋，上帝要我们把美国的商务推向中国那遥远的、尚未探索过的国家。1784年，'中国皇后号'准备启航。纽约港冰封，出发日期推迟一个月，最后在2月22日启航，这个日子凑巧是乔治·华盛顿的生日。"①

---

① ［美］约翰·海达德：《初闯中国：美国对华贸易、条约、鸦片和救赎的故事》，第18页。

二、马礼逊与《中国丛报》的创办

在中美早期贸易关系建立这一系列充满了政治隐喻的事件中，正如《费城独立报》所言，"船长和船员被视为上帝手中的工具，他们由此而感到振奋"。这一事件同样鼓舞的，还有北美大陆上热情洋溢的新教传教士们。这一个群体，在即将到来的世纪里，可以说构建了整个北美汉学的开端。他们的故事，是由马礼逊开始的。马礼逊（Morrison），1782年出生于英格兰的诺森伯兰郡的一个虔诚的基督教家庭，所以当他成长为一名长老会会员，为新教传教运动所鼓舞，立志于前往亚洲传播福音之时，大家都并不觉得意外。而在他伦敦的求学与作为一名牧师的生涯里，他就已经花费了大量时间在学习中文和编纂一本有关汉英互译的辞典上。

1807年，马礼逊经由纽约来到中国的广州，如此曲折的旅程主要是缘于英国东印度公司不愿冒着得罪对传教相当反感的中国贸易伙伴的风险，但作为一个新兴的新教国家，美利坚合众国更能够提供马礼逊这方面的便利。但马礼逊刚刚到达中国的日子是相当困苦与孤独的，他把大部分时间用在翻译《圣经》而不是直接向周边传教上。可以感觉得到，此时的马礼逊等人，认为比向中国人传播基督教福音同等甚至更为重要的，是唤起欧美世界对于中国的重视，因而此时已经有创办《中国丛报》的想法。

裨治文（Bridgman）牢记美部会于1829年10月7日给他下发的指示，该指示要求他记住他的中国之行的"首要任务就是在中国人中间传播福音"。裨治文到达中国后发现，在中国只有《邸报》，并没有真正意义上的报纸。他决定将中国文化向西方介绍，希望能激发起西方民众对在华传教事业的兴趣和支持。他也相信印刷技术在中国的推广和运用，将有利于在中国的传教事业。因此，裨治文本人就有志于在中国的广州或者澳门成立一家教会的出版社或印刷厂，出版一份定期刊物，收集有关中国的各种信息，实现为教会服务的目的。1830 年 5 月，裨治文向美部会寄送了几份设在孟买的美国传教印刷厂发行的《东方基督观察》。这是一份由美部会主办的报纸，其内容以刊登有关印度的历史风俗与信仰的文章为主。裨治文认为，这类有关当地历史、风土人情的文章对前往该地区的传教士会有很大的帮助。1831 年，裨治文向美部会表达了他的愿望，希望美部会能支持他在中国也设立一家性质相同的印刷厂，"由于中国政府对公开传教传播福音持严厉禁止的态度，因此传播基督教有关知识最后的渠道莫过于发行宗教书籍和刊物。这样看来，新教传教士来中国后的第一任务，就是刊印和散发书籍；这也是他们以后的工作，直至每位讲汉语的人都能用他们自己的语言阅读上帝的伟大作品并认识神的恩典"。这个愿望与马礼逊的想法颇有异曲同工之妙。于是，裨治文与马礼逊联合要求美部会赠送一套印刷机器以帮助他们投身于出版事业当中来。巧合的是，此时纽约布利克街长老会收到一份赠品，赠品就是一套印刷设备。后经在广州做生意的美商奥利芬周旋，长老会将此设备转赠给美部会。美部会遂同意将其提供给裨治文所在的广州布道会使用。1832 年 4 月，这套设备由奥利芬的商船"罗马号"运抵广州。在 1832 年 5 月，《中国丛报》印刷出版。1851 年 1 月，裨治文和卫三畏在《〈中国丛报〉停刊词》中说："我们为《中国丛报》发行时所定的目标显而易见达到而感到满足。"用他们自己的话来说，这些目标包含了以下几个方面：传递有关中国的信息；激发对中国千百万人的精神和社会福利的兴趣；指出对中国人状况与特征尚有很多地方需要了解；以及记述在中国对外关系方面发生的重大事件和变化。①

---

①　关于《中国丛报》创立过程的研究，主要引自邹朝春：《1832 年〈中国丛报〉的创刊》，《历史档案》2016 年第 2 期。

　　其实早在马礼逊进行《中国丛报》的创办前后，来自不同国家的新教传教士进行了大量的中国文化的研究与译介，呈现出与上一个由耶稣会士主导的阶段截然不同的特点，这是《中国丛报》创立的重要的时代背景。

　　将《中国丛报》放在这个大的时代背景下进行考量，该刊的创立者宣称自己的一个重要的办报宗旨就是"认识中国、了解中国、向海外报道中国各方面的情况以及她所发生的变化和带给中国的影响"，这意味着主要目的是为西方人进入中国做好准备。

　　从这份刊物的生命历程来看，《中国丛报》由裨治文、卫三畏先后任主编，于 1832 年 5 月创刊，每月一期，不间断地发行了 20 年。其中 1851 年 8 月至 12 月合出一期，共计 232 期，外加索引一卷，共20 卷，每卷 650 页左右。从其内容来看，共刊登约 1242 篇文章，[①] 对鸦片战争前后 20 年间的中国社会作了全方位的报道，包括中国的历史、地理、政治、文化、教育和风俗等。这些内容为后人研究鸦片战争前后20 年中国历史、中国近代史开端和早期中西关系史提供了大量第一手资料。

　　在办刊近 20 年的时间里，刊载了如《三国演义》《五虎平南狄青后传》《大明正德皇帝游江南》《聊斋志异》《红楼梦》等在内的近十余部小说的译介。除小说译介外，《中国丛报》还刊载有《百忍歌》《诗经》《春园采茶词》。近代来华天主教传教士在经历"礼仪之争"的低谷之后，也在鸦片战争后重新活跃起来，所以其译介也不容忽视。明清来华传教士译介以儒家经典《四书》《五经》为主，其他文学体裁的译介在这些经书译介中显得极其微小。而近代来华传教士的

———————————

　　① 据张施娟参照卫三畏所编的目录统计。参见张施娟：《裨治文与他的〈美理哥合省志略〉》，博士学位论文，浙江大学 2004 年，第 25 页。

译介却改变了这种局面，他们在继承明清来华传教士译介传统的基础上，即在继续译介研究《四书》《五经》等中国传统文化典籍之外，开始着力于小说、戏曲、诗歌等文学体裁的译介，并取得了一定的成果。

《中国丛报》记载了鸦片战争前后二十年有关中国社会的各种调查报告，为西方国家认识和了解中国提供了大量的资料，不仅来华的西方人订阅，而且发行到欧洲和美国。覆盖面极广，可以视之为具有世界性发行量和影响力的杂志。以 1836 年发行的 515 本统计，其中销售中国 200 本，马尼拉 15 本，夏威夷 13 本，新加坡 18 本，马六甲 6 本，槟榔屿 6 本，巴达维亚 21 本，暹罗 4 本，悉尼及南威尔 6 本，缅甸 3 本，孟加拉、尼泊尔 7 本，锡兰 2 本，孟买 11 本，南非开普敦 4 本，汉堡 5 本，英国 40 本，美国 154 本[①]。所刊登的部分文章还被美国一些有影响的教会刊物和普通报刊转载。如伦敦的《便士杂志》（*The Penny Magazine*）在 1837 年 8 月 5 日评论的，"这份期刊即便在英国也是不错的"。《中国丛报》的记载，在许多方面弥补了档案的不足。许多学者研究这一段时间的中国历史时引证该刊，对其评价颇高。中国学者罗家伦说："研究鸦片战争的人，不能不参考当时广州美国人出版的定期刊物——名叫 *Chinese Repository*，这是一种重要的史料。"[②] 美国学者对其价值也颇为认同。丹涅特说，《中国丛报》"成为流传给我们的一部关于那段时期最确实可靠的编年史"[③]。赖德烈说："这是有关中国知识的矿藏"，"是当时中国对外关系最好的史料"，是研究当时的中

① "European periodicals beyond the Gnages", *Chinese Repository*, Vol. 5 – August, 1836–No. 4, p. 160，哈佛大学图书馆藏影印本。

② 罗家伦：《研究中国近代史的意义和方法》，《武汉大学科学》（季刊）卷二，第三期，1931 年 3 月。

③ Tyler Dennett, *Americans in East Asia*, New York, 1922, p. 473.

国"不可或缺的史料"。①

　　郭实腊也是《中国丛报》作者群中比较特别的一位，他发表文章篇数有48篇，大都和他在中国沿海的亲眼见闻有关。郭实腊出生于普鲁士，1827年开始到东南亚传教，隶属于荷兰传道会。郭实腊作为少数活跃在东方的传教士，他独特的经历对教会很有吸引力。1831年，郭实腊搭乘中国商船对中国沿海进行了考察，这在西方是第一次，而他这次考察的游记更是引起了西方社会的极大兴趣。1832年，在《中国丛报》创刊初期，郭实腊授权它独家刊载自己在中国沿海的游记《暹罗到天津游记》，在西方列强对于打开中国大门蠢蠢欲动的时代里，郭实腊被看作是典型的集传教士与间谍身份于一身的人。借助郭实腊的大力支持和他游记的名声，《中国丛报》扩大了自己的知名度。②

第二节　《中国丛报》中的妈祖

一、《妈祖婆的庙宇》（**The Temple of Matsoo po**）

　　《中国丛报》在1840年第四卷上刊发了一篇关于澳门妈祖阁的详细介绍《妈祖婆的庙宇》（*The Temple of Matsoo po*），具有极其重大的文献意义与史学研究价值。由于《中国丛报》本身卷数繁多，检索之时颇有浩如烟海之感，为方便后人研究，特将这篇文章全文辑录于此。

---

　　① Kenneth S. Latorrette, *A History of Christian Missions in China*, New York, 1929, pp. 265, 40, 180.
　　② 王化文：《〈中国丛报〉主要作者群研究》，《商品与质量》2011年第S4期。

Description of the Temple of Matsoo po, at Ama Kŏ
Prepared for the Repository by a Correspondent

One of the most remarkable objects in the vicinity of Macao is the temple of the goddess Matsoo po, in the village of Ama kŏ, near the Bar fort, facing the Inner Harbor. It would be difficult to find another spot, where rocks had been grouped in more grotesque forms, or where art had displayed more taste in the masterly touches with which she has embellished the picture. The site is the steep side of a hill, to whose ascent you are invited by winding paths and easy flights of steps, relieved at short intervals by miniature temples, altars, and inscriptions; and shaded by the foliage of large and luxuriant fig-trees. Through the medium of a tremulous atmosphere on a summer's day, there is scarcely another place which presents so many attractions, promising such a cool reception, and so cold an entertainment.

Our northern friends may smile at this commendation, or even be alarmed at the change of temperament which it indicates; but if they will visit us in these sunny regions, we assure them that none of their *warmth of feeling* will evaporate; although we are not so sure that their predilections for this warmth may not. Be this as it may, they will join us in admiring this spot, and only regret, that amid scenes where the Creator has left so many impressions of himself—images of wood and stone, in resemblance no more exalted than their human authors, in reality their slaves, should be made to rob him of his glory, and blot his very being from the minds of his creatures.

It is exceedingly difficult to get at the reasons of the Chinese for selecting such sites. Their *fung Shwuy*, or geomantic science is arrayed in, if not a mere array of, such mystic terms, that in at-tempting to extract an intelligible meaning from them, you are reminded of the vain efforts to decipher the prophecies of the Sybil, after the wind had displaced the leaves on which they were inscribed. A literary native of no mean parts, after mystifying learnedly to the increased confusion of his auditor, adopted another mode of explanation, which was far more satisfactory. He quoted the proverb, "the gods and men are alike" (神与人同), which while it discloses their mournful ignorance furnishes a far more easy solution to this and many other difficulties than the abstract terms usually employed. I say *abstract*; for such they certainly appear at least in one sense, and that is that all sense is abstracted from them. The dispositions and tastes of the gods corresponding with those of men, at once supplies the reason for the fine romantic situations of many of their sacred buildings, and for many of their offerings and subsequent feasts, in which it has been conjectured that if any reference was had to the gods at all, it was because all good things after being graciously accepted were complacently referred back to those who presented them. The following sketch is from the ' pencil' of the native referred to above .

The temple at Ama kǒ is an ancient structure. In the reign of Wanleih, of the Ming dynasty(about A.D. 1573), there was a ship from Tsenenchow foo in the province of Fuhkeen, in which the goddess Matsoo po was worshiped. Meeting with misfortunes, she was rendered unmanageable and driven about in this state, by the resistless winds and waves. All on board perished, with the exception of one sailor who was a devotee of the goddess, and who, embracing her sacred image, with the determination to cling to it, was rewarded by her powerful protection, and preserved from perishing. Afterwards when the tempest subsided, he landed safely at Macao, whither the ship was driven. Taking the image to the hill at Ama kŏ, he placed it at the base of a large rock—the best situation he could find—the only temple his mean could procure.

　　"About fifty years after this period, in the reign of Teenke, these was a famous astronomer, who from some correspondence (unknown to common mortals) between the gems of heaven and the jewels of earth, had discovered that there was a pond in the province of Canton containing many costly and brilliant pearl, upon which he addressed the emperor, respectfully advising him to send and get them. His imperial majesty, availing himself of the important information, dispatched a confidential servant in search of this wonderful pond. On arriving at Macao, and passing the night at the village of Ama kŏ, the goddess appeared to the imperial messenger in a dream, and informed him, that the place he sought for, was at Hŏpoo in Keaou chow or the district of Keaou. He went to the place and procured several thousands of the finest pearls. Glowing with gratitude for the secret intimations he had received, he built a temple at Ama kŏ and dedicated it to his informant. This temple stood until the 8th year of the present monarch(12 years ago), when it was found that the temporary repairs were not sufficient to supply the wastes of time. The ruined condition of the building aroused the zeal of the Fuhkeen and Taychew merchants, who subscribed more than 10000 taels of silver to erect something more honorable to their favorite goddess. This was the origin of the present assemblage of buildings. The upper temple they dedicated to Kwanyin, the Goddess of Mercy; the middle one they designated the temple of Universal Benevolence, the lower one they called after the name of the village in which it stands. At the side of the latter they erected buildings, designed both for a temple and monastic apartments, and in both of these they placed images of Matsoo po. In the last-mentioned residence several priests dwell, who pay the usual morning and evening adoration to the goddess, keep the temple clean, and assist the worshipers to present their offerings and prayers. "The hill of Ama ko is beautified with many venerable and shady fig-trees, the path is circuitous and ornamental, and the water prospect in front is extensive and varied. Those who visit the temple always extol the beauties of the place, and in later times, some of them inspired by the muses have written verses, which have been engraved on the rocks.

It is difficult to ascertain the exact reference in the large characters Tae Yue(太乙), which grace one of the highest rocks, and have been thought by some to bear a resemblance to the inscription on the altar at Athens, which furnished the apostle Paul with a text or motto for his masterly address to the Areopagites. They are given in the dictionaries as the name of a hill—a star—the genii called by the Chinese Seen(仙). My learned oracle thinks they have no reference to any god, known or unknown. It is most probable that they have some connection with astrological superstitions.

这篇名为《妈祖婆的庙宇》的作者署名为《中国丛报》的通讯员，和《丛报》其他标注有作者名字缩写的方式不同，所以我们也无法推断这篇通讯的作者究竟是谁，但根据他的行文与描述，可以肯定的是此人的描述一定是来自亲自的见闻。文章开篇就说："澳门附近最具标志性的建筑就是阿妈阁村里妈祖婆女神的庙宇。很难发现有地方的石板像妈祖庙那样以非常奇异的风格铺就，而且集中呈现出以巧妙的笔触造就的艺术审美。"接着详细描述了妈祖庙周边的环境,说夏天"简直没有任何一个地方能比这里有更凉爽的感受"。作者应该同时也有过在中国北方游历的经历,因为他把妈祖阁附近的气候与环境跟中国北方进行了对比。最有趣的是作者提到妈祖阁造庙选址的依据是来源于"风水"科学,根据一位地方儒生的解释,这就叫作"神与人同"。这篇文章的主要部分,已经有了一个较好的译本,来自汤开建等编《鸦片战争后澳门社会生活纪实:近代报刊澳门资料选粹》,现一并摘录于此:

澳门街区最值得谈论的事物之一是位于阿妈阁村,面向内港的女神妈祖庙。……下面的梗概出自于一位上面提到的当地人的笔。

阿妈阁的庙宇是一座古建筑。在明朝万历(大约公元 1573年)年间,这里来了一艘来自福建泉州府供奉着女神妈祖的船。由于遇到不幸的事,它失去了控制,被不可阻挡的风浪冲到这里来了。除了一名供奉该神的水手外,船上的人都死了。他怀抱神像,决心保护它,终于获得神力的报答,免于死难。当风暴平静后,他随着船漂到澳门安全地登陆,将神像带到阿妈阁,把它好好地安置在一块大岩石的基座上。这里是他所找到的最好庙宇。大约 50年后,到了天启年间,有一位著名天象学家,……发现广东省的一口水塘里面有许多名贵的、耀眼的珍珠。据此,他奏明皇帝,建议派人去取回。皇帝陛下利用这条重要的信息,派出一名可靠的仆人前去搜寻这一美妙的水塘。当到达澳门在阿妈阁村过夜时,女神在梦中出现在皇家信使之前,通知他要寻找的地方,在高州的合浦。他到了那个地方,得到了几千颗最好的珍珠。出于对神秘暗示的感激,他在阿妈阁建了一座庙,以供奉向他提供暗示的人。这座庙保存到当今皇帝(道光)的第八年(12 年前),当它被发现暂时修葺已不能让它抵挡时间的侵蚀时。建筑物的毁坏程度激起了福建和台州（Taychew）商人的热情，他们集资超过 10000 两白银来建筑一些更庄严气派的庙宇供奉他们喜爱的女神。这是现在的建筑群的起源。上面的庙宇，他们用于供奉观音，仁慈的女神。中间的庙宇，他们叫它做正觉禅林。下面的庙宇，他们用它所在的村庄的名字称呼它。在后者的旁边，他们建了一座房子，它既是庙宇又是尼姑庭，在庙和庭里都供奉着妈祖神像。在后面提到的居住区，有几名尼姑住在里面，每天早晚朝拜，保持寺院清洁，协助信众奉上贡物和祝福。

阿妈阁山很漂亮，它有许多古老而浓密的无花果树。其小径迂回曲折，有许多装饰，前方水面开阔，且有变化。那些参观庙宇的人盛赞这个地方的美丽。后来一些人诗兴大发，留下诗句，被刻在石头上的。[1]

有关澳门妈祖阁的建造问题，曾经成为澳门史研究上非常热门的议题。徐晓望先生和谭世宝先生曾经就"澳门妈祖阁的起源、属性等问题的争论已经有 20 来年历史了"。谭世宝的观点实际上否定了福建商人最早开发澳门的历史传说。就此，徐晓望先生和一些福建学者也卷入到争论中去。徐晓望认为早在明代前期，来自福建漳州的商人就在香山县沿海港口活动，一直到明末，福建商人在澳门都有很大影响，所以，澳门妈祖阁由福建人创建是可成立的。由此发表了一篇《福建人与澳门妈祖文化渊源——兼与谭世宝先生商榷》论文，提出：实际上早在明天顺二年，即有漳州籍海盗严启盛来到香山外海进行贸易，他是澳门真

---

① 汤开建、陈文源、叶农主编：《鸦片战争后澳门社会生活记实：近代报刊澳门资料选粹》，花城出版社 2001 年版，第 99—100 页。

正的开港者，福建人与澳门有长期的渊源关系，澳门最早妈祖庙应为严启盛及其部下所建。对此，谭世宝的回应是1998年的《对澳门妈祖阁、望厦村等一些传说的透视》，而后徐晓望又有《关于澳门妈祖阁的几个问题》等论文发表。十几年来，澳门学术界就妈阁庙问题陆续打了许多笔战，这些探讨使早期闽商建造妈祖阁的历史逐渐明朗起来。谭世宝先生依然坚持己见，在2013年发表的论文《从澳门看天妃（后）与妈祖信仰的名实演变》（《世界宗教研究》2013年第1期）中说："明清两朝继续沿袭和发展中国历朝的正统儒家宗教政策，奉行儒家的'国之大事，在祀与戎'的基本原则，把官方坛庙与军事机构的建立与维护发展视为国家最重要之大事。"而徐晓望先生在《澳门妈祖阁与妈祖信仰相关问题研究——兼答谭世宝先生的质疑》（《世界宗教研究》2014年第5期）中指出：中文与葡萄牙文史料都可证明，在万历三十二年之前，妈阁庙所在地已经有了妈祖香火，早期澳门因而得名"阿妈港"，或写作"亚马港"。

上述有关澳门妈祖阁具体建造年代的争论的一个核心问题，即妈祖阁究竟是否是由来澳门经商的福建商人所建造，那么这篇《中国丛报》的记载也许可以提供另一个可供参考的视角。至少在1840年左右，来到澳门妈祖阁参观的这位西方来者，听到的信息，妈祖阁的建造是"在明朝万历（大约公元1573年）年间，这里来了一艘来自福建泉州府供奉着女神妈祖的船"，那么毫无疑问的，妈祖香火之来到澳门，和漂流至此的福建商船有着极为密切的关系。

二、《天妃传，或妈祖婆，中国水手的海洋之神》

除了上面这篇见闻性质的有关澳门妈祖文化的文章外，《中国丛报》中还有大量翻译中国传统典籍与神话、小说的文章，在其中就正好有一篇署名为 J. L. S 的文章《天妃传，或妈祖婆，中国水手的海洋之神》（Sketch of Teen Fe, or Matsoo Po, the goddess of Chinese seamen），发表在 1841 年的《中国丛报》上。现将全文辑录如下：

Sketch of Teen Fe, or Matsoo Po, the goddess of Chinese seamen
Translated from the Sow Shin Ke. By J L. S.

Fe's surname was Lin. She formerly dwelt in the department of Hing-hwa, and district of Ninghae, being the present Pooteën heën, about eighty le from the sea-board, in the village of Mechow. Her mother, whose family name was Chin, dreamed that she saw the goddess Kwanyin of the southern ocean, who presented her a fig flower which she swallowed. This done a pregnancy of fourteen months ensued, at the end or which period she gave birth to the goddess Fe. Her birth took place in the first year, third month, and twenty-first day of the reign of Teënkwan of the Tang dynasty. At the time of this birth a wonderful fragrance was perceptible for at mile around, and at the end of ten days it was not dispersed. In her infancy her intelligence was extraordinary. During her first year, while she was carried in the keang paou, when beholding any of the gods she folded her hands, and manifested desires to do them reverence. At the age of five she could recite the sacred books of Kwanyin; and at eleven she was able will gravity to attend upon the feasts and music of the gods.

Now Fe concealed her sacred proceedings, thus rendering them obscure to vulgar eyes. She would attend to her toilet, but would speak but little. She had four brothers, who in their mercantile pursuits proceeded backward and forwards among the islands of the sea. Upon a certain day while Fe was busily engaged, all her energies were suddenly Paralized, and closed were her eyes for a time. Her father and mother perceiving that a great storm had arisen called out of her. Fe, upon awaking, sighed and said, why did you not allow me to assist my brothers that there might have been no misfortune? To her father and mother her meaning was inexplicable, nor did they make any further inquiries of her. Her brothers having gained a competency and returned, they, weeping, said, three days ago a mighty gale of wind arose, the waves reached the heavens, and we brethren being each in different vessels, our oldest brother's vessel was driven by the storm beneath the surge. Each one of them declared that during the prevalence of the gale they beheld a female child leading the vessels along, and proceeding over the waves as if upon level ground. The parents now at once perceived that when formerly Fe had closed her eyes, her spirit had gone to the rescue of her brothers. The eldest brother was not saved, owing to Fe's being too hastily aroused, and the spirit therefore could not achieve his deliverance, which caused the parents unceasing regret. When Fe became of sufficient age to wear the hair-pin, she made oath that she would not become the bride of any of man, nor did her parents presume to force her to marry. She did not remain long with them, for suddenly while sitting in a grave dignified posture her spirit passed away. Again the fragrance was perceptible for several miles around, just the same as upon the day of her birth. At first her spirit was frequently observed, and in aftertimes there have been many who have seen her, These persons who saw her, supposing her to be an attendant upon the mother of Sewang, said she thoroughly understands the superintendency of posterity.

A whole city publicly worshiped her, and in that city there was a certain woman who had been ten years married but had no son. She traveled into various regions to worship the gods, but in the end received no favorable response. At last she paid her adorations to Fe, and then she became the mother of sons. Thus all who have no sons let them forthwith come and worship Fe, and at once will their prayers be answered.

During the Sung dynastyYuenteih and Le Foo were followers of the imperial messengers, who were dispatched to the country of Corea, and as they were proceeding by the village of Mechow, a mighty wind arose, and when their vessel was about to be engulfed, bright clouds of variegated beauty suddenly appeared, and they saw a person ascending the mast, and then proceeding round and taking hold of the helm. This person's strength being exerted for a long time, they were at length enabled to cross over the sea. The above honorable officers made inquiries about the matter of the people of the boats. Their followers Yuenteih and Le Poo both placing themselves in respectful attitudes towards the south, and thankfully worshiping said, now as we have the golden paper and ruby book, we have therefore verily escaped being devoured by the monsters of the deep. His majesty diffuses rain and dew throughout the various regions of foreign lands, and his aid is afforded to his embassadors who do not disregard his commands. The gods lend their assistance, and specially are we assisted by the soul of Fe. These gentlemen remembered this, and on their return represented it to the court, and it was royally declared that she was a divine personage. A temple was erected for her in Mechow, at which a hundred families maintained their worship, and they carved images of wood for the use of vessels.

At the beginning of our country, in the seventh year of the reign of Ching Tsoowan, an imperial officer named Tsangwo, was deputed to the south-western barbarians. He worshiped at the shrine of Fe, and obtained a favorable response, as those did in the time of Sung, so he returned, and made the matter known to the court, and she was proclaimed the safeguard of the nation, the assister of the people, the excelling spiritual essence, the illustrious answerer of prayer, of enlarged benevolence, affording universal aid, THE CELESTIAL FE! Those who worship her are to be found throughout the empire.

Fe when living obtained the essence of highest spirituality, and cherished the perspicuity of the divine excellence. And dying she controls prosperity. Thus men are not deficient progeny. She rules the seas, and their waters therefore cannot become billows. She creates happiness, and largely bestows it upon men. I, having examined the historical annals of the district of Hinghwa(Fe's native region), and Uniting the traditions of the people with the recorded tablets, have herewith drawn up this abridgement, and thus submit the information.

这篇署名为 J. L. S 的文章《天妃传，或妈祖婆，中国水手的海洋之神》(*Sketch of Teen Fe, or Matsoo Po, the goddess of Chinese seamen*)，在文首专门标明了资料 "Translated from the *Sow Shin Ke*"，"翻译自《搜神记》"。而翻译者虽然只留下了名字的简写 J. L. S，我们也可以很幸运地因此知道，这篇资料是由著名的美国浸信会传教士、汉学先驱叔未士翻译的。

叔未士（Rev. J. L. Shuck，1812—1963）是美国南部浸信会派往中国的第一位传教士，他和妻子叔何显理于1836年来到中国，被认为是美国浸信会在中国传教的奠基者。虽然叔未士的名声不如他的同伴罗孝全那样因为太平天国运动而广为人知，但叔未士确实留下了大量对中国典籍的研究资料。以这篇"译自《搜神记》"的妈祖传说为例，其中细致而又概括地阐述了妈祖的家庭情况，生平事迹，历朝历代对妈祖文化的重视及其原因，以及妈祖文化因帝国的重视从莆田湄洲走向全国的情况，译者最后在文中还介绍了《搜神记》这部书籍。但是如果我们把中国传世古籍《搜神记》中有关妈祖的部分拿来做一对照，就会发现情况略有差异。

> 妃，莆人，宋都巡检林愿之女。生而神灵，能言人祸福，殁后乡人立庙于湄州之屿，屿有兴化之东南海中与琉球国相望。宋宣和中，路允迪浮海使高丽中流风大作，诸船皆溺，独充迪所乘舟，神降于樯遂获安济。历代累封至天妃。本朝洪武永乐中，几两加封号今府城中有行祠，有司春秋祭焉。①

显而易见的，叔未士在《中国丛报》中所翻译的妈祖文化及其流传的情况，要远远多于《搜神记》中的记载，反而是另一部清刻明版的《三教源流搜神大全》卷四的"天妃娘娘"条目的记载更符合叔未士的翻译：

---

① 蒋维锬编校：《妈祖文献资料》，福建人民出版社1990年版，第117页。

妃林姓，旧在兴化路宁海镇，即莆田县治八十里滨海湄州地也。母陈氏，尝梦南海观音，与以优钵花，吞之，已而孕，十四月始娩身得妃。以唐天宝元年三月二十三日诞，诞之日异香闻里许，经旬不散。

幼而颖异，甫周岁，在襁褓中见诸神像，叉手作欲拜状。五岁能诵《观音经》，十一岁能婆娑按节乐神，如会稽吴望子、蒋子文事，然以衣冠族，不欲得此声于里闾，即妃亦且韬迹用晦、栉沐自嗛而已。

兄弟四人业商，往来海岛间。忽一日，妃手足若有所失，瞑目移时。父母以为暴风疾，急呼之。妃醒而悔曰："何不使我保全兄弟无恙乎？"父母不解其意，亦不之问。暨兄弟赢胜而归，哭言前三日飓风大作，巨浪接天，弟兄各异船，其长兄船飘没水中耳。且各言当风作之时，见一女子牵五两（舡蓬桅索也）而行，渡波涛若平地。父母始知妃向之瞑目，乃出元神救兄弟也。其长兄不得救者，以其呼之疾而神不及护也。恨无已。

年及笄，誓不适人，即父母亦不能强其醮。居无何，俨然端坐而逝，若香闻数里，亦就诞之日焉。

自是往往见神于先后，人亦多见其舆从侍女拟西王母云。然尤善司孕嗣，一邑共奉之。邑有某妇，醮于人，十年不字，万方高禖，终无有应者，卒祷于妃，即产男子。嗣是凡有不育者，随祷随应。

至宋，路允迪、李富从中贵人使高丽，道湄州，飓风作，船几覆溺，忽明霞散绮，见有人登樯竿旋舞持舵甚力，久之获安济。中贵人诘于众，允迪、李富具列对南面谢拜曰："夫此金简玉书所不鲸鲵腹，而能宣雨露于殊方重泽之地，保君纶不辱命者，圣明力哉，亦妃之灵呵护不浅也。公等志之。"还朝具奏，诏封灵惠夫人，立庙于湄州，致守香火百家，斫朴梓材，丹艧张矣。

我国初成祖文皇帝七年，中贵人郑和通西南夷，祷妃庙，征应如宋，归命，遂敕封护国庇民妙灵昭应弘仁普济天妃，赐祠京师，尸祝者遍天下焉。

夫妃生而禀纯灵之精，怀神妙之慧，死而司胤则人无阙，司海则水不扬波，其造福于人岂浅鲜哉！余尝考之兴化郡诗并采之费晁采碑记，因略为之传者如此。①

除了这篇关于妈祖的记载外，叔未士在《中国丛报》刊载的有关《三教源流搜神大全》一书的译文共五篇，分别是第十卷第四期关于观音（Kwanyin）的介绍、第十卷第六期关于玉皇上帝（Yuhwang Shangte）的介绍、第十八卷第二期关于玄天上帝（Hiuentien Shangti）的介绍，以及第十九卷第六期译介的《三教源流搜神大全》一书中的11个故事等。可能是因为书名含有搜神二字，叔未士在翻译书名时便直接译为了《搜神记》（Sow Shin Ke），且"搜神记"三字在介绍妈祖故事的注释中是以汉字书写，这也许暗示了叔未士在进行翻译时对于中国的传统典籍版本并不了解，因此无法分辨晋代干宝所著《搜神记》和清人刊刻明版《三教源流搜神大全》。这一错误的译名，误导了不少后来的相关研究者，后来的研究者在提及《中国丛报》上译介的此书时，便多把其误认为晋代干宝所著《搜神记》。如王丽娜《中国古典小说戏曲名著在国外》一书在介绍干宝所著《搜神记》英译本时，便提及《中国丛报》这几篇译文，认为其中所译介的故事出自干宝《搜神记》。宋莉华《传教士汉文小说研究》在整理《中国丛报》译介的小说时，也

① 蒋维锬编校：《妈祖文献资料》，第 121、122 页。

直接采用了传教士音译的《搜神记》书名。吴义雄在《〈中国丛报〉关于中国社会信仰与风习的研究》一文中说："美国传教士叔未士（C. J. L. Shuck）从《搜神记》中摘译了关于妈祖、观音、玉皇大帝的资料，发表在《中国丛报》上。"[①] 但实际上将译文与原文稍作对应即可发现，叔未士翻译的底本是清人刊刻明版《三教源流搜神大全》无疑。

叔未士会特别在《中国丛报》中翻译《三教源流搜神大全》中对于中国民间诸神的介绍，直接反应的是中国的民间信仰是传教士关注的一个重点。因为当这些传教士由广东、福建等中国东南沿海地区进入中国时，他们在下层民众中的传教活动直接面临着这些五花八门的信仰的挑战。除了叔未士之外，《中国丛报》的其他撰稿者，如裨治文（J. G. Bridgman）也从中摘编并翻译了关于五雷神、电母神、风伯神、雨师神、海神、潮神、司命宝神等资料。郭实腊则为《神仙通鉴》一书写了一篇很长的评论，在《中国丛报》上连载，主要着眼于介绍道教的神社和道教产生与演变的相关知识，以及道教与中国政治及社会的关系。当然由于本身的宗教立场的原因，他们所介绍的与民间信仰相联系的很多习俗，均被看作"迷信"。晏玛太的文章里就有"中国人的宗教，毋宁说他们的迷信"的说法。

除了以上的以专题见闻描写澳门妈祖的文章、以翻译中国传统典籍中的妈祖传说这两种形式之外，《中国丛报》中还零星地分布着传教士在中国沿海或内地旅行时所见到的妈祖文化。例如1843年一位署名W. M. L. 的作者在一篇介绍福建省漳州府的文章中提道：

> We passed many villages, two of which were pointed out to us as

---

[①] 转引自刘同赛：《近代来华传教士对中国古典文学的译介研究——以〈中国丛报〉为中心》，硕士学位论文，济南大学2014年。

being inhabited by Roman Catholics. The account our boatmen gave of them was, "They have a goddess whom they worship. They call her the Holy Mother. "The Chinese call one of their own favorite divinities(Matsu po), "the Holy Mother. "What must they think of the Christian religion, when almost the only form of it, which they see, allows the use of many of their own ceremonies, and precisely their own forms of speech.

我们经过了许多村庄，其中有两个被指出是信仰罗马天主教的。我们的船夫是这样介绍的："他们有一位崇拜的女神，他们叫作圣母。"中国人自己也有一位非常受到尊崇的神祇妈祖婆"圣母"，他们大概也是这样去想象天主教信仰的，就他们所看到和能够理解的，允许使用许多他们自己的仪式甚至是他们独特的语言。

这位作者在无意间给我们留下了一扇有趣的时光的窗口，让我们看到自 16 世纪以来，播撒在东南沿海尤其是福建地区的天主教的种子，在 19 世纪是开出了怎样的信仰的花朵的。至少在当地人看来，他们崇奉天主教圣母的方式，和当地人崇拜妈祖的仪式有着密切的联系，这指出了妈祖文化向西方传播的一个非常重要的特点，那就是时常被用来和圣母玛利亚进行比对或有意识的模糊。

第三节　欧美传教士著作中的妈祖

一、《中国总论》（*The Middle Kingdom*）中的妈祖

1848 年，一部后来被作为美国汉学教科书、被视为美国汉学研究里程碑的重要著作《中国总论》出版了。这部书被作者起名为 "*The Middle*

Kingdom"，意为中间的国度，从这个名字不难看出，作者试图从中国人本身对国家的认知来解读这个国度的尝试，他在解释这个书名时曾特别提到，"主要理由在于中国是他们称呼自己国家的最常用名称"。

这部著作的作者是美国新教传教士卫三畏（Samuel Wells Williams，1812—1884），现代常规译法是塞缪尔·威尔士·威廉姆斯，"卫三畏"便是他来华后自己取的汉文名。"卫"来自英文姓氏的音，"三畏"既取自英文名字的音，同时也有中国出处。孔子曰："君子有三畏：畏天命，畏大人，畏圣人之言。小人不知天命而不畏也，狎大人，侮圣人之言。"（《论语》卷八之季氏第十六）在《中国总论》的序言里，他清晰地表达了写作这部著作的目的："在于要为中国人及其文明洗刷掉通常加予他们的那些奇特的、几乎无可名状的可笑形象；好像他们是欧洲人的模仿者，他们的社会状况、艺术和政府是基督教世界同样事物的滑稽表演。"① 卫三畏试图把中国"像讲述其他国家一样"进行客观的描述。希望能以学者的眼光来看待和描写中国，"很容易把中国早期的历史捧上了天，就像法国作者所做的那样，但贬低他们也同样是不正确的，而这是现在普遍流行的做法"。卫三畏从1833年10月26日抵达广州，直到1876年返美，在中国生活了43年，是当时在华时日最长的西方人。他既是当时中国社会的旁观者，也是当时中国历史的参与者。他的汉学著作对于近代西方人了解中国起到了重要的作用。后来的美国中国学研究大家费正清曾说卫三畏是一个"天才的业余历史学家"，高度评价了他在美国汉学史上的学术地位。②

---

① ［美］卫三畏：《中国总论》，陈俱译，上海古籍出版社2014年版，初版序第2页。

② John K., Fairbank, "Assignment for the 70s", *American Historical Review*, Vol. 74, No. 3, February 1969, p. 864.

卫三畏于 1812 年出生于美国纽约州的一个非常典型的清教徒家庭，他的父亲曾经是一个印刷公司的合伙人，这点对于卫三畏的人生有重要的影响，因为他之后能够前往中国传教正是因为前文所提及的《中国丛报》的印刷需求。而生活在一个印刷业家庭的另一个好处，就是卫三畏自小就可以接触到父亲的大量藏书，培养出他对于世界的一种根深蒂固的好奇心与广博的兴趣。所以卫三畏中学毕业后进入纽约州特洛伊镇的伦塞勒工艺学院（Rensselaer Polytechnic Institute）学习时，在植物与矿物学教授伊顿博士指导下，卫三畏暑假通常和同学们在临近的州旅行，搜集自然标本，志愿成为一个博物学家。这一时期，正是中美之间贸易活跃的时期，与此相伴的是美国教会前往中国传教的活动也日益增加，于是才有了前文所提到的《中国丛报》的创办。1832 年，纽约当地教会要求寻找一个能够前往中国管理美部会传教团印刷所的年轻教士，卫三畏进入了他们的视野。但此时的卫三畏对于前往中国更多的是出于一名传教士的使命感，正如他此后回忆："许多人问我，我去中国是否是自觉自愿的。关于这个，我在离家之后想了想，我不能肯定（当我想到和看到我将要离开的一切时）我是否说过后悔的话。如果说过，它们都留在美国了，留在了 1833 年 6 月 15 日。"在华期间，卫三畏集传教士、外交官和汉学家于一身，是早期中美关系史和文化交流史的一个缩影。[①] 而《中国总论》无疑是这段宝贵的历史的极佳的见证，20 世纪上半叶的汉学家马森说："也许有关中国问题的最重要的一本作品是卫三畏的《中国总论》（*Middle Kingdom*, 1848），它在西方广为传阅并受到好评。……该著作的第一卷前几章对中国的地理状况作了绝好的描写，其他章节则讨论了中国的教育和文化考试、语言、文学、算

---

① 孔陈焱：《卫三畏与美国早期汉学的发端》，博士学位论文，浙江大学 2006 年。

术、服饰、饮食、社会生活、商业、对外关系等方面的内容，讨论了中国与英国的第一次战争的情况。这部描写中国人生活的方方面面的著作，是对这一时期普通作品中所涉及的问题范围和种类的最好说明，卫三畏用如此清晰、系统、博学的方式为读者呈现了他的资料，以至于他的著作在今天有关中国问题的美国文献中仍占有令人尊敬的地位。"①

作为这样一部可堪称 19 世纪最具影响力的汉学著作，《中国总论》试图把中国作为一个整体文明来研究，在逐项分析的基础上加以综合，被视为美国最早的汉学著作②，在美国和英国多次出版，有多种文字的译本在国际上流行。费正清称卫三畏的书是"今日一门区域研究课程的教学大纲"③，与卫三畏编写的《汉英韵府》一起，曾是西方人研究中国的必备书。此后，《中国总论》被美国许多大学作为中国史课本使用长达一个世纪之久。卫三畏同时也因该书"确立了他作为中国问题权威的地位"④，影响了美国几代汉学家。

卫三畏在这部皇皇巨著中两次提到了中国的妈祖文化。第一次是在介绍宁波城市中的庙宇时。他提道：

> 宁波有许多寺庙，还有各种各样的会馆、官署和教育设施，但从建筑的观点上看没有值得重视的。中国的所有城镇都有很多会馆。它的设置反映了乡土社会的特征，由从外省来的旅居者或商人

---

① ［美］M. G. 马森：《西方的中华帝国观》，杨德山等译，时事出版社 1999 年版，第 38—39 页。

② 侯且岸：《当代美国的"显学"：美国现代中国学研究》，人民出版社 1995 年版，第 11 页。

③ John K., Fairbank, Assignment for the 70's, *The American Historical Review*, Vol. 74, No. 3, Feb, 1969, p. 866.

④ 韩德：《一种特殊关系的形成》，《中山大学史学集刊》第二辑，广东人民出版社 1994 年版，第 30 页。

自己认捐而建立，他们在这里从事营业，建造寺庙供奉家乡省份的
保护神，供养几个僧侣，演戏是为了敬神。有时这样的设施由世俗
人员负责，称为"礼生"，日常开支靠自愿认捐。这样的会馆还为
外省或外县的旅居者提供休息的地点，而且相当于欧洲的咖啡馆，
是打听和交流外地消息的地方。

　　……装修得最精美的建筑是妈祖庙，在城外，东门和桥门之
间，靠近江边，供奉为大众所崇拜的女神。庙是 12 世纪福建人所
建的，但目前的建筑则建于 1680 年，大部分靠信奉者慷慨解囊。
墙体牢固，装饰华丽。每逢节日，欢欣鼓舞无与伦比。灯笼和卷轴
高悬，上面有奇妙的图案、漂亮的字画，色彩鲜明，令人注目，原
来空白的墙壁挂满了许多图画。[①]

　　卫三畏不仅用文字极尽赞美地提到了宁波妈祖庙的情况，还在第二
版中特意增加了宁波妈祖庙的插图，让《中国总论》的读者可以亲眼
看到宁波妈祖庙的盛景，这可能是早期英美读者可以直观地、不被扭曲
地看到中国民间信仰庙宇的不多的渠道。有趣的是卫三畏在这里睿智地
指出了庙宇与会馆之间的关系，"这样的会馆还为外省或外县的旅居者
提供休息的地点，而且相当于欧洲的咖啡馆，是打听和交流外地消息的
地方"。这可能是欧美汉学研究者们最早将中国的会馆与欧洲的咖啡馆
联系起来的例子。

　　《中国总论》第二次谈及妈祖婆是在第十九章"基督教教会在中国
人之中"。卫三畏在这里主要是针对中国的天主教的传教方式进行了抨
击。他提到中国人当时信仰基督教的情况是："新入教的人将他屋里或

---

　　①　［美］卫三畏：《中国总论》，陈俱译，第 123 页。

店里写着'神'的牌拿掉，换上另一块牌，写着'神，真主，造物主'，在这块牌和那块牌前面同样烧香。外国的圣者取代了中国的崇拜对象，区别在于：现在他所崇拜的是他所不了解的；过去他所崇拜的是他熟知的，从大众口述和历史传说中听来的古代英雄。真的，他们不再礼敬天后圣母妈祖婆，但是，基督宗教有哪些进步使他们拜在天后圣母玛利亚之前呢？人们用同样的名称来称呼佛像和天主教神像，采用的仪式大多是同样的项目。这样的皈依者可以很容易数出几千人；考虑到上述特点，所有中国人没有在不长的时间内成为虔诚的基督徒，倒是令人奇怪的。在这般情况下，信仰的转变有赖于各种影响，而不是靠'圣灵'的祝福以启迪心智和使良心复苏。"①

卫三畏对于天主教的传教方式非常之不以为然，他认为中国人改信天主教非常容易，是因为皈依者觉得信仰的仪式是非常类同的。中国皈依者从天后圣母妈祖改信西方天主教的天后圣母玛利亚，其实并没有本质的改变，其中国式的信仰形式仍然延续了"异教徒"的偶像崇拜和迷信的习惯。因此，卫三畏指出，基督新教来华不能延续以往天主教入华的发展信徒模式，在此，他不仅批评中国本土信仰，连天主教信仰也是他批评的对象，以作为基督新教入华传教的前车之鉴。他说："除非同偶像崇拜和迷信实行彻底的决裂，除非废除忏悔，废止对圣母玛利亚的崇拜以及佩带十字架和念珠，废止对仪式和救赎的依赖，将全部《圣经》和《十诫》交给皈依者，简而言之，只有由信仰所证明的大道理取代了由行为所证明的种种常规，广大的中国天主教徒才能比受洗礼的异教徒高超得多"。从这里数次将妈祖与圣母玛利亚进行相提并论，不难看出，早期天主教在中国的传教事业，其实相当多地

① ［美］卫三畏：《中国总论》，陈俱译，第317页。

利用了天主教圣母信仰与中国的妈祖文化的相似之处。这其实提供了观察与分析16世纪以来天主教在华传播与中国民间信仰之间关系的极佳例子。

二、麦都思的《妈祖婆生日之论》

1841年4月20日，适逢新加坡直落亚逸街的天福宫落成，新加坡华埠举行盛大的游行和庆典庆祝福建船主将本土妈祖神像移灵天福宫。基督教英国伦敦布道会负责人施敦力约翰当日沿街派发一本《妈祖婆生日之论》的小册子。这本小册子现在藏于美国哈佛大学燕京图书馆，题为尚德纂，册子封面左下侧有"新加坡书院藏版"的字样。这本小册子只有五页，每面九行，全文约二千二百三十字左右。庄永钦曾在所著《新加坡华人史论丛》介绍了这本小册子。兹引其主要内容如下：

> 夫三月二十三日，系妈祖婆生日，凡行船之人及过海贸易客商，皆奉祀妈祖婆，以求其保佑顺适也（原木刻版卷1第1叶）。
>
> 夫使（驶）船之人，常祀妈祖，船起身（航），则请妈祖落船，而若到岸平安，则又送妈祖上山，做戏酬谢，设祭服祀，都因人信妈祖，保佑船只过海无事也。但以理言之，此都虚劳，盖实情非是妈祖保佑，乃真系神天自己主意。若神天喜欢，想降福，则船行平安，必无险阻；但若神天生怒，特意加害，则必然有苦，甚么妈祖，都不能帮助也。（原木刻版卷4第4叶）
>
> 古来有云：富贵有命，生死在天。且若有命住（注）定，都系天意，何故大家专想妈祖，而望女神保佑平安乎？一坏木头，不得行动，不识好歹，都像死物。安能保佑船只，而免失事也。若海面遇风，其不能止，而船底逢石，其不能免。及船沉之时，则妈祖

亦沉。至若自己都不能救，焉能振（拯）救他人哉？故万劝诸兄，勿拜如此之神。盖木头之像，实不得听闻，不会庇佑。就是有妈祖之神，来赴其像，亦不能时刻赴之，又不能各处遍救百船，所以无用祀事此物，乃求向神天，托仗其能，更为有理之甚也。盖神天在，各处都到，求之就听，祈之就知，且若合意，肯保佑我，则一刻施救，随即帮助，船保平安，人得无事；但若神天生怒，不肯听我祈，则无用再求，别个神类，都不能免遇害也。俗语有云：人欲害人，天必不肯，惟天欲害人，只在眼前。又，孔子曰：获罪于天，无所祷也，诚其言哉。最愿尔信，勿执迷泥古，勿谄媚假神，乃只望神天，则可谓足矣。（中略）所以信之（指妈祖）无益，而托之无圣矣。宁可托仗神天，望求保佑，行船之时，得个平安，及信依耶稣则可获永福也（原木刻版卷5第5叶上下）。①

从内容来看，作者除了介绍妈祖婆信仰之外，更多的是指出其谬误之处。所以这是一本相当典型的19世纪基督教的宣教出版物。其作者"尚德"即当时英国伦敦会最早来华传教的传教士麦都思。麦都思（Medhurst，1796—1857年），笔名尚德者，自号墨海老人，是英国伦敦会最早来华的传教士之一。麦都思幼年出身于一个小酒馆家庭，但自小就对宗教有着极大的虔诚，18世纪英国的大觉醒运动对麦都思的宗教成长有极大的影响，新教大规模的传教活动即开始于这一时期。

尽管整个新教的传教正在全世界如火如荼地展开，但中国清代的禁教令却对于新教在中国的展开有极大的阻力，麦都思对此不仅仅是耳闻而已。在这样的情况下，麦都思对于中国民间宗教信仰的态度是针锋相

---

① 本书编委会：《妈祖文献整理与研究丛刊》第2辑，海峡文艺出版社2017年版，第499—508页。

对的，也是可以理解的，他认为必须与其斗争才能保持基督教信仰的纯洁性，必须使当地人放弃这种"愚昧"。所以一方面，在巴达维亚期间与华人的密切相处让他对妈祖文化了解颇多，但了解越多，越认识到这种信仰在华人之间的根深蒂固，越发感觉与之斗争的必要性。这篇《妈祖婆生日之论》就是完成于这样的背景下，也可以作为一种代表。19世纪西方世界对于中国的妈祖文化在内的民间宗教，已经失去了早年的宽容和温和的批评，而是作为针锋相对的要极力批判的标本，显示出此时东西方文化之间的对立极为严峻。

三、怀礼《中国和日本》中的妈祖庙游记

1851年到1854年，一位美国医生怀礼来到了中国福州，详细地记载了他在这里行医与传教的所见所闻。他的另一个身份是美国美以美会差会（Methodist Episcopal Mission）派往中国的传教士。怀礼全名 Isaac William Wiley，1825年出生于美国宾夕法尼亚州的刘易斯顿，十岁时即加入了美以美会。他在纽约大学医学院受了完整的医学与古典学教育，之后在西宾夕法尼亚行医，并于1850年接受了教会委派前往中国福州进行医疗传教的任务。他的妻子在第一次的福州传教任务中死于福州，怀礼本人也于1884年再次前往福州传教期间逝世，可以说他本人与福建渊源颇深，美以美会后来以怀礼的名义建成了一所医院，也就是后来的古田医院的前身。

与前述的很多传教士不同，怀礼本人并没有汉学研究的背景，但受过严格的现代科学训练，所以他对于中国、对于妈祖文化的记载或许不如汉学家背景的传教士那样旁征博引，却在某些方面更加的客观与精确。例如他在文中极尽细致地描述了福州妈祖庙内供桌上供品的情况，"那些桌子，看起来是有意为神龛而设的，正如其上奢华的供品一样，

都是为了奉献给这女神的。在偶像前的第一张桌子被纸质的植物与花朵覆盖着。在这些人造的供品中，我们发现了一些真实的存在，烤鸡、烤鹅，还有一对烤猪，以及一只小山羊，都被整齐地装饰着，散布在那些人造的植物中"。这样的描述，简直栩栩如生，令人身临其境。更有趣的部分是怀礼描述了清末福州地区妈祖庙酬神戏剧的细节，其中对于舞龙的记叙尤为动人，而且还可以明显看到由怀礼本人发挥的地方，"它是用一种透明的材料制成的，由木制的翅膀支撑，沿着长长的身躯每隔一段就有一对"，鉴于中国的舞龙是没有翅膀这样的形象的，带有翅膀的龙是明显的西方特色的对于龙的想象。为了方便记录与后人研究，现将怀礼《中国与日本》一书中有关福州妈祖庙的描写与中文译文辑录于此。

Among the Temples

In the thoroughfare running along the south side of the river, a little before reaching the bridge, you pass the front of an imposing temple, dedicated to Matsoo Po, the goddess of sailors, said to have been erected chiefly by the contributions of merchants and sailors from the city of Ningpo, and hence commonly called the Ningpo temple. There is a large trade between Foochow and Ningpo, and many native junks pass to and fro between the two cities. At one time we visited this temple, and were permitted to see at once an example of Chinese idolatrous worship, and of the close affiliation between these idolatrous services and theatrical representations and jugglers' tricks. We visited the temple in the afternoon, passed through its various apartments, extending from the street front through several ascending buildings, rising on the hill-side, far back toward the top of the hill. After passing through the front gate you enter a large court, surrounded on all sides by galleries, supported by columns fantastically carved and richly gilded. At the rear end of the court is an open building, in which is placed an image of Matsoo Po, and also images of her attendants. In front of them is the table containing the incense urn and the various implements for sacrificial services. This room is finished elaborately after the style of the Chinese, and is a very elegant one. Carved and gilded columns support the roof and frescoed ceiling, from which hang rich lanterns and chandeliers, some of glass and some of colored and ornamented silk, the whole room presenting a rather pleasing appearance, even to a foreigner. Still back of this building, at a higher elevation, on the hill-side, are other buildings connected by winding passages, some of them passing through those peculiar, artificial grottoes, by which, in a very small piece of ground, the Chinese are able to make an appearance of a large space, occupied by grottoes, avenues, waterfalls, etc.

By invitation—or, perhaps we should more properly say, by permission—we returned to the temple in the evening to witness the peculiar services, combining religious ceremonies and the Chinese theater. The temple was in a magnificent state of illumination, exhibiting an assemblage of the most splendid lanterns, and the interior was embellished with artificial trees and flowers, of the most intricate forms and beautiful workmanship. We entered from the front and passed through the first building, which was provided with a stage, carved and gilded, for theatrical exhibitions. We then found ourselves in the spacious court, surrounded on all sides by the galleries of the temple, now festooned with folds of silk and crape and colored paper. At the front part of the court was the stage, now well lighted by means of large colored candles, the rear occupied by the "orchestra", which was gratifying the natives with what they called music.

Crossing the court, we ascended the festooned steps, and were on the platform which faced the stage. The platform and the area above it were highly ornamented with large lanterns, made of a species of glass said to be manufactured from rice. Behind the railing which ran along the rear of this platform we saw a great display of artificial plants and flowers, and we felt anxious to pass through the gate. We met with a little opposition here; but in a few moments some gentlemen who were within the inclosure called to let us pass, and we were in the midst of a brilliant exhibition of Chinese skill in the manufacture of artificial objects from paper. These ornaments were principally arranged on three long tables stretching across the area of the sanctuary. We took a leisurely walk around these tables burdened with beauties and luxuries. Passing down one till we came near to one end of the temple we saw before us, arching out from the back wall, a magnificent shrine, surmounted by an exquisitely carved and gilded canopy, beneath which sat the immense image of the goddess of sailors, supported on each side by the small but brilliant images of her waiting-maids.

The tables, which seem to have been arranged with reference to this shrine, as well as the luxuries which burdened them, were intended as offerings to the goddess. The first table in front of the idols was covered with paper plants and flowers. In the midst of these artificial ornaments we observed something real and substantial, in the form of roasted chickens and geese, also a couple of roasted pigs and a well-dressed kid, all neatly ornamented, and interspersed among the artificial shrubbery. The second table was occupied by a large variety of fruits and nuts, tastefully arranged among the artificial flowers. The third table contained instruments of worship. Along the sides of the sanctuary were arranged low tables, on which were placed small glass-covered cases, containing quite a museum of entomology, exhibiting well-prepared specimens of grasshoppers, beetles, wasps, etc. The walls were overhung with pictures exhibiting the power and skill of the goddess in overcoming the storms of the ocean and rescuing mariners from perilous situations.

After spending about an hour in examining the curiosities of this idolatrous sanctuary, we were very politely invited to walk up to one of the galleries to witness the performances on the stage. The first scene which presented itself, and which was really interesting on account of the skillful management of it, was that of bringing on the stage a huge dragon with a serpentine tail, giving the whole animal a length, perhaps, of fifty feet. It was made of some transparent texture, supported by wooden rings arranged along its length at short intervals, and terminated at one end by a huge dragon-like head, and at the other by a heavy curved tail. Then, throughout the length, lights were arranged. When the great figure was set in motion by those who bore it, apparently pursuing a large ball of fire, which was borne before the dragon, it presented a really beautiful and interesting appearance. It seemed for all the world just like a great, fiery dragon, twisting and coiling itself in all possible shapes, trying to catch the globe of fire.

This was followed by a drama, which exhibited many of the customs of the imperial palace and government of China. This concluded, there immediately followed a sort of farce, which from the scenes exhibited, as nearly as I could make them out, probably represented "family broils". When this was ended we made preparations to leave; and on again reaching the sanctuary we found a number of well-dressed gentlemen ranged before the third table, paying their devotions to the goddess, who protects their business. They were burning incense, and performing various prostrations and genuflections, and muttering words which we did not understand. Finding that our presence just at that time was not very desirable, we left.

译文如下：

庙宇之间

在河的南岸，快要接近桥的地方，你会经过一座壮观的庙宇，它属于妈祖婆——水手的女神。据说它主要是由宁波的商人和水手捐建的，因此也被称为宁波庙。福州和宁波之间开展着大宗贸易，很多本地的船往返于这两座城市之间。有一次，我们访问了这座庙宇，被允许观看了一次中国的偶像崇拜，借机观察了偶像崇拜的奉祀与戏剧性表现以及杂技之间的密切关系。

我们是在一个下午拜访这座庙宇的。穿过很多远远地向着山峰，向上延伸的房屋。在经过前门之后，你会进入一个庭院，四面被连廊环绕着，以精心雕刻和鎏金的柱子支撑着。在庭院的尽头有一所开放的建筑，供奉着妈祖婆和她的侍从们的神图。在他们面前是香炉和不同种类的供奉。这个房间是按照很典雅的中式网格精心装饰的。雕刻精美的柱子支撑着房顶和绘有壁画的天花板，上面挂满了灯笼和枝形吊灯，一些以玻璃制成，一些以彩绸制成，整个房间呈现一种很愉快的氛围，即使对于外国人也是如此。

返回来说这座建筑，它是建在一片高地上的，在山上还有一些其他建筑，由弯曲的小道联结在一起，穿过了一些独特的人造洞穴。中国人擅长在一个狭小空间里展现一个大的空间，用洞穴、道路、瀑布等占据其中。

经过邀请，或者更准确地说经过许可，我们在晚上返回寺庙去观看一场特别的奉祀，它结合了宗教仪式和中国戏剧。整座庙宇沐浴在壮丽的光的国度里，展示着最为灿烂的灯的集合，内部装饰着人造的树和花，都是以最复杂和最精致的人工制造而成。我们从前进入并穿过第一座建筑，它有着经雕刻和鎏金的舞台，放置夸张的展品。然后我们发现自己站在一个宽阔的庭院里，里面张灯结彩，装饰着折叠的丝绸和绉纱、彩纸。在庭院前方是舞台，现在被巨大的彩色蜡烛照亮，后方被乐队占据，他们通过演奏所谓的音乐娱乐本地人。

经过庭院，我们登上结彩的台阶，然后就来到了一块面对舞台的平地上。这个平台及以上的区域被大灯笼高高地装饰着，灯笼据说是由一种特殊的米制成的玻璃制作的。在可以延伸到后台的长长的扶手后，我们看到极令人赞叹的人造植物和花的展示，这让我们急切地想要通过那扇门。我们在此遇到了一点小阻碍，但一会儿就有里面的绅士招呼我们进去。我们身处于一个绝佳的中国纸质工艺品的展览中。这些供品主要被陈设在神殿中三张长长的供桌上。我们悠闲地绕着这些承载着美丽与奢侈的供桌观赏，沿着一边走下去直到尽头，我们看到从后墙上弯曲地伸出一座壮丽的神龛，被精美的雕刻和鎏金的华盖包围着，下面端坐着巨大的水手女神的雕像，两边被雕琢精巧的侍女们支撑着。

那些桌子，看起来是有意为神龛而设的，正如其上奢华的供品一样，都是为了奉献给这女神的。在偶像前的第一张桌子被纸质的植物与花朵覆盖着。在这些人造的供品中，我们发现了很多实物，烤鸡、烤鹅，还有一对烤猪，以及一只被加工好的小山羊，都被整齐地装饰着，散布在那些人造的植物中。第二张桌子摆满了大量花和坚果，极为诱人地摆放在人工花朵中间。第三张桌子包含有祭祀的乐器。沿着护栏摆放的矮桌，桌上放着小小的玻璃罩盒子，里面像是一个昆虫博物馆，展示着精美的标本，有蚱蜢、甲壳虫、黄蜂等等。墙上悬挂着图画，表现女神掌控海上的风暴以救海员于危险境地的能力。

经过一个小时观察那令人好奇的偶像奉祀场景，我们被礼貌地带到一个长廊中去欣赏舞台上的戏剧演出。第一个场景非常有趣，人们有技巧地操控着一条龙，它有着蜿蜒的尾巴，约有五十英尺长。它是用一种透明的材料制成的，由木环支撑，沿着长长的身躯每隔一段就有一个。尽头是一个巨大的龙头，另一头是一个雕刻的弯曲的尾巴，有灯贯穿始终。这个巨大的躯体被操纵着摆动，显然是在追逐它前方的一个火球。这个场景真是既美丽又有趣，看起来整个世界就是一条巨大的火热的龙，扭动着、缠绕着它的身体呈现各种形状，试图去追逐那团火球。

之后是一场戏剧，呈现了中国宫廷和官府的各种习俗。当这个结束后，紧随其后的是一种滑稽戏，从场景来看，我推测似乎是在表现家庭争执的场面。这个也结束后，我们就准备离场了，又一次来到护栏处，我们发现有一群穿戴规整的绅士排列在第三张供桌前，向女神奉上他们的祭祀品，以求他们的生意得到护佑。他们焚香，以各种形式跪拜，喃喃着我们无法听懂的词语。当感觉到我们的在场不那么受欢迎时，我们离开了。

四、卢公明的《中国人的社会生活》中的妈祖

美国公理会传教士卢公明（Justus Doolittle，1823—1880），是一位对西方社会中国研究有重要影响的人，他曾经于 1850 年开始在中国传教十四年之久，他编撰了中英文字典《英华萃林韵府》，是一位具传奇色彩的美国来华传教士。他回国之后完成的《中国人的社会生活》一书，全面而详尽地介绍了他所接触到的中国社会生活的方方面面，可以看作那一时期前往中国传教并且关注中国社会生活的美国传教士研究中国的代表作。尤其因卢公明传教与生活的主要区域在福建的福州地区，他所记载和研究的中国人的社会生活，是以那一时期的福州社会为蓝本的，开辟专章介绍了福州地区的妈祖文化，对于我们了解那一时期福州地区的妈祖文化以及西方人对妈祖文化的态度，有着相当重要的史料价值。

卢公明于 1824 年 6 月 23 日出生于美国纽约州的鲁特兰（Rutland）小镇的一个农民家庭，这可能是他在幼年即虔诚地信仰上帝的源头，在刚满十岁的时候，卢公明就加入了长老教会。并且于他十八岁的时候进入了纽约州的汉密尔顿大学进行学习，即使在忙碌的大学生活期间，卢公明也十分积极地参加一些教会教务方面的工作。1848 年，卢公明开

始了与美部会的接触，频繁地表达了他渴望去"蛮荒地区"当一名传教士的感情、思想、动机以及境遇，就像他自己在信中所写的："自从我与神学院有了密切关系之后，一种想法就经常使我的心里激动不已，即要在异国的土地上，奉献我个人对基督教事业的劳动。今年秋天，我在经过深思熟虑之后，终于决定诚恳地向你们推荐我自己。我已经在内心深处对这个目标做了无数次的考虑。最后，我发现，做这件事情，对我来说是神圣而愉快的。不这么做的话，我就觉得不能对我的良心和上帝对我的祝福表达我的感激之情。……如果我得以录用的话，我希望我以一个牧师的名义前往。如果我可以根据我的喜好，选择我工作的地点的话，我会选择中国，好些年来，我都对中国人的性格和精神状态充满了浓厚的兴趣，而且我希望在他们中间度过我的一生，告诉他们上帝对人类的拯救。而我也将离开这个机构委员会分派我任务的地方。我写这封信的唯一目的是要确定在世界的广阔领域中，上帝希望我到哪里去工作……"①

1849 年 6 月，卢公明从奥本神学院毕业。在 6 月 20 日的毕业典礼上，他发表了《中国基督教化进程中的特殊障碍》的毕业演讲。这篇毕业演讲充分证明了卢公明前往中国的决心，以及他在为去中国所做的大量知识方面的储备与研究，和早年来华的耶稣会士不同，这一时期的美国来华传教士，如卢公明，在来华之前往往对中国已经进行了了解与研究。

卢公明夫妇于 1850 年 5 月 31 日凌晨到达福州，开始了他在中国漫长的传教生涯。在刚到福州不久，他就请了当地的一位老师作为他的家庭教师，开始学习中文。由于卢公明在语言方面的天赋和他勤奋

---

① *The Diary of Justus Doolittle*, pp. 9-11, 转引自林立强:《美国传教士卢公明与晚清福建社会》，博士学位论文，福建师范大学 2004 年。

刻苦的学习精神，在不到半年的时间里，他已能够用当地方言来朗读圣经中的片段，还可以用方言唱歌和祈祷来崇拜上帝。[1] 他还因在南台郊区的街道上售卖书籍成功而出名。这些都可以表现出卢公明是一位对福州地区平民生活接触相当频繁的传教士，这段在福州街头巷尾布道的经历，也为他后来写作《中国人的社会生活》积累了最主要的素材。卢公明之所以会被委派至福建福州传教，主要原因是因为这个人口25万的大城市仅次于广州，对于要扩大基督教影响的传教士们来说具有很大的吸引力，而卢公明又是其中相当重要而具有代表性的角色。

在卢公明本人介绍《中国人的社会生活》一书写作的缘起时，他是这样说的："呈现在读者面前的是一部关于中国人社会生活的原创性著作。中国是一个最古老、人口最多但却最少为外界所了解的国家。本人要描述这个民族的许多特殊习俗，介绍中国人的各种思想观点，以及他们自己对这些习俗由来的解说。如果本书在描述事实方面带有偏见，使之蒙上了不恰当的色彩，或书中出现任何不符合事实的陈述，没有人比笔者更为遗憾了。本书中三分之二的内容曾在1861—1864年的几年间，以匿名书简的形式，发表在香港的一家报纸《中国通讯》上，以《中国人速写》为原序专栏标题。去年本人暂时返回美国期间，在几位中国经历最长、最有才智的英美人士强烈建议下，笔者把已发表的和尚未发表的书简作了整理、删减，以章节形式编撰起来，作为'关于中国人的社会、宗教和思想感情的详尽可靠的资料'系列丛书之一出版。如果有条件，本来还应该在出版之前对全书的词句方面做更多的润色修饰。本书目前这个样子，谈不上有什么

---

① *The Diary of Justus Doolittle*, p. 62.

文学性，只是对中国人社会生活的特点和重要方面做一个朴素的、不加修饰的描述。"①

在卢公明自己的这段表述中，我们可以迅速抓到此书的几个特点，首先本书是有关中国人的社会习俗的介绍的，这一点尤其重要，因为体现了卢公明本人在记述这些风俗时抱持着尽量客观的态度，尽量记录了中国人自己对于这些习俗的解说，而不是对其加以批判和改写。其次是本书的语言相当简朴浅显，而若以民族志的观点来看，这样的"不加修饰"才是更为真实可贵的。

卢公明在书中尝试描述了许多奇风异俗和观点，几乎涉及所有有趣的题材。妈祖传说就是其中相当重要的一节，现全文节录于下：

妈　祖

妈祖是航运女神，在多少与内河或海上运输有关的家庭中拥有广泛的信众。妈祖庙很多，宁波商人在南台捐建的那一座最大最豪华。来自其他府县或外省的商人往往会在这里建会馆，作为同乡聚会的场所。几乎所有的商帮会馆里都供奉妈祖神像作为保护神。传说这位女神是宋代兴化府一个船夫家庭的女儿。有一天，当她在家中织布的时候，不知不觉趴在织机上睡着了。她梦见海上起了风暴，她父亲和两个兄弟都在各自的小船上挣扎，万分危急。她挺身而上，用嘴咬住她父亲的小船，手还分别抓住两个兄弟的船，把他们都拖向岸边。正在此时，她听到母亲在叫她，她是个孝顺的女儿，本能地张口应答了一声，却忘了父亲的小船还叼在嘴上……马

① ［美］卢公明：《中国人的社会生活》，陈泽平译，福建人民出版社 2009 年版，原序第 5 页。

上被惊醒过来。这是一场梦，但也不完全是一场梦，几天之后消息传来，她的家人真的在海上遇到了风暴，她父亲的那条船沉没了，她两个兄弟的船却获救了。女孩儿因此知道自己就是两个兄弟的救星，而因张口应答母亲的呼唤，使她未能救回自己的父亲。

由于这个梦，这个女孩儿成了整个中华帝国香火最旺的神灵之一。在她去世以后，多次得到皇帝的追谥，赐她许多非常响亮的头衔，诸如"天后""天妃娘娘""天上圣母"等等。她所获得的荣耀以及"圣母"的称呼容易使人联想到罗马教会对耶稣基督之母玛丽亚的尊崇。

内河航行或出海的船夫们经常从香火旺盛的妈祖庙取一撮香灰，装入小红布袋，挂在船舱里。或把这一撮香灰放进船上供的妈祖神像的座前香炉内。当在海上遇到风暴，眼看生还无望时，所有人都拈香跪在神像前苦苦地呼叫妈祖救命。如果后来果然转危为安，他们上岸后一定特别隆重地祭妈祖谢恩，除了酒菜上供，有的还要安排演戏。船夫们十分肯定地说，在海上遇到风暴的时候，有时可以看见妈祖化身为一团火球在桅杆上方升起或降下。如果火球升起，说明妈祖离去，他们肯定凶多吉少；如果火球下降，是个好兆头，说明他们将会得救。内河或湖上的船夫每遇到突起的大风，眼看就有倾覆的危险时，就一齐哭喊："妈祖婆婆！妈祖婆婆！……"

妈祖女神有两个主要的助手，一个叫"千里眼"，一个叫"顺风耳"。在妈祖庙里，他们总是一左一右地站在她的身后。在福州，近几年来这个"千里眼"被认为不仅是个好水手，而且还是治疗疟疾的好医生，从而大受推崇。在水门附近，建了一座专门供奉这个"医生"的庙，得了疟疾的病人到这个庙里烧香，然后再从香炉里取一些香灰带回去，在自己家里把香灰当作神像来供奉。

病好之后，要到庙里来谢神，供品中必须包括一种薄煎饼。这位"千里眼"大夫似乎特别喜欢吃这种煎饼。①

将卢公明对于福州地区妈祖传说与信仰文化的记录，与前文怀礼的记录相比较，很容易就感觉到，与怀礼的游记的、惊鸿一瞥的妈祖认知相比，尽管描述的同样是福州的妈祖庙，卢公明对于妈祖的记叙要更加翔实。卢公明不仅比前人更加可靠地记录了妈祖的身世与传说，还提到了其他文献极少提到的"妈祖火"的景象："船夫们十分肯定地说，在海上遇到风暴的时候，有时可以看见妈祖化身为一团火球在桅杆上方升起或降下。如果火球升起，说明妈祖离去，他们肯定凶多吉少；如果火球下降，是个好兆头，说明他们将会得救。"显然这段关于妈祖火的记录是来自于卢公明对于福州船员的亲自采访。"妈祖火"作为妈祖神迹的重要一种，在郁永河的《海上纪略》中描述道："海神惟妈祖最灵，即古天妃神也。凡海舶危难，有祷必应，多有睹见神兵维持，或神亲至救援者，灵异之迹不可枚举。洋中风雨晦暝，夜黑如墨，每于樯端现神灯示佑。又船中忽出爝火如灯光而升樯所灭者，舟师谓是'妈祖火'去，必遭覆败，无不奇验。"② 在现代科学的解释中，这种静电现象据说在船舶航行中极为常见，被西方人称为圣艾尔摩火。卢公明还提到了福州地区对于妈祖的陪侍神"千里眼"的特别的奉祀，为我们今日研究清代福州地区的妈祖文化留下了宝贵的民族志资料。

卢公明很自信地在序言中指出"尽管本书所描述的主要是福州以及周边地区的情况，但其中许多对社会习俗和迷信活动的具体描述，大体上可以套用到中华帝国的任何其他地区"。但他同时也指出，"以往

---

① ［美］卢公明：《中国人的社会生活》，第140—141页。
② 王锡祺：《小方壶斋舆地丛钞》第九帙，台湾学生书局1975年版，第329页。

关于中国问题的著述中存在的一个最严重的问题就是，作者往往把自己所观察的那小一块地方的情况当作是整个中国的普遍情况来叙述，事实上，中国各地区之间的习俗差异就像在不同纬度上的农作物差异一样，或像欧洲各国的习俗差异一样，也是显而易见的。如果试图全面描述整个中华帝国的社会生活方式并要做到符合事实，或许只能在有限的几个方面做出模糊的概括"。

尽管卢公明谨慎地认为自己建立在福州见闻基础之上的对中国社会生活的描绘"或许只能在有限的几个方面做出模糊的概括"，他的《中国人的社会生活》一书仍然被认为是同类作品中涉及中国人社会生活方面内容"取材最为丰富的一本书"①，是一般的描述著作中"最好的和最具综合性的著作"②。卢公明对于妈祖的记录与介绍，就是这一点的最佳证明。

---

① ［英］约·罗伯茨：《十九世纪西方人眼中的中国》，蒋重跃、刘林海译，时事出版社1999年版，第90页。

② ［美］M. G. 马森：《西方的中华帝国观》，杨德山等译，时事出版社1999年版，第40页。

第三章　妈祖文化的外向型特征
及其在欧美的播迁[①]

　　对于宋以来蓬勃发展且种类繁多的中国地方神祇的研究，构成了20世纪以来人类学、历史学和宗教学的重要议题。[②] 而在对佛教、道教和民间信仰庞大的神祇系统的研究中，对于女神妈祖的研究，具有相当超然和无可替代的地位。妈祖文化的重要性，首先来自其所具有的海洋保护神的特殊性格，与16世纪以来势不可挡的世界海洋贸易联系息息相关，在越来越多被研究者们所熟悉的中国与东南亚海洋贸易网络中，福建、广东籍船员携带、供奉妈祖于海洋贸易船只之中的图景，是西方航海者对于中国文化最初也是最为深刻的印象之一。若不论佛教中具有世界意义的神祇，具有如此外向型的神格特征的民间神祇，可以说在中国人的宗教世界中具有独一无二的代表性意义，且在当今华人移民遍布

---

① 本章相关内容已修改并发表于《莆田学院学报》，参见刘婷玉：《妈祖文化的外向型特征及其在美国的播迁》，《莆田学院学报》2016年第3期。

② 相关研究参见〔美〕武雅士：《中国社会中的宗教与仪式》，彭泽安、邵铁峰译，郭潇威校，江苏人民出版社2014年版；〔美〕杨庆堃：《中国社会中的宗教——宗教的现代社会功能与其历史因素之研究》，范丽珠译，上海人民出版社2007年版；〔美〕韩森：《变迁之神——南宋时期的民间信仰》，包伟民译，浙江人民出版社1999年版。

全球的态势下，具有日益深刻的现实关照的学术价值。

据《世界妈祖庙大全》的统计，"全世界现有妈祖宫庙近5000座，近2亿人信仰妈祖。许多妈祖庙保存着庙宇建筑沿革、神像供奉情况等资料，保存不少文物、古迹等宝物。在澳洲的澳大利亚和新西兰，欧洲的法国巴黎和挪威、丹麦，美洲的美国檀香山和旧金山，加拿大、墨西哥、巴西以及非洲等地都有妈祖庙宇或奉祀的场所"[①]。对于妈祖文化在亚洲地区，尤其是中国和东南亚地区的流布与发展的研究，可谓相当成熟，但对于世界其他地区妈祖文化的分布与发展状况的研究，现在仅止于零星的新闻报道。本文拟从对妈祖文化向世界传播的外向型神祇性格的研究入手，重点介绍美国地区妈祖庙的建立与发展状况，以期对妈祖文化衍变至今的世界影响力做一展现。

第一节　妈祖文化外向型特征的型塑

当东北季风徐徐起吹时，他们选择一个帆船启航的吉日。他们支付出口关税，然后海员们从船上的神龛取出海上女神"马祖"（Mastu）的塑像列队到寺庙并献上祭品，以祈求航行得以一路平安。到寺庙朝拜还经常伴随有戏剧演出，而由全体海员共享酒和肉、鱼、菜等祭品。礼毕，把这尊佛像携回船上，在一阵锣鼓和鞭炮声中，起锚扬帆，满载的船只徐徐驶向大洋。[②]

---

① 世界妈祖庙大会编辑部编：《世界妈祖庙大全》，国际炎黄文化出版社2005年版，林文豪序。

② ［荷］伦纳德·包乐史：《荷兰东印度公司时期中国对巴达维亚的贸易》，《南洋资料译丛》1984年第4期，温广益译。原文载法国《群岛》1979年第18期。

这样的一幅场景，是 17 到 18 世纪，与中国海洋贸易商人（尤其是福建海商）有着密切的贸易往来的荷兰东印度公司商人对于中国远洋船只的描述，不难看出，对于妈祖的献祭与供奉是其中非常令人印象深刻的部分。这样的印象，在宗教信仰气氛浓郁的 17、18 世纪，构成了欧洲人的中国图景中最为重要的画面，而妈祖作为"海洋女神"的神格特征，也在中西文化交流与碰撞的过程中，得到了巩固与确立。妈祖之具有"海洋女神"这样的外向型神格特征，是自宋代以来中国东南沿海海洋贸易与文化发展变迁的历史过程中逐渐形成的。

追溯现存最早的有关妈祖身世与灵迹的文献，当数南宋进士廖鹏飞所作《圣墩祖庙重建顺济庙记》[①]，其中对于妈祖的描述是这样的：

> 墩上之神，有尊而严者曰王，有皙而少者曰郎，不知始自何代；独为女神人壮者尤灵，世传通天神女也。姓林氏，湄洲屿人。初，以巫祝为事，能预知人祸福；既殁，众为立庙于本屿。……岁水旱则祷之，疠疫崇降则祷之，海寇盘亘则祷之，其应如响。故商舶尤借以指南，得吉卜而济，虽怒涛汹涌，舟亦无恙。宁江人洪伯通，尝泛舟以行，中途遇风，舟几覆没，伯通号呼祝之，言未脱口而风息。既还其家，高大其像，则筑一灵于旧庙西以妥之。宣和壬寅岁也。越明年癸卯，给事中路允迪使高丽，道东海，值风浪震荡，舳舻相冲者八，而覆溺者七，独公所乘舟，有女神登樯竿，为旋舞状，俄获安济。因诘于众，时同事

---

① 蒋维锬编校：《妈祖文献资料》，第 1—2 页；涵江白塘洋尾清代抄本《白塘李氏族谱·忠部》，第 1 页。

者保义郎李振，素奉圣墩之神，具道其详。还奏诸朝，诏以"顺济"为庙额。

这篇《庙记》对于妈祖神格特征的描述，除了"岁水旱则祷之，疠疫祟降则祷之"之外，尤其灵验处，在于沿海居民在应对"海寇盘亘""商舶尤借以指南"这样的状况之时。其中特别提及宁江人洪伯通的故事，在海上遭遇风浪，"舟几覆没"的危急关头，伯通"号呼祝之，言未脱口而风息"。如此这般在遭遇风波海难之际，得到妈祖显灵救助脱难的事迹，成为自宋以来诸多妈祖圣迹显灵故事最重要的母题。而为其救助之人，不仅止于出海贸易渔获之民，但凡在中国与海外产生外事联系的过程中，也时常看到妈祖显灵的身影。这则宋代的《庙记》中，已经有给事中路允迪出使高丽，遭遇风浪，诸舟覆溺，只有路允迪所乘船有妈祖女神护佑而幸免于难的故事。

宋代是中国海洋经济蓬勃发展的年代，频繁的海洋活动，不论是民间商贸，还是国家外事，都为妈祖作为海洋女神的外向型神格特征的形成奠立了坚实的社会经济与文化基础。自中唐以来，"海外贸易的繁荣渐渐改变了中国人对外部世界的看法，原先偏远无名的东部和南部沿海地区渐渐成为中外贸易和文化交流的重要地区，而一度为中国门户的西北诸省渐渐沦为边远的内地"[①]。在这样的经济重心南移的历史背景下，两宋时期以来，南北对峙的政治格局，更是使南宋政府更多地依赖海洋运输与海外贸易，自唐代以来以陆上丝绸之路为重的局面被改变，从福建泉州出发的海上丝绸之路逐渐占据了主要地位。擅长航海的福建沿海

---

① ［美］费正清：《中国：传统与变迁》，张沛译，世界知识出版社 2000 年版，第 153 页。

居民，在此情势下，发展和构建出以海洋经济为导向的贸易市场。① 因
南宋朝廷南移杭州而带动福建地区手工业，如瓷器制造、丝绸制造的勃
兴，与江南地区交通往来的便利，使福建泉州取代了原来由藩客主导的
广州，成为中国海上丝绸之路起点的位置。而具有护佑海商贸易神格特
征的妈祖，在这一时期崛起，成为代表福建外向的海洋型经济结构最重
要的文化符号，具有一定的历史必然性。倚重于海洋运输与贸易的宋朝
廷，也对妈祖进行了多达十四次封赐，妈祖从莆田和福建地方性神祇，
跃身成为宋朝廷册封的"灵惠助顺显卫英烈妃"。②

　　进入元代以后，定都北京的元朝廷在经济上极为依赖江南地区，元
代的海洋漕运得到了极大发展。与此相对应的，作为海运水手、旅人所
信奉祭祀的妈祖，也在这一时期得到诸多官方赐封，进一步超越了沿海
地区其他的海洋保护神，成为全国性的海洋神祇。入明以后，郑和率使
团所进行的划时代的远航，更是将妈祖的威望推向了顶峰。如郑和在
《天妃之神灵应记》碑文中所记叙的：

　　　　观夫海洋，洪涛接天，巨浪如山，视诸夷域，迥隔于烟霞缥缈
　　之间。而我之云帆高张，昼夜星驰，涉彼狂澜，若履通衢者，诚荷
　　朝廷威福之致，尤赖天妃之神护佑之德也。……及临外邦，番王之
　　不恭者，生擒之；蛮寇之侵掠者，剿灭之。由是海道清宁、番人仰

---

① 　相关研究参见陈高华、吴泰：《宋元时期的海外贸易》，天津人民出版社
1981 年版；漆侠：《宋代经济史》，上海人民出版社 1987 年版；张家驹：《两宋经济
重心的南移》，湖北人民出版社 1957 年版；郑学檬：《中国古代经济重心南移和唐宋
江南经济研究》，岳麓书社 1996 年版；梁庚尧：《宋代社会经济史论集》，允晨文化
实业有限公司 1997 年版。
② 　徐晓望：《妈祖信仰史》，海风出版社 2007 年版，第三章"宋代湄洲神女庙
与受封"。

赖者，皆神之赐也。①

妈祖在郑和的世界航行中扮演的重要角色，可视作是时中国文化、外交的外向性格的最佳代表，郑和将妈祖文化的世界性推向了新的纪元，妈祖文化因而在郑和航行所至沿线生根发芽，伴随着远播东南亚的华人移民而日益壮大。元明时期，妈祖之所以成为这样跨越区域、国界的海洋神祇，和福建人在海洋活动中扮演的主导角色密不可分，"闽在海中"，妈祖文化在宋以后的发展与传播，在很大程度上可以说是反映着福建文化中海洋性、外向性的部分。

虽然明代的海禁政策使得中国的沿海贸易一度沉寂，但民间的私人海洋贸易却从未真正停止过，妈祖在明朝的朝贡贸易和私人海上贸易中，依然扮演着最为重要的神祇角色。在明后期废除海禁及至清代海洋贸易进一步发展的过程中，妈祖的影响力进一步扩大，自宋以来逐渐发展出的外向型、海洋型的神格特征基本固定。及至明清之际的《天妃显圣录》刊刻之时，妈祖的神灵性格已经被称为"上为国家保卫转输，下为生民拯扶陷溺。于是外国之舣，上运之艇，贾舸朝泛，渔舟晚渡，凌海国而无波，泊天涯而若路。……使东南泽国之以海为田者，得与中州沃壤之民，并较桑麻，同游化日"②。

有清一代，在商帮会馆遍及全国乃至东南亚的繁盛情景下，天后祭祀也随之广为传播。在中国面对来势汹汹的帝国主义的侵略态势之下，清政府的外交事务被迫进行转型，设立总理各国事务衙门和外交使臣。在这一历史情境中，妈祖再次被推举到极具外交象征意义的神祇的位置

---

① 《天妃之神灵应记》，蒋维锬编校：《妈祖文献资料》，第 65 页。
② 《天妃显圣录·序》，蒋维锬编校：《妈祖文献资料》，第 137 页。

上。在光绪五年（1879）二月十六日"军机处录总理各国事务衙门为重建上海天后宫筹款事奏片"中，妈祖被描述为"现在东西两洋使臣远涉，均赖神灵呵护，浪静风恬，应如该大臣所请，即于上海地方择地建祠，以答神庥，并以余屋作为出使大臣行馆，为一举两得之际"①。所以当时上海天后宫不仅仅作为祭祀场所，还在一定程度上充当了"出使大臣行馆"，具有了部分现代意义上的外交机构的职能。

第二节　妈祖文化向北美的传播及其变迁

自明清以来，中国人从未间断的海洋探险，和口耳相传的妈祖神迹一起，拼凑出中国性格中外向的、海洋取向的那一面。在美洲大陆成为冒险者新的乐土之后，勤劳而富于冒险精神的中国沿海居民，再一次在妈祖的护佑下，开始了对美洲大陆的开发与探险。由于整个世界政治、经济形势的变幻莫测，美国华人移民的命运也在这两个多世纪以来历尽坎坷。在上文对于美国妈祖文化传播的叙述中，我们不难看出，妈祖文化的变迁，其实代表了美国华人命运的起落。在19世纪七八十年代，美国西部的"淘金热"掀起了向美国移民的热潮，中国沿海居民，尤其是广东移民，成为其中不容忽视的一股潮流，他们在登陆美国之初，就将妈祖文化带到了美国；华人移民在美国西部的蓬勃发展，遭到了带有种族歧视意味的美国《排华法》的打击，使得19世纪末到20世纪初的华人移民迅速减少，但坚守在移民根据地的华人们仍然在妈祖文化力量的激励与护佑下，艰难而不屈地发展着，直到20世纪中后期《排华

---

① 中国第一历史档案馆等编：《清代妈祖档案史料汇编》，中国档案出版社2003年版，第375页。

法》被最终废除，这一时期的妈祖文化主要依靠广东移民的传播；进入 20 世纪后半期以后，世界经济形势的变化，将大量来自中国大陆（内地）、中国台湾和中国香港的新移民带到了美国，他们将极富有地域特色的妈祖文化带到美国，给美国的妈祖文化注入了新的力量；与此同时，越战的阴影造成大量印支地区华人移民来到美国，他们在逃离战区时感受到的独特的妈祖神迹体验，促使他们在美国依靠妈祖文化的力量凝聚在一起，最终在美国生根发芽；而进入 21 世纪以来，原本在美国经营发展多年的中国区域商人集团，如闽商、粤商、浙商等，经济力量逐渐壮大，并且与祖国的联系日益紧密，如何在美国发扬光大妈祖文化，成为这些在美华商的精神诉求。

一、旧金山地区的妈祖文化

就在中国沿海的妈祖庙和当时的清政府一样，一点一点在近代化的历程中进行转变的同时，大洋彼岸的美国大地上，也开始出现天后妈祖的奉祀。在华人最早开始聚集的美国旧金山，有一条原来名为威弗莱的街道，因为天后宫的建筑与兴旺，逐渐被人们称为"天后街"。旧金山的华人区有大量精美的寺庙，一本当时的"太平洋旅行者"的导游手册中介绍："这些寺庙能在几乎每一个只有几百个华人的城镇上见到。"① 而旧金山的天后宫，则是当时诸多华人庙宇中，最早也是最著名的庙宇之一。

旧金山天后宫建于 1852 年，几乎与第一批华人移民到达美国新大陆同时。这座寺庙据传由广东三邑会馆建立，可以算作美国最早的中国

---

① ［美］弗莱德里克·E. 希勒编：《太平洋旅行者》，第 285 页，转引自陈勇：《华人的旧金山——一个跨太平洋的族群的故事，1850—1943》，北京大学出版社 2009 年版，第 164 页。

庙宇之一。也有另一种说法，认为这座天后庙并非旧金山第一座献给妈祖的宫庙，根据 1868 年的一份杂志的记载，现在的旧金山联合广场（Union Square）附近，曾经有一座由华人移民 Ah Ching 建立的私人庙宇，也是献给妈祖的。① 尽管现在由于 1906 年旧金山大地震的原因，所有市政的相关记录都已丢失，我们已经无法明确知道最早的天后宫建立之初的具体情境，但可以肯定的是，天后宫建立不久，它所在的威弗莱街的景观性格就随之被改变，自那之后就以"天后庙街"（Tien Hau Miu Gai）② 的名称闻名于世。想要理解妈祖文化来到美国大陆的这重要的第一步，就必须从华人最初开始来到美国西岸的历史开始说起。

广东人惠金在他的《回忆录》里对从家乡乘船来到旧金山的过程进行了详细地描述：

　　1868 年，即同治七年，9 月里一个天气晴朗、空气清新的早晨，迷雾散去。自从多天前离开广东东海岸以来，我们第一次看到陆地。确切地说，我们来到了梦寐以求的"金门"，心中涌起的感情难以名状。我不知道，站在天国珠门前的狂喜是否能胜过此时此地的心情。我们卷起铺盖，收拾好篮子，整整衣衫，等待着。当时没有移民法，也没有使人厌烦的检查，人们来去自由。有人在码头上给我们准备了大车。嘈杂的人群中，有人用我们的家乡话高喊着，我们就像绵羊一样，只认声音，盲目地跟在别人的后面，很快

---

① Mariann Wells, *Chinese Temples in California*. Berkeley: University of California Press, 1962, pp. 25-28.

② Tien Hau Miu Gai 为"天后庙街"的广东话发音。有关"天后庙街"得名的经过，参见 David Tong, "Someone Broke the Street-sign Code", *San Francisco Examiner*, Friday, December 20th, 1974。

就挤上了一辆等在码头上的马车。一切都是那样新奇，那样令人激动，当时是怎样走下船的，我都模模糊糊记不清了。马车沿着鹅卵石铺成的道路笨重地往前走，转了几个弯，爬上一个陡坡，最后在一个俱乐部似的房子前停下来。我们在这里过夜。后来听说，各个地区来的人都有自己的同乡会馆，总部设在旧金山的唐人街。因为这样的组织有六个，于是就称为"六大会馆"。新来的人就住在这里，直到亲戚们来付清账，把他们领走。第二天，从奥克兰来的亲戚带我们渡过海湾。来到一个小小的华人居住地，他们把我们收留下来，直到找到工作为止。①

1848 年，美国西部发现黄金的报道，在全世界掀起了一股淘金的热潮。心怀"淘金梦"的移民们，从世界各地如潮水般涌向了旧金山。在率先进入了黄金之乡并把消息传回故乡的人们中，就已经有华人的身影。而这些华人大部分都来自繁茂的港口城市广州的周边地区，也就是后来被称为"侨乡"的广州南部的"三邑"（南海、番禺、顺德）地区。在 18 世纪晚期和 19 世纪早期，为数不少的美国商人和传教士到达了这一区域，和本来就有着悠久的航海及商业贸易传统的三邑居民产生了密切的交流，有关美国的文化与消息，也是从广东的这一地区向中国大地扩散传播。所以，毫不意外，当加利福尼亚发现黄金的新闻藉由中美之间的海洋贸易商传回珠三角地区之时，华人移民如惠金者，也想方设法加入了这一淘金的热潮中，并且把加利福尼亚称作"金山"。根据玛丽·柯立芝《中国移民》中的统计，到 1851 年，美国西海岸中国人的数量达到 7370 人，从 1852 年到 1860

---

① 惠金：《回忆录》，三友出版社 1932 年版，转引自陈依范：《美国华人史》，世界知识出版社 1987 年版，第 34 页。

年，这一数字稳步增长到 46897 人。[①] 及至 19 世纪末，梁启超来到美国游历之时，他记载的在美华人数量已经达到 12 万人[②]，而这些人又大都集中在旧金山及其周边区域。

19 世纪初华人的不断涌入衍生了旧金山唐人街。旧金山唐人街成为美国最古老和最大的华人聚集区。据《旧金山年报》编辑者估计，1852 年旧金山大约有 3000 华人开始聚居在市中心的朴次茅斯广场周围，尤以萨克拉门托街为主。这里集中了华人的大部分商店、旅馆、剧院和餐馆，有"小广州"（"小中国"）之称。萨克拉门托街就是美国最早、最大的旧金山唐人街的起源。唐人街（华埠、华社）之名到 1853 年，已见诸报纸记者所称呼。进入 70 年代，旧金山唐人街不断扩张。1885 年 7 月在市参事会特别小组监督下，第一次印制旧金山唐人街的正式地图。根据当时的报告，"中国城"包括 12 个街区，"处于加利福尼亚街以北、乾尼街以西、布律威街以南、市德顿街以东的地区"。[③]

来美华人数量在旧金山地区的迅速膨胀，自然也带来了大量与故乡有关的生活习俗与文化传统。鉴于这一移民群体大部分都来自有着妈祖奉祀传统的广东沿海地区，在来到陌生的新大陆之际，迅速得建立了妈祖庙以慰藉思乡之情，并祈求妈祖的保佑，也是在情理之中。正如我们在之前提到的，在之前的几个世纪中，外向型的中国沿海经济性格形成，在文化象征符号上的最佳体现，莫过于以保佑外出游子为主的妈祖文化了。而正像惠金在回忆录里提到的那样，凝聚乡情最主要的场所，

　① ［美］玛丽·柯立芝：《中国移民》，第 498 页，转引自《华人的旧金山——一个跨太平洋的族群故事，1850—1943》，第 61 页。

　② 梁启超：《新大陆游记》，载沈云龙主编：《近代中国史料丛刊》，文海出版社 1989 年版，第 380 页。

　③ 《参议会报告》第 2 部分，第 3 页，转引自《华人的旧金山——一个跨太平洋的族群的故事，1850—1943》，第 69 页。

就是以地域为组织的会馆。"各个地区来的人都有自己的同乡会馆，总部设在旧金山的唐人街。因为这样的组织有六个，于是就称为'六大会馆'。"所以旧金山最早的妈祖庙，也毫不意外的是由会馆所建立。在华人移民刚刚到达旧金山之际，就由广东三邑会馆在威弗莱街125号建立了第一座面向公众的天后宫，之后这座庙的所有权又转移到了另外一所会馆——肇庆会馆的控制中，直到1906年的旧金山大地震，和该地区大部分建筑一起被毁于一旦。其中唯一幸免于难的，是同治十三年（1874）由当年信徒捐赠的一口铁钟，见证和延续着妈祖文化在美国大地上的播迁。这尊历尽沧桑的铁钟，上面刻有"沐恩弟子张琦玉、温盘、戴廷斌、戴发、戴廷祯、戴二、戴泰安、温六全敬送"和"信昌炉造"的字样。因为"信昌炉"是清代广东佛山有名的铁钟铸造商，可以得知，这尊铁钟也是在信众的家乡广东铸造之后，再漂洋过海来到遥远的大洋彼岸[1]，奉献给妈祖的。而共同筹资奉献铁钟的这些华人，应该也是当年从广东远赴重洋来到旧金山的商人或是矿工，尽管他们的具体生活经历已经无法得知，但可以肯定的是，他们当年在旧金山的妈祖庙里所祈求的，一定是希望通过自己的辛勤劳动，圆一个发财再还乡的美梦。然而他们希冀可以在新大陆上寻求到财富和更美好生活的愿望，不久之后就被打破了。19世纪70年代以来，美国经济陷入低迷，本就充满种族歧视心理的白人群体，将经济不景气的源头迁怒于辛勤致富的华人移民，掀起了声势庞大的排华浪潮。美国国会在1882年通过了《排华法》，在十年内禁止华工进入美国。从下面的图表[2]可以看到，

---

① 朱培建：《佛山明清时期铁钟的初步研究》，《广东文化艺术论丛》2004年第1期。

② ［美］周敏：《美国华人社会的变迁》，郭南译，上海三联书店2006年版，第5页。

从 19 世纪 70 年代到 80 年代，华人移民进入美国的数量急剧下降。原来在美国蓬勃发展的华人移民社会也因此戛然而止，华工从西岸的矿山、工厂和其他制造业中被赶了出来，很大一部分被迫返回中国，其余的则聚集在旧金山的中国城艰难地生活着。直到 1943 年，美国国会废除《排华法》之后，这一情况才慢慢发生改变。

经历了几十年的惨淡经营之后，旧金山威弗莱街的天后宫曾在 1955 年一度关闭，直到 1975 年才重新开放。现在的旧金山天后宫已经成为旧金山唐人街的著名景点，见证了美国西岸华人一个世纪以来在《排华法》迫害下的艰辛历程。现今的天后宫一如世界各个地方的妈祖庙一样，香火绵延，供桌上摆满了善男信女的奉献。尽管初建时的建筑和摆设大都在 1906 年的大地震毁于一旦，仍然有幸存的香火架和铁钟这样的幸存文物，默默诉说着这座古庙的历史。除了妈祖以外，殿内还供奉着关帝、三眼华光、张王爷、华佗、包公、金花夫人、十八奶娘、济公等多位神祇。走出神殿，就能够俯视整个旧金山中国城的景致。①

除了威弗莱街的天后宫之外，随着新一波华人移民的入迁，旧金山地区出现了新的妈祖庙的建设。朝圣宫是其中最为著名的一例。这座始建于 1986 年的妈祖庙，基本是依托旧金山地区的中国台湾移民团体兴建，与前文天后宫的广东移民背景不同，这座妈祖庙是由中国台湾著名的北港妈祖庙分香而来。据其官方网站的介绍，该庙宇的建立历史如下：

本庙创立于公元一九八六年，系旅美华侨高可达，字益升，台湾北港镇人，和蟾功健身专家邢人友共同发起。其宗旨为奉迎妈祖

---

① 有关旧金山天后宫的介绍，参见 http://www.chinatownology.com/tin_how_temple.html。

香火流传美洲，提供侨胞精神的寄托与慰藉，及弘扬妈祖济世仁民之懿德，推展蟾功治病救人义举。公元一九八六年三月在台湾祖庙——北港朝天宫办妥妈祖分灵手续，同时奉请分灵妈祖移驾旧金山。八月十九日加州政府奉准设庙，订名"美国妈祖庙"（MA-TSU TEMPLE OF USA）。为纪念妈祖由北港朝天宫分灵，乃经祖庙赐名又称"旧金山朝圣宫"（SAN FRANCISCO CHAO SHENG KUAG）。九月十三日（岁次丙寅年八月初十日）在旧金山维也纳街（VI-ENNA ST.）五五四号隆重开幕。十月十二日成立妈祖会员会，同时成立第一届董事会，推选创办人高可达为董事长。并制订本庙组织章程。十一月廿二日迁移旧金山中国城都板街（GRANT AVE.）五六二号二楼。公元一九八七年五月三十日本庙迁上同地址三楼。公元一九八八年七月十日首次前往台湾祖庙，北港朝天宫谒祖进香，十二月十一日成立金圣福炉会。公元一九九零年四月十五日设立"筹划建庙基金"银行专用账户。公元一九九二年首次举办妈祖绕境，参加旧金山中国新年大巡游。七月十九日借用天道美国总坛房产，成立日落区分庙。洛杉矶朝天宫奉祀北港朝天宫分灵妈祖移驾本庙。并恭奉在日落区分庙。公元一九九四年十月十三日由祖庙分灵太子爷及虎爷奉祀在本庙。公元一九九六年一月十二日新购三层楼房一栋，地址在旧金山中国城白话转街（BECKETT ST.）三十号，十月二日新厦防震加固修建工程开工，十月廿七日乔迁新厦。2002 年 11 月 17 日新厦落成，即今本庙之沿革。①

---

① 参见美国妈祖官网介绍，http://www.matsuusa.org/home。

旧金山朝圣宫妈祖庙的建立者高可达，曾经在中国台湾北港镇经营旅馆，20 多年前移居旧金山，因此他从香火鼎盛、影响力非凡的北港朝天宫分香以建立旧金山妈祖庙的举动，是在情理之中。不过若要进一步理解朝圣宫妈祖庙在旧金山的建立，以及其背后所彰显的妈祖文化通过中国移民在美国的进一步发展，则需要从第二次世界大战之后中国台湾民众移民美国的历史讲起。

根据美国人口普查局发表的 1990 年人口普查的初步统计，华裔人口已增至 1645472 人，华人新移民、新华侨出生于中国大陆（内地）者为 286120 人，中国香港出生者 80380 人，中国台湾出生者 75353 人。出生中国台湾的新移民中，籍贯是中国台湾的为 16390 人，其他为中国大陆各省籍在台人士之子女，显示出在台外省籍人士赴美者占大多数。中国台湾华侨占新华侨的总人口数约为 17% 左右。① 而美国西岸的旧金山和洛杉矶地区，更是中国台湾移民聚居的重要区域，洛杉矶郊区的Monterey Park 由于 1970 年代以来中国台湾移民的大量入迁，更是获得"小台北"的称谓。美国当地的华文报纸《世界日报》叙述关于蒙特利公园市（Monterey Park）的情形如下："蒙特利公园不仅在形象上与纽约、旧金山等地的华埠有别，在本质上也不同。纽约、旧金山等地的华埠，只是美国大社会中的小圈圈，他们正逐渐与美国大社会沟通，以适应美国生活为念。蒙特利公园市的华人却不然，他们出资创业，自己消费，一般餐饮及小商业多以华人同胞为对象，大家运用从台湾带来的资金，在这里做生意碰运气，或者吃老本过日子，并无需要适应美国环境的迫切感。在蒙特利公园市可以不说一句英语，像在台湾一样说'国语'或闽南语，就可以通行无阻。中国台湾移民是蒙特利公园市的老

---

① 朱立智：《战后美国台籍华侨社会的形成浅述》，《东南亚研究》2002 年第 4 期。

大，蒙特利公园市就像从中国台湾整个搬到美国的城市，又像中华文化由中国台湾传入美国，君临蒙特利公园市。"[①]

正因为华人移民，尤其是中国台湾移民大量涌入美国西岸工作与生活，并且在生活方式上极大保留甚至"复刻"了中国台湾的生活方式，本来就极为重视妈祖祭祀的中国台湾移民，将中国台湾的妈祖文化传播至美国，也是情理之中。尤为值得注意的，是中国台湾移民中的妈祖信徒，严格地遵守着北港妈祖奉祀的各种仪式，不仅在建立之初，就是采取由北港妈祖庙"分灵"并且进行相关仪式的方式。在之后的庙址迁移过程中，也进行"妈祖移驾游行，信徒随香护驾"的仪式，并且在1988年前往中国台湾祖庙北港朝天宫进香谒祖，"奉请妈祖护法将军（千里眼、顺风耳）"到本庙。在1992年，旧金山朝圣宫还将"妈祖绕境"的传统仪式[②]，与旧金山本地传统的新年大游行结合起来，可堪视作将中国信仰文化与美国文化藉由妈祖文化完美结合的典型事例，而妈祖在历史中发展出的外向型、护佑中国海外华人的神祇性格，在这样的仪式中得到完美彰显。

旧金山朝圣宫妈祖庙能够在美国西岸顺利地发展与播迁妈祖文化，也与美国西岸尤其是加州地区较为浓郁的佛教信仰气氛密不可分。据2008年佛教网的统计，加州境内约有380家佛教组织，约占全美佛教道场总数的五分之一。其中比较知名的有日本国际创价学会、佛教传道协会，中国台湾佛光山、慈济功德会等的分支道场。在

---

① 马克任：《美国华人社会评论——美国世界日报社论选辑之二》，世界日报1985年版，第559—561页。

② 有关旧金山妈祖绕境的研究，参见 H.X.Lee, Jonathan, *Transnational Goddess on the Move: Meiguo Mazu's Celestial Inspection Tourand Pilgrimage as Chinese American Culture Workand Vernacular Chinese Religion*, Ph. D. dissertation of University of California Santa Barbara, 2009。

汉传佛教系统里，佛光山星云大师所建的西来寺、宣化上人所建的万佛城，是两座最具标志性的佛教道场。当然，这里还有不少藏传、南传佛教的寺庙或禅修中心。[①] 尽管妈祖作为中国民间信仰的神祇，常被认为是道教神祇，但自明清以来妈祖神格与观音菩萨的部分融合，譬如前引《天妃显圣录》中已经认为妈祖"相传谓大士转身"，使妈祖文化往往和佛教产生密不可分的联结。朝圣宫妈祖庙就常常接待来访的各地佛教团体，并且举办和佛教知识相关的各种公益讲座。

二、洛杉矶地区的妈祖文化

除了1852年建立的旧金山天后宫和由台湾移民建立的朝圣宫之外，美国还有为数不少的由印支华人社团为背景建立的天后宫庙，洛杉矶地区就有两座。一座位于拉丁裔聚居的林肯高地，另一座位于洛杉矶的中国城。洛杉矶中国城的这座"罗省华埠天后宫"建筑相当富丽堂皇，占地6000平方英尺，耗资两百万美元，这座新庙宇的建设完成于2005年9月，在1980年由越南华裔"美国金瓯同乡联谊会"购买了一座天主教教堂改建而成。印支华人移民，是1975年以来美国华人移民的又一个重要组成部分。1975年，美国仓促从越战中退出，导致大量的越南难民涌向周边国家，引发了震惊世界的排华浪潮。世世代代侨居当地的华侨华人被迫向世界各地四散漂流，不少船民葬身大海。联合国以及世界上许多国家的政府和组织纷纷发起救助，幸存者于是在许多国家定居下来，形成了今天印支侨民遍布许多国家的局面。美国则是印支侨民最大的居住地。美国的印支华人，又多集中在加州。按照1990年的人

---

① 李四龙：《旧金山湾区佛教采访手记》，《佛学研究》2011年第1期。

口统计，居住在美国的越南总人口数为 614547 人，柬埔寨为 147411
人，老挝为 149014 人。而在加州的越南人就有 280223 人，占总数的
45.6%；在加州的柬埔寨人为 68190 人，占总数的 46.3%；在加州的老
挝人为 58058 人，占总数的 39.0%。① 这些印支地区的华人难民，在故
乡本来就已经多有奉祀妈祖的传统，在逃离故乡之际，大部分难民都
选择了乘船，而其中不少人都号称在波涛汹涌中，看到了"妈祖火"，
是妈祖庇佑他们在狂风暴雨和风吹日晒的航行中得以生存。② 因此在
劫后余生来到美国定居之后，印支的华人移民纷纷建立妈祖庙，来答
谢妈祖在逃难经历中的护佑，并且祈求妈祖在之后的生活中继续
加护。

三、美国东岸的妈祖文化

美国东岸的印支华人移民团体也建有规模大小不一的天后宫，华盛
顿地区的"大华府天后宫"（俗称阿婆庙）即是其中较为著名的一所。
2015 年 5 月 9 日，大华府天后宫即与印支华人互助中心在弗吉尼亚州举
行了"庆祝第一千零五十五年天后妈祖宝诞"的盛大仪式，费城的印支
华裔老人相济会及二百多位费城进香团团员、华府地区越棉寮乡亲也特
意赶来参与。从参与本次盛典的中国驻美大使馆副总领事张毅、一等秘
书庄元元，美京潮州会馆名誉会长吴友海夫妇、秘书长苏光先，费城印
支华裔老人相济会会长林兴、蔡作荣，广东同乡会名誉会长李伯建，黄
氏宗亲会会长黄沃明，美京五邑同乡会会长，美京昭伦公所永远顾问等
嘉宾名单，可以看出，正如印支华人互助中心会长邝耀民先生所讲的，
这次庆典汇聚了海峡两岸和华盛顿地区的各界侨领，妈祖文化可以说在

---

① 高伟浓：《美国印支华人社团的类型与功能》，《东南亚纵横》2007 年第 1 期。
② H. X. Lee, Jonathan, *Transnational Goddess on the Move*, p. 162。

最大程度上凝聚了海外华人的思乡之情与对中华文化的向心力。①

几乎与华盛顿地区天后宫举办盛大的庆祝仪式同时，纽约地区的华人聚居地法拉盛的妈祖大厦也迎来了隆重的妈祖大厦落成暨观音菩萨、妈祖像开光的盛典。纽约的妈祖大厦是由美国妈祖基金会筹建，美国妈祖基金会的成立源起于 2014 年，2014 年 2 月美国闽商商会、美国莆仙同乡会两会会长朱荣斌博士率团回国访问，在参拜妈祖之后，即决心在纽约地区建立妈祖庙，让一方华商同胞能够得到妈祖的保佑，妈祖文化能在美国生根发芽、开花结果。② 而在筹建纽约地区妈祖大厦的过程中，得到"众多爱心人士的支持和捐助。莆田热心商人叶陈芳先生捐款精铸妈祖金身，美国热心商人刘真珍女士捐款铸造观音金身，中国环球集团林爱国先生捐款铸造千里眼、顺风耳金身，莆田热心人士杨云鹏先生对妈祖基金会的成立提供了文化指导、捐赠了许多珍贵书籍及资料，并挥墨题写楹联，还有一些要求匿名的热心人士主动提供捐助善款"。可以看出，纽约地区的妈祖大厦具有浓郁的莆田华人移民的特色，而妈祖大厦供奉的妈祖，也是特意由莆田的湄洲妈祖祖庙分香而来。2015 年 5 月 11 日，湄洲妈祖祖庙董事长林金榜亲率法师团一行专程赴美护驾妈祖分灵圣像安宫纽约，并为美国妈祖圣像开光剪彩。与前文提及的旧金山地区中国广东、中国台湾移民和印支华人移民建立的妈祖庙略有不同的是，纽约地区妈祖大厦的建立，直接与莆田湄洲妈祖祖庙联结，其社会文化背景，离不开近些年来福建籍尤其是莆田籍商人的事业在美国的蓬勃发展。

---

① 《华府新闻日报》2015 年 5 月 15 日。"大华府天后宫庆祝第一千零五十五年天后妈祖宝诞"，http://asiangazette.us/index.php/dcnews/news-dc/1583-0516b08.html。

② 相关介绍，参见美国妈祖基金会官方网站，https://usmazu.org/。

四、夏威夷的妈祖文化

除了美国本土的妈祖庙以外，夏威夷地区也是美洲较早建立妈祖庙的区域。实际上，华人来到夏威夷进行商业和开垦的历史，甚至远远早于美国吞并夏威夷作为一个州的历史，而是早在夏威夷王国时期就到达了这个因为盛产"檀香木"而被华人称为檀香山的岛国。19世纪中叶，美国和日本对夏威夷的领土进行了侵夺，夏威夷王国逐步沦陷为美国的殖民地，最终于19世纪末并入美国。而在此期间，夏威夷岛上一直有大量的华人生活与工作，供奉着妈祖的"林西河堂"也于这一时期建立起来。"林西河堂"是夏威夷林姓粤籍华人的宗祠，最初的建立者们大都是来到夏威夷的种植园工人，其建立于1889年的祠堂建筑本身就是以天后宫的形式出现的。现在可以追寻到的最早的林姓族人，是一位1852年由广东中山来到夏威夷的年轻人，根据记载他所携带的有罗盘和八卦镜，很可能他是作为一位风水先生来到这里的。当后来的林氏族人发现他的墓碑后，就将他作为林氏最早的祖先进行奉祀，称之为"林庆公"（Lum Ching Kung）。

奉祀着妈祖的夏威夷"林西河堂"自1889年成立以来就成为林氏族人联络的重要场所，19世纪至20世纪，源源不断的华人从中国东南沿海来到夏威夷寻找新的发展机遇，其中就包含有伟大的革命家孙中山先生，他就是在这一时期的夏威夷完成了自己的中学学业。而这一时期的林氏族人，在林西河堂中收取和寄送去往中国家乡的信件，并在遇到困难和危病之时得到救助。而兴旺的人丁，使林西河堂一直能够得到翻修的机会，1919年，建筑进行了扩大，甚至包括了提供给老人和病人居住的场所。1951年，更是被修建成一座全新的三层楼的建筑，天后宫依然位于中心的位置。1952年，林氏族人举行了隆重的仪式，请来了道士进行妈祖像的回迁仪式，因为在翻修建筑的期间，金色的妈祖雕像被暂时安置在观音寺内。

经历了两个世纪的发展，林西河堂今日仍然是夏威夷地区地位重要的华人组织，有会员4000余众，其中包括了夏威夷政界、商界和社区的领袖。而妈祖文化一直是这个组织的核心。除了祭祀祖先之外，林西河堂最重要的仪式就是每年农历三月的妈祖诞辰纪念，大家会在此时聚集在林西河堂中，向这位护佑着广大海外游子，并且据传于林氏宗族有着亲缘关系的海洋女神奉献香火、蜡烛与食物。并且举行隆重盛大的祭祀仪式，例如1989年的百年纪念时，就在天后宫举行了两天的斋醮仪式。由此可见，夏威夷地区的天后宫，不仅历史悠久，甚至由于其依托在林氏宗族的形式，而较之美国本土的妈祖庙有更强的持续性，且其规模一直在壮大，并且深入到夏威夷地区生活的各个方面。①

五、加拿大的妈祖文化

19世纪中期，美国的淘金热将大量中国广东籍劳工吸引到了美国西海岸，他们将妈祖文化带到了旧金山。而几乎是与此同时，加拿大的菲沙峡谷（Fraser Canyon）也发现了金矿，英属哥伦比亚的首府维多利亚是加拿大当时最重要的港口城市，大量华人劳工也通过加州到达了这里。19世纪末加拿大太平洋铁路的修筑，也吸引了大批华人劳工。因为华人移民人口的迅速增长，维多利亚出现了加拿大的第一个中国城，妈祖文化也随之传播到加拿大。

---

① 资料参见夏威夷大学在线学术典藏库，https://scholarspace. manoa. hawaii. edu/bitstream/10125/8307/1/lum%20sai%20ho%20tong. pdf，访问时间：2016年12月20日。

关于加拿大维多利亚中国城的妈祖文化的产生与发展的具体过程，现在已经很难追溯，但根据现有资料，大致可以推断，该处的妈祖文化是由19世纪的粤籍华人劳工带入的，并且通过宗族会馆和中华总会馆的奉祀被延续至今。

19世纪七八十年代，加拿大通过了一系列对华人的歧视性法律，剥夺他们的政治权利和就业机会，增加税收并且禁止他们购买土地，旨在排斥华人移民。而与此同时，大批的华人劳工惨死在太平洋铁路的修筑过程中，不仅生活条件极为艰苦，由于恶劣的天气环境条件，五年间就有数千华工丧生。面对如此艰难的生存局面，加拿大的华人组织起来，建立了设在维多利亚中国城的"维多利中华会馆"（The Chinese Consolidated Benevolent Association，简称CCBA），捍卫在加华人的权益。而这个会馆中，就有妈祖的奉祀。①

进入20世纪以来，随着国际形势的变化，尤其是二战中中国和英国、加拿大的合作的加强，加拿大针对华人的种族主义歧视逐渐减少，华人得以更多融入加拿大本地社会。中华会馆的重要性也随之减弱，而维多利亚中国城的中华会馆总部也日渐萧条，1965年，中华会馆将原来位于三楼的、包括妈祖在内的"列圣宫"搬迁到了中国城的维多利亚中文学校大厅，继续发扬和承继中华宗教文化。这些被现在的加拿大华裔后代供奉的神像，除了妈祖外，还有孔子、赵公明、关羽和华佗，据说是在1885年由华人劳工从中国原乡带来奉祀至今的，海外妈祖文化的持久性和影响力由此可见一斑。

---

① 资料参见加拿大维多利亚中华会馆介绍，http://chinatown.library.uvic.ca/node/886，访问时间：2016年12月20日。

第三节　妈祖文化向澳洲的传播及其变迁

2015 年 4 月，一位游客在世界著名的旅行客网站"猫途鹰"上描述了他在墨尔本西部富茨克雷（Footscray）见到的一座令人惊艳的寺庙，他认为："和澳大利亚的其他宗教建筑不同，这座寺庙非常棒！它与欧洲传统风格不同，不是基督教的寺庙，而是一座看起来似乎是佛教寺庙的建筑。最令人惊奇的，是一尊高达 16 米的巨大的妈祖像伫立其间。"[①] 这尊妈祖像是南半球最大的妈祖像，从这位墨尔本居民的描述中，可以知道这尊令人惊艳的妈祖像及天后宫，已经成为墨尔本地标性的建筑。而妈祖文化在澳大利亚传播的历史，实际上已经历经了将近两百年的风雨，妈祖文化在澳大利亚传播的历史，也是澳大利亚华人历史的一部缩影。

一、19 世纪华人来到澳大利亚与妈祖文化的传入

（一）从"旧金山"到"新金山"

1848 年 10 月 3 日的《悉尼先驱晨报》上登载了一则引起轩然大波的消息：

> 宁波号帆船于 1848 年 6 月 6 日从香港出发至厦门，7 月 7 日从厦门驶出，到达阿森松岛（Ascension Island）后于 8 月 30 日驶离，

---

① 引用自猫途鹰网站，https://www.tripadvisor.cn/ShowUserReviews-g2062777-d8497902-r348262230-Heavenly_Queen_Temple-Footscray_Maribyrnong_Greater_Melbourne_Victoria.html，访问时间：2018 年 7 月 13 日。

10 月 2 日抵达悉尼港。船上载有 120 名中国劳工，同时载有两名名为 R. 科利（R. Coley）和约翰·纳尔逊（John Nelson）的乘客。

这艘名为"宁波号"的帆船是一艘建造于 1812 年的美国贸易船，隶属于从事西方国家贩运华人劳工的英国船长阿特金斯，是一艘典型的苦力贸易船。这一时期由于奴隶贸易被禁止，大批以"契约华工"为名义的中国劳工被骗或签下契约，作为"猪仔贸易"的一部分被运往世界各地的欧美国家殖民地从事苦力贸易。"宁波号"这次运输的一百二十名中国劳工，都来自厦门。而这一百二十名厦门华工，是接下来几十年涌向"新金山"澳大利亚的华人入澳潮的先驱。

我们在前述章节曾经讲述过前往美国"旧金山"淘金的华人与妈祖文化传播的故事，而随着"宁波号"来到澳大利亚的这些厦门劳工，开启的是一个有关"新金山"的淘金梦。1851 年，澳大利亚巴拉腊特的金矿发掘为维多利亚州淘金热拉开了序幕，维州在短短 5 年内吸引了将近 20 万的淘金者。1854 年初，总共不过 2000 名华人入澳，和已在维州的中国人共占当地人口的 3.3%，从 1854 年年末至 1855 年年初，殖民地的中国人的数量已超过 1 万人；年中时达到 1.7 万人，并且基本都聚集在金矿区，足见华人涌入"新金山"之众。就像当年的华人劳工林根扬（音）所说的："我们的钱财被掠夺，要做生意也不行，实在太穷了。听说英国殖民地新金山（指澳大利亚）淘金容易挣钱，我很高兴，又听说那里的人民容易相处，物产丰富，于是我征求亲友意见想去那里，大家都表示赞成，于是我四处借钱，历尽艰辛到了澳大利亚。"①

赴澳大利亚的旅程并非如这些华工所想象的那样一帆风顺，尽管这

---

① 黄昆章：《澳大利亚早期的四邑籍华侨华人》，《五邑大学学报（社会科学版）》1996 年第 1 期。

些来自福建厦门和广东四邑（新会、台平、开平、恩平）的华工们，在帆船起航前都曾在妈祖面前许下过美好的愿望，但艰险的旅程仍然难以完全避免。"宁波号"这艘老旧的帆船在海上颠簸了三个月才到达悉尼，为防止劳工逃走和节省费用，这些运送苦力的欧美苦力贸易船通常很少停靠港口，船行途中的粮食与淡水都极为有限，又要穿过炎热的赤道地区，乘坐这种帆船前往"新金山"的闽粤华工常常苦不堪言。这些劳工贸易船大多为小船，伙食及医疗条件很差，不少人尚未到达目的地已经饿死、冻死或病死，有的不堪折磨而自杀。华工移民船的死亡率在13%至25.2%之间，最高的达66.66%，而印度劳工船只有4.29%。在这样艰险的旅程中，妈祖成为他们在航程中时时祈祷的重要的精神支柱。

据史料记载和现有研究，经过九死一生的航程，来到"新金山"的闽粤华人劳工也过着极为艰苦的生活。这些来自中国华南地区的淘金者，脑后拖着长辫子，身穿黑色或蓝色衫裤笠，用扁担挑着简陋的行李、各种炊具和采金淘金用的工具，成群结队翻山越岭找金矿，一旦发现泥土有异色的地方，即停下来，就地搭起帐篷或棚屋，权且栖身。头戴尖顶斗，人在里面根本无法抬头，只能席地而卧。久而久之，在淘金华工的栖居地周围逐渐聚成市集，那时澳洲有很多地方尚未命名，华工便自立名称，叫××坑，到另外一市集去，曰"过坑"，由墨尔本到小镇或矿区去，则曰"上坑"。澳洲早期开发时，无车马道路，交通极为不便，昆士兰华工要到新南威尔士和维多利亚淘金，"须步行野宿一年半始到达，途中受土著、袋鼠、白蚁等侵袭而牺牲者，为数不少"[1]。

尽管境遇如此艰难，"淘金"的吸引力对于中国东南沿海的贫苦劳

---

① 雷镇宇：《澳洲华侨概况》，台湾正中书局1991年版，第12页。

工来说仍是巨大的。1858—1859 年，在澳华人人数达 4.2 万人，增长迅速的华工人口在原本就地广人稀的澳大利亚非常地引人注目。在当时澳大利亚各地的人口比例中，在维多利亚，中国人为 4.56%，在新南威尔士为 3.63%；而在金矿区的劳工人数比例中，华人矿工占总矿工数的18%—24.5%。特别是在较为贫瘠的矿区，华人劳工的数量超过了白人劳工的数量。中国人与世无争的天性与善于忍耐的民族性格，支撑着这个庞大的华工群体在澳大利亚的艰辛生活，他们通常是 4 至 6 人一组，主要在白人废弃的矿井里淘金，在"淘金热"中，大多数华人是"与世无争地在别人采过的金矿里挖掘矿渣"。所以，他们被白人蔑称为"挖渣滓的家伙""跟踪者"。而那些受雇于白人的华人的工资也仅及白人矿工工资的一半。①

比任何其他国家的淘金者都更善于忍耐和辛苦劳作的闽粤华工，在"新金山"确实获取了总量可观的财富。19 世纪下半期的十年间，澳大利亚的黄金产量约占同期世界黄金总产量的 40%，时值约 1.24 亿英镑。而在 1854—1870 年间，有价值 3531956 英镑的 886065 盎司的黄金和价值 560627 英镑的黄金制品从维多利亚输往中国。②

（二）19 世纪澳大利亚"淘金潮"华工的信仰世界

九死一生的海上旅程与充满艰辛的淘金生涯，令来到"新金山"澳大利亚的闽粤华工对家乡神祇的信仰益发地坚定。他们不远万里，将家乡的神祇移到澳洲，在澳大利亚各地修建了数量众多的庙宇。这些漂洋过海的神明起初可能只是供奉在小小的神龛中，随着在澳华人财富的增长与人数的众多，越来越多气势颇大的庙宇被修建起来。据记载，

---

① 张秋生：《澳大利亚华侨华人史》，外语教学与研究出版社 1998 年版，第73 页。

② 沈已尧：《海外排华百年史》，中国社会科学出版社 1985 年版，第 77 页。

"华人庙宇供奉的神像不尽相同。有的供关帝、有的供财神，还有供观音、天后和华佗的，或者同时供上述诸神中的几位"①。

现有的中文资料中少有保存 19 世纪中叶澳大利亚华工的信仰情况，澳大利亚的本土报纸资料中却时常有对"中国庙宇"和所供奉神祇的记载，为我们了解那一时期澳洲华工的精神信仰世界打开了一扇窗户。澳大利亚新闻报刊 *Ovens and Murray Advertiser* 在 1857 年 6 月 29 日这一期上刊发了一篇名为《巴克兰中国庙宇的落成典礼》的新闻，极为细致地描述了这座位于巴克兰的华工庙宇的典礼的每个细节。文中充斥着一些对华人的轻蔑之词，例如称巴克兰的华人为"长辫子的蒙古血统的入侵者"，但也非常明确地指出这座神庙是巴克兰的第一所宗教建筑——"这应该让基督徒感到汗颜"。② 这座巴克兰金矿区的第一所华人寺庙长约二十英尺，似乎还较为简陋，墙壁和屋顶都是以帆布遮盖。屋内装饰着"中国文字的卷轴"，屋内摆着一张为猩红色布料覆盖的桌子，桌上摆着三只酒杯，里面装着"比红酒和啤酒都淡"的中国酒。桌上还摆着一个漂亮的"蛋糕金字塔"，应该是祭祀所用的贡品糕点，"供桌后是三尊直立的神像"。这篇报道的记载者想必并不清楚这座巴克兰神庙所奉祀的神祇到底是谁，不过按照当时澳大利亚华人寺庙的普遍情况，这里的三尊神像最有可能是关帝、观音和妈祖。巴克兰地区是澳大利亚当时重要的金矿区，在这篇报道发布不久之后，1857 年 7 月 4 日，这里爆发了白人矿工大规模袭击华人的恶性事件，有 3 名华人当场死亡，2000 多华人遭遇抢劫，华人的财产

① 王孝询：《早期澳洲华侨的社会生活》，《八桂侨史》1994 年第 2 期。
② 来自澳大利亚国家图书馆报刊数据库 TROVE，访问时间：2018 年 7 月 14 日。https://trove.nla.gov.au/newspaper/article/113015850? searchTerm = Chinese% 20joss% 20house%20% 20% 20% 20% 20% 20% 20% 20% 20% 20% 20% 20% 20&searchLimits = sortby = dateAsc。

损失达 5 万英镑。①

但这并未能完全阻止华人矿工在澳大利亚的发展。两年之后，另一份报刊 Geelong Advertiser 又记载了本迪戈地区的另一所华工庙宇，而据林亦瀚先生考证，这极有可能就是澳大利亚第一所专门奉祀妈祖的庙宇。

1859 年 4 月 8 日，吉朗广告报（*Geelong Advertiser*，VIC.：1859—1929）第 3 页，题目为"本迪戈第一白山的中国人营地"（本迪戈水星，4 月 6 日）的一篇报道拷贝。报道描述了沃登安德森先生前一天十二时，拜访了第一白山的华人营地，由警察赖安和丹恩以及中国口译员阿舒克出席的情形。文章说这个村庄的外观看起来更为富裕，赌场盛行，葡萄酒和鸦片店相当多，而且非常繁华。在白山村，居民似乎是由一个更勤劳的阶层组成的。村里有座香宫比其他区内的神殿逊色，没有那些精巧的装饰。按照中国宗教的习俗，围墙上写着各种各样的文字，并且还列出了建造圣殿的捐助者名单。占卜石和"杖"，还有庙里的其他器具都在场，在高高的旗杆上竖立着一面标语在微风中飘扬，上面用中文写着"南半球东方皇后"，英文报道翻译为"East Royal Empress of the Southern Hemisphere"。② 林亦瀚先生认为："当时在金矿周边的华人庙宇多为供奉关公和其他男性神佛，这幅横标的极大可能就是奉献给妈祖。"

自 1848 年第一批厦门劳工踏上澳大利亚的土地开始，澳大利亚的欧洲殖民者的反对之声就从未停止，他们也试图从宗教方面改变中国劳

---

①　有关澳大利亚排华的相关研究，参见王宇博：《澳大利亚史》，江苏人民出版社 2017 年版。

②　"The Chinese Camp at First White Hill", Bendigo: *Geelong Advertiser*（VIC.：1859-1929），Friday 8 April 1859, p. 3.，转引自林亦瀚：《澳大利亚妈祖文化的历史与现状》，《妈祖文化研究》2018 年第 4 期。

工的信仰，但据当时的澳洲报纸《先驱报》在 1867 年 1 月 11 日的一篇报道，"尽管各种教派都在努力使其转信基督教，但这些中国人对于自己的宗教信仰相当执着"。这篇名为《中国庙宇》的报道中，提及了华人在悉尼的 Emerald Hill 翻修重建的一座庙宇①。这座庙宇已经在此存在多年，原为木结构，1867 年翻新为砖结构的、似乎带有欧式与中式两种风格结合的建筑。令记录者赞叹不已的是用来装饰建筑的复杂的神话故事的雕刻，还有庙宇正中闪闪发亮的灯笼和供奉着的衣着华丽的男神、女神的木制神像。记录者不厌其烦地描述出的细节，显示出这座 1867 年翻修的华人庙宇呈现出和闽粤华人原乡类似的景观。可见在这十余年的发展中，随着华人财富的积累，对关帝、观音、妈祖等原乡神祇的信仰越发的重要了。这篇《先驱报》的报道还提到，华人们一般在中国新年和各种节日才会聚集在寺庙里，但同时也有很多商业和日常的事务在这一庙宇中处理。澳大利亚的欧洲殖民者对华人信仰的敌视从未停止，但却未能阻止华人宗教信仰在澳洲的生根与发展。

　　1894 年 5 月 12 日的《本迪戈广告报》上刊登了一篇报道，特别地介绍了巴拉腊特的一所中国庙宇重塑女神金身的历程。② 这篇报道的重要意义，首先在于其显示出尽管经历了四十多年的打压，华人仍然在澳

---

　　① 来自澳大利亚国家图书馆报刊数据库 TROVE，提取时间：2018 年 7 月 14 日。提取地址 https://trove. nla. gov. au/newspaper/article/244419173? searchTerm = On% 20pacing%20through%20the%20main%20entrance%2C%20AND%20%22Chinese%22%20 20%20%20%20%20%20%20%20%20%20%20%20&searchLimits = exactPhrase = Chinese ‖‖ anyWords ‖‖ notWords ‖‖ requestHandler ‖‖ dateFrom ‖‖ dateTo ‖‖ sortby。

　　② 来自澳大利亚国家图书馆报刊数据库 TROVE，提取时间：2018 年 7 月 14 日。提取地址 https://trove. nla. gov. au/newspaper/article/88945939? searchTerm = The% 20wild%20beating%20of%20gongs%20AND%20%22chinese%22%20%20%20%20%20%20 20%20%20%20%20%20%20&searchLimits = exactPhrase = chinese ‖‖ anyWords ‖‖ notWords ‖‖ requestHandler ‖‖dateFrom ‖‖ dateTo ‖‖ sortby。

洲顽强地生存下来，并且坚守着自己的宗教信仰。其次，这篇报道是特别针对一位女神的。报道中是这样描述的，在阵阵锣声和"某种管弦乐"声中，一场中国寺庙的仪式在午夜举行，四面八方的华人都赶到了这座巴拉腊特的中国寺庙。这场仪式是为了这座寺庙中新近迁入的女神神像而举行的，这尊新的女神像自中国漂洋过海而来，由于旧的神像被当地的基督徒盗走，长久无法寻归，华人再次花费巨资由故乡请来新的女神雕像。据这位记载者的描述，这尊神像是"旧的"，所以很有可能，这是一尊由闽粤华人原乡已有的妈祖庙或其他女神庙"分灵"来到澳大利亚的女神像。在之后的仪式中，仪式主持者"请求女神由原乡降临巴拉腊特本地"这一过程，也可以佐证这点。请女神分灵及其运输费用所费不赀，令目击这个故事的欧洲人感慨不已。同时，这位心情复杂的记录者还提到了新西兰的华工也从中国运去了数量众多的神像，看起来似乎"每个中国人都要有他自己独有的神像似的"，他甚至怀疑是否这些华工是通过神像来走私鸦片。不过他非常肯定这尊巴拉腊特的中国女神像绝对不是用于这种用途，因为"这是从中国运到澳大利亚的第一尊女神像"。这篇报道始终未曾提及这尊女神的名讳，但由记录者所描绘的仪式过程，大致可以推断，这尊女神很可能就是妈祖或者观音。

（三）19世纪澳大利亚的"排华"政策与华人信仰在澳洲的暂时衰落

自华工开始进入澳大利亚淘金开始，澳洲白人对于华人的排斥与歧视就从未停止。前文提到的巴克兰白人矿工暴力排华事件只是一个开始，有组织地驱赶、劫掠华人的案件与日俱增。1855年6月，维多利亚议会通过一项旨在排华的法案，规定凡经登记的船只，每10吨位准载华人1名，并且每1名入境华人须交入境人头税10英镑。这是澳大利亚历史上的第一个排华立法，代表着澳大利亚政府以官方的身份对华人矿工的打压和驱逐，成为日后持续不断的排华浪潮的模本。维多利亚州的这项排华法案在接下来的十年中获得了南澳大利亚和新南威尔士的响应，这三处殖民地政府的排华法案造成了在澳华人数量的遽减。1861年时，新南威尔士和维多利亚的华人有12988人和24732人，到了1871年，减少为7220人和17826人。① 19世纪八十年代以来澳大利亚政府秉持的"白澳"政策，建立在对"有色人种劳工的恐惧"的沙文思想上，形成了更大规模的全国性的排华浪潮，旅居澳洲的华人日益减少，据统计，自19世纪末到20世纪中叶，在澳亚裔人口（华人为主）由近五万人减少到一万三千人。② 华人宗教信仰在澳洲的发展也随之趋于低谷，妈祖文化也不例外，曾经在澳洲各地金矿区蓬勃发展的华人庙宇在这一时期逐渐破败。1938年2月17日的《先驱报》上就记载了这样一所趋于衰落的华人庙宇：

　　在达尔文以北九十英里处的布洛克溪畔有一座庙宇——一座由中国矿工半世纪前修建的纪念碑。当我们建造一所教堂的时候，中国人也会为他们的神建造一所庙宇，象征着他们世界中至高无上的神的力量。对很多匆匆经过此地的人来说，这里可能只是一所普通房屋，但对于中国人社团及其进入这所庙宇的旅行者而言，这是澳大利亚最为精美的庙宇。华人矿工是澳大利亚最辛勤的劳动者，所以他们获取了大量的金子，因此他们捐资修建了这所庙宇以答谢神祇的指引。

　　这所庙宇中有大量精妙绝伦的雕刻、金或铜的神像以及令人困惑的神像座次，但这些创造对于中国人都有特殊的含义，所以我们

①　张秋生：《澳大利亚华侨华人史》，第126页。
②　张秋生：《澳大利亚华侨华人史》，第137页。

也要对此表示出应有的尊重。这所庙宇初建之时，其所能使用的材料只有木材和锈铁，所以它普通的外表常常让我们忽略了它。

中国矿工在全澳大利亚的各个金矿工作，尤其是在约克角半岛，但无论何时当他们取得了成功，他们都会显示出相同的虔敬。在帕姆河畔，中国人取得了巨大的成功，所以他们曾经在那里修建了两座精美的庙宇，现在只有一所还能被找到。在阿尔比恩和布里斯班，也有一座广为人知的中国寺庙，但随着时间流逝和大部分中国人的死亡，这座庙宇也逐渐被遗忘了。①

二、20世纪的澳大利亚华人与妈祖文化的复兴

自澳大利亚政府执行排华的"白澳"政策以来，澳大利亚的华人一直在困境中挣扎，人口数量不断下降，这一局面在20世纪下半叶得到了改变。1973年，联邦政府声明其移民政策"全球一致，无人种、肤色或国籍歧视"，标志着限制有色族裔的"白澳政策"正式废除。②从1975年起，澳大利亚接纳了大批印支半岛的难民，其中多数是华侨华人，华人总人数迅速增长，到1986年已达17万多人，40年间增加了近20倍，其中仅填报出生地为越南的华人就有8.3万人。③当前，全澳有超过300个不同的族裔，其中约有20万越南移民，在澳大利亚官方

---

① 来自澳大利亚国家图书馆报刊数据库 TROVE，提取时间：2018年7月14日。提取地址 https://trove.nla.gov.au/newspaper/article/244944393? searchTerm = a% 20monument% 20of% 20gratitude% 20that% 20was% 20erected% 20AND% 20% 22chinese% 22% 20% 20% 20% 20% 20% 20% 20% 20% 20% 20% 20% 20% 20&searchLimits = exactPhrase = chinese ||| anyWords ||| notWords ||| requestHandler ||| dateFrom ||| dateTo ||| sortby。

② 张秋生：《澳大利亚华侨华人史》，第142页。

③ 林金枝：《华人移民澳大利亚史略》，《华人》1986年第10期。

的各国移民人数统计中，位列第六。他们同时也是离散海外的众多越南族群的典型代表。当前，该族群在澳大利亚正扮演着越来越重要的角色，并对当地的政治、经济、文化、科教、体育等多个领域有着重要影响，信奉妈祖的越南华人和新世纪来自中国的新移民华人，共同造就了妈祖文化在澳大利亚大规模复兴的盛况。①

据澳大利亚妈祖文化协会会长林亦瀚的介绍，当前澳大利亚较大规模的妈祖庙有四处。

一、1980 年 6 月由杨坤钟等发起成立澳洲越南华侨联合会，后改为"澳洲纽省越棉寮华人联谊会（NWS Indo-China Chinese Association Inc.）"。1981 年 5 月向新南威尔士州正式注册为慈善团体。1991 年，纽省越棉寮华人联谊会兴建悉尼天后宫（124 Railway Parade，Canley Vale，NSW，2166），位于西悉尼的 Canley Vale，是一个越南和棉寮移民集聚的地方。天后宫建在商场的二楼，庙里除了供奉妈祖，还有观音菩萨、关圣帝君、土地公、财神爷、太岁君和虎爷。在庙的正殿前方有一座观音菩萨的立像。这是迄今在澳洲本土可见的第一座供奉妈祖的华人庙宇。

二、海南妈祖文化历史悠久，世界各地许多海南会馆的前身就是妈祖庙，同时许多海南会馆都附设天后宫。随着旅居澳洲华人的增多，澳洲悉尼卡市的海南妈祖乡亲 2004 年在卡市创建了第一间琼府会馆妈祖庙。地址位于 71 Curtin Street Cabramatta NSW 2166，Australia。2010 年开始筹划重建，经过多方的筹款准备，2017 年 9 月 12 日悉尼琼府会馆妈祖庙正式启动奠基典礼仪式。目前已经完工 70%。

三、位于墨尔本东南区 Springvale 的朝圣宫（原名维州东南区天后宫），地址位于 1 Albert Avenue，Springvale，VIC 3171，Australia。由 70

---

① 王丹阳：《社会融入视角下的澳大利亚越南移民研究（20 世纪 70 年代以来）》，硕士学位论文，江苏师范大学 2017 年。

年代从马来西亚移居墨尔本的侨领林长兴太平绅士等人组织建立。林先生 10 年前合资购买占地 800 平方米的居所，从墨尔本天后宫恭请了一尊妈祖神像，2007 年 9 月 28 日物业过户并择当日开光供奉妈祖。林长兴太平绅士同时也是墨尔本天后宫妈祖圣像的建像主席。2009 年 9 月 15 日，维州天后宫〔TIAN HOU GONG ASSOCIATION（VICTORIA）INC.〕非营利性组织成立，为扩建和重建妈祖庙积极筹备。

四、墨尔本天后宫（Heavenly Queen Temple）地理位置显耀，规模雄伟，是墨尔本最引人注目的东方庙宇建筑，澳洲多元文化的闪亮明珠。地址位于 20 Joseph Rd，Footscray，VIC 3011，Australia。其筹建历史悠久。20 世纪 80 年代中期，来自东南亚特别是越南华人开始在墨尔本市中心 Lonsdale Street 的二楼一个小单元里供奉妈祖。随后由叶华英主委创立"墨尔本天后庙筹建委员会"，其间妈祖庙迁移到墨尔本西区 Footscray。90 年代初购得现在这块距离墨尔本市区仅 4 公里，占地面积 4 万平方米的风水宝地。经过 30 年的努力，终于在第十届天后宫理事会曾耀荣会长的领导下，妈祖信众的梦想成真。投资总额达 380 万澳元，耗时五年的一期二期工程得以完成。这包括由南京著名雕塑家吴显林教授设计的不锈钢铸造的妈祖圣像。天后圣像于 2008 年 11 月 10 日立像，圣像高 12 米，是目前南半球最高的天后圣像。天后宫主殿于 2012 年 1 月落成开光。250 吨石雕牌楼于 2013 年 5 月落成。2014 年建成了由维多利亚州政府参与资助的位于主殿左翼的御膳堂和会展厅。建筑群采用中国三合院模式，中间为主殿，模仿紫禁城而建，后殿及长堤为靠山，左右两翼建筑群为护廊。整个建筑群尽显中国传统建筑特色之风采，集祭祀、朝拜、集会和游览于一体。全部工程预计 2019 年完成。这座澳洲最大的华人庙宇墨尔本天后宫和妈祖圣像，也是南半球最大的妈祖宫殿建筑群，让澳洲多元文化之都墨尔本成为南半球妈祖文化的中心，这是妈祖文化在澳洲得到弘扬的典型代表。①

林亦瀚会长所提及的这四座妈祖庙代表了妈祖文化在澳大利亚的复兴，由林亦瀚担任会长的澳大利亚妈祖文化协会是 2017 年 9 月在澳大利亚维多利亚州注册成立的非营利性民间社会组织。"协会以弘扬妈祖文化，传承中华优秀传统为宗旨，崇尚立德、行善和大爱，建立以文化和谐社区的交流平台，发扬慈悲仁爱，团结互助，无私奉献的妈祖精神，团结所有认同妈祖文化的乡亲，在这片新的土地上建立我们的家园。让澳洲的生活更加丰富多彩，幸福美好，让妈祖文化成为澳洲多元文化社会的一部分。"②

与此同时，和妈祖文化相关的文化交流活动也如火如荼地进行着。例如，2017 年 2 月 18 日（中国农历正月初三），澳大利亚非物质文化遗产与当代文化艺术交流协会执行主席彭闪闪，作为墨尔本皇家理工学院澳华研究学会的专家顾问，随澳华研究学会会长陈杨国生一同出席墨尔本妈祖文化协会主办的"妈祖文化"活动。陈杨国生在活动现场指出："中国'妈祖文化'从宋代一直延续至今，经历了千年历史，是中华民族的文化精髓和民族精神的重要部分。妈祖文化联系着世界华人和对世界的影响，所知现在有两亿多华人的信奉，和海外五千多座妈祖庙。墨尔本的这座妈祖天后宫是南半球最大的一处，这个形成的过程耗时约有五年，凝聚了发起人对中华文化传承与发扬的精神。在多元文化之都的墨尔本，天后宫妈祖文化的建立是可喜可贺的，为海外华夏儿女的精神世界和国际妈祖文化研究提供了长足的平台，使世界走近、了解中华航海文化，为墨尔本增添文化色彩……"会间澳洲人类非遗协会执行主席彭闪闪这样讲道："中国'妈祖文化'于 2009 年被世界教科

---

① 林亦瀚：《澳大利亚妈祖文化的历史与现状》，《妈祖文化研究》2018 年第 4 期。
② http://www.sohu.com/a/223529553_ 373649.

文组织评为'人类非物质文化遗产'，是人类的文化财富，民族的精神瑰宝。妈祖文化在中国航海历史里是中华民族的重要精神支柱，保持民族文化传统，弘扬优秀的人类传统文化，保护人类文化的多样性是我们每一个人的责任和义务。"可见，妈祖文化在原乡的申遗成果，对妈祖文化在澳大利亚的传播也有积极的影响和促进作用。

2018 年的春节，也同样有众多的华人聚集在墨尔本天后宫共同欢庆度过，据新闻报道：除夕当晚，年夜饭后，上千香客聚集于墨尔本天后宫，共迎新年的到来。天后宫和妈祖文化协会的义工们，为能更好地服务接踵而来的虔诚信众，早早准备好新年吉祥物以及祭拜物品。十二点钟声响起，天后宫组织燃放的烟花，顷刻间，此起彼伏，苍穹璀璨，万紫千红，似在争奇斗艳，又像在展示着人们日新月异的美好生活。在一片欢声笑语中，信众们共同在妈祖庙妈祖像前上"头炷香"祈求新年事事如愿。

大年初三上午 11 点整，2018 妈祖祈福新春联欢会在天后宫御膳堂华丽上演。妈祖文化协会的成员们及部分妈祖信众共计 200 余人一同参加了联欢会。妈祖文化协会会长林亦瀚博士，代表协会向妈祖家乡的父老乡亲、所有妈祖信众以及所有尊重和认同妈祖文化的朋友和澳洲妈祖文化协会全体会员祝贺春节；墨尔本天后宫理事会曾耀荣会长向到会的朋友介绍了天后宫修建的现状和未来工程；特邀嘉宾 RMIT 大学澳华研究学会陈杨国生主任发表新年献词，向全体与会朋友以及世界各地的妈祖信众们送上新年祝福。林亦瀚代表协会向天后宫曾会长和应邀而来的嘉宾赠送妈祖纪念红衫。①

而 2018 年可谓是妈祖文化在澳大利亚大放异彩的一年，2018 年的

---

① http://www.sohu.com/a/223575224_161676.

7月8日，墨尔本天后宫举办了隆重的"庆祝墨尔本天后宫天后圣像建成十周年群星慈善夜"的精彩盛会。这次晚会请来了香港艺人杜平和翁虹等为天后宫筹款义演，来自中国大陆（内地）、中国港澳台和东南亚各地的华人妈祖信众欢聚一堂，"普通话、粤语、闽南语、英语及各地方言温暖人心"——"世界妈祖同一人，天下信众共一家"，澳大利亚地方政要也纷纷发来祝贺，足见妈祖文化已经成为澳大利亚多元文化的重要组成部分。

仅仅一个月之后，墨尔本皇家理工大学又举行了"澳大利亚第一届国际妈祖文化研讨会"，标志着妈祖文化在澳大利亚的传播已经朝向更广、更深的层次发展。这次妈祖文化研讨会由澳大利亚妈祖文化协会和墨尔本皇家理工大学澳华研究学会联合主办，墨尔本天后宫、墨尔本朝圣宫、天津多媒体教育技术研究会、益通信贷协办。主要讨论了以下议题：

1. 全球妈祖文化研究最新发展。

2. 妈祖文化在澳洲的历史和现状。

3. 墨尔本天后宫的历史、现状与今后的发展方向。

4. 澳中合作妈祖研究概况。

5. 讨论澳中合作妈祖研究今后的发展战略。

作为年轻一代代表的本届澳大利亚妈祖文化协会会长、研讨会组织者林亦瀚博士讲解了妈祖文化在澳洲的历史和现状，并提出了构建"妈祖联盟"的合作构想。到现在为止，墨尔本有各种华人社团近千个，各个社团各有各的优势和资源，妈祖协会倡导各个社团在自己的架构基础上组建松散型的联盟体系，这种联盟将涉及文化研究、信俗传承、庆祝活动、助学济困、商业互助以及其他需要协作的活动。

从19世纪"淘金潮"时期充满艰险但仍不忘信仰的华人矿工，到今天遍布澳大利亚各行各业的华人，他们对于妈祖的虔诚信仰经历了时间和空间变迁的考验。而妈祖文化在今天的澳大利亚，已经不是被澳大利亚白人所歧视和排斥的"异教徒"的信仰，而是澳大利亚多元宗教文化的重要组成部分。正如一位澳大利亚记者在2016年3月22日的《悉尼先驱晨报》上写道的，"天后护佑西墨尔本的崛起"。这篇报道生动地描述了在澳大利亚民众对墨尔本天后宫天后圣像的观感：

玛利拜朗河边，金色的天后圣像为我们城市的多元文化而欢欣鼓舞。

对于那些乘坐火车从墨尔本市中心向西行驶的人来说，穿越玛利拜朗河的通道是不可避免的。在南肯辛顿和富士贵站之间，火车经过河流的弯道。在桥上高处，整个世界似乎都沉到火车之下，陆地为车厢两侧的河水让路，视野陡然开阔。飞翔一样的感觉瞬间袭来，每次通过这座大桥，不管之前在读什么，我一定会立刻向上向外看。

弗莱明顿赛马场位于北部，其看台固定在平地上方，就像一些奇怪的、漠然的山脉。在南方的远处，航运起重机点缀着天空。在距桥近一些的地方，这条河将一群工业区划分为一片荒芜的土地，在这片土地上出现了最不可思议的景象：一尊16米高的天后雕像。

这尊雕像由不锈钢铸成并饰以金漆，在中国南京建成并于2008年运送到墨尔本，自那之后就矗立在这里。……今天，全世界有超过1500座天后宫。澳大利亚第二所、也是最大的一座庙宇，与天后雕像一同静静地建造在玛利拜朗河边。这座庙宇结合了单层与双层的建筑结构，以中国传统建筑式样建成，每一层都有红色陶土的屋顶和华丽的装饰。工人似乎无时无刻还在为这座天后宫的建造而忙碌着——这真是一个令人惊叹的奇观。

"只要功夫到，桑叶成绸袍"，正如这句古老的中国谚语所说的，这座庙宇的建成就是勤奋和坚韧的证明，世界各地的妈祖信众都相信妈祖会保佑这些虔诚的信仰者。

我一周五天都要从墨尔本西部前往市区，每次经过，我都会向妈祖点头致意。我将她的存在和意义看作我生活的重要组成，她作为一个宁静的、持久的守护者，祝福我的离去并欢迎我的归来。

我也对她充满祝福，这个巨大的、充满异国情调的神灵现在是我们多元文化的一部分，并且共同定义着墨尔本的历史，她在西方世界中占据了更大的、应有的位置。①

从 19 世纪下半叶，那尊来自中国的、古老的女神雕像在巴拉腊特的落成仪式的不被理解，到 21 世纪，同样是来自中国的这尊金碧辉煌的妈祖雕像所受到的关注与崇拜，妈祖文化在澳大利亚的传播史，就是华人在澳大利亚历史的缩影。这样的历史变迁，也让我们对妈祖文化在澳大利亚的蓬勃发展的未来充满了信心和期待。

---

①　提取自《悉尼先驱晨报》网络版，2016 年 3 月 22 日。https://www.smh.com.au/opinion/golden-deity-watching-over-the-renewal-of-the-west-20160322-gnnx4v.html。

第四章　现当代欧美学者眼中的
妈祖文化

　　和传教士汉学研究不同，20世纪中期以来至今的欧美中国研究尽管对早期的传教士汉学有所传承，更多的是新的学科范式的建立，例如人类学研究方法和法国年鉴学派的影响。欧美中国研究界对于妈祖文化的研究，在这一过程中起到了不可忽视的作用。鉴于当今中国本土研究受到欧美中国研究范式极大的影响，在欧美接受过相关学术训练的中国青年学术研究人员的回国任教，势必在未来数年内助长欧美中国学研究范式对于中国本土研究的辐射与影响。因此，检视现当代欧美中国学研究界研究范式的建立过程，对于在更开阔的视野中考量妈祖文化在欧美地区的传播，有着一定的意义。

第一节　华琛（*James L. Watson*）的妈祖研究与
“标准化”范式的建立

　　华琛（James L. Watson）作为一位著名的美国人类学家，在哈佛大学人类学系、匹兹堡大学、夏威夷大学等大学任教多年，曾经担任过美国亚洲研究学会的主席，同时还是美国艺术与科学院院士。华琛教授主要的研究方向是中国的亲属与社会组织、仪式和政治象征主义、社会分层、移民、历史民族志。尽管他在近些年来研究的兴趣主要放在亚洲社会受到跨国饮食工业的影响上，他早年通过对香港、广东地区的妈祖文化研究而确立的中国宗教研究的"标准化"范式，至今仍在影响着欧美与中国的宗教、历史与人类学界。

华琛在依阿华大学读书期间即选定了中国研究方向，后来在加州大学伯克利分校的人类学系拿到了博士学位。20 世纪 60 年代，他就在香港新界进行研究，并且随着中国大陆的开放，逐渐将田野领域扩展到广东、江西等地的乡村。先后出版了《移民与中国宗族：文氏在香港与伦敦》（*Emigration and the Chinese Lineage: The "Mans" in Hong Kong and London*. Berkeley, 1975）、《帝制晚期中国的亲属组织，1000—1940》（*Kinship Organization in Late Imperial China, 1000-1940*, Berkeley, 1986) 等著作。从华琛本人的学术经历和学术兴趣可以很容易地理解他为什么钟情于从家族、国家、政治象征主义的角度对妈祖文化进行研究，华琛之选择妈祖作为研究对象，对于一位以香港和广东为主要田野点的人类学家来说，简直是具有必然性的。

一、华琛"神明的标准化"范式的提出

华琛影响甚广的中国宗教研究范式"标准化"的提出，主要是《神明的标准化——华南沿海天后的推广，960—1960》[1] 一文，该文收

---

① 姜士彬（David Johnson）、黎安友（Andrew J. Nathan）、罗友枝（Evelyn S. Rawski）主编的《帝制中国晚期的民间文化》（*Popular Culture in Late Imperial China*, Berkley, 1985)，中文译文转引自刘永华主编的《中国社会文化史读本》，北京大学出版社 2011 年版。

录在姜士彬（David Johnson）、黎安友（Andrew J. Nathan）、罗友枝（Evelyn S. Rawski）主编的《帝制中国晚期的民间文化》（*Popular Culture in Late Imperial China*，Berkley，1985）这本论文集中。

《神明的标准化——华南沿海天后的推广，960—1960》一文在开始的部分，就开宗明义地提出，本文要研究的是"帝制晚期中国具有相当高的文化整合度"这一问题，这成为全文进行研究讨论的基本背景。尤其值得注意的是，作者在开头与结尾的部分都拿中国文化和法国文化进行了对比。他引用了尤金·韦伯（Eugen Weber）对于19世纪法国的研究，认为中法之间的显著不同，是"在法国本土领袖成了多元文化的倡导者，尽其所能抵制巴黎的文化帝国主义。与此相反，在中国，地方精英享有（标准化的教育课程培养出来的）共同的文化传统，并热衷于参与国事。在这个过程中，只需忠于大一统的思想，他们便可保持其区域认同。中国国家一层的当权者本身，大都与乡下的亲属有人情往来，因此，他们对中心的忠诚，未必意味着对区域的背叛。在这一意义上说，中国或许是独一无二的"。在这里华琛提出了一个重要的文化层级的问题，并认为中国的地方精英与国家与乡族的关系是构成中国文化独特性的重要原因。而他的这篇研究妈祖的文章本身，其实是"探讨了在文化标准化过程中发挥重要作用的中国传统的一个侧面，即国家当局推广'被认可的'神明的实践"。

之后，华琛简要介绍了他对于妈祖崇拜的一些认识："本文主要探讨对女神天后（又称妈祖）的崇拜。整个中国南方——从浙江到广东，包括中国台湾——都能找到她的庙。许多读者都知道，她是渔民水手和海商的保护神。对这一崇拜的研究特别有趣，因为天后原本是10世纪出现在福建沿海的一个小神。由于下文将要探讨的诸多原因，12世纪的国家认为有必要把她当作沿海安定的一个象征，而借助于帝国的提倡，她最终成为南中国重要的女神。感戴的皇帝逐渐赐予她的显赫封号，照例体现了天后升至高位的过程（西方观察者常常将天后这个称号本身翻译为'天之皇后'）一点也不奇怪，天后地位的提高及其崇拜的推广，与国家对中国南方沿海地区权威的逐渐加强是同步的。"①

与之前传教士们的道听途说与浮光掠影般的观察不同，华琛已经较为深入地认识到了妈祖文化建构过程中受到帝国奉赠、提倡的重要性，而这一过程就是他要讨论的最主要的过程，而与以往国内外研究者通常以文本资料对此过程进行探讨的方法不同，作为人类学家的华琛使用了大量的田野调查资料和全然不同的研究视角。正如他在文中所自陈："在本文中，我从两种视角探讨了天后信仰。首先我将南方沿海地区看作一个整体从地理和历史的角度描述了这一信仰的传播。接着，我集中讨论广东沿海的两个小乡，揭示天后崇拜在地方层面是如何组织起来的。而这一研究探讨的是本书编者提出的中心论题：中国官僚精英的观念和象征是以何种方式'渗透'到地方层面的？乡民大众如何诠释这些象征？在此我们提供的是一个有趣的个案：一个小神被国家收编，在进行重大改变后又被当作一个官方认可的女神重新强加于地方社区。观念在权力的各等级间来回流动。"

而研究兴趣相当集中于政治象征主义的华琛，除了研究视角的不同外，还直接地将象征主义的分析引入到对中国不同妈祖信奉人群的研究中。如其所述："我首先设想，中国社会各阶层的人都试图有意识地把自己与最能代表其利益的庙宇联系在一起。这意味着天后崇拜的参与者过去（和现在）都意识到他们的神所传达的象征寓意。因而中国的诸神及其所表现的象征寓意，可以被看作一个复杂交流体系中的基本要

---

① 转引自刘永华主编：《中国社会文化史读本》，第 123—124 页。

素。对两个地方崇拜的研究表明对不同的人（取决于他们在权力等级中的地位）神明是如何意味着不同的东西。比如对水上人而言，天后许诺的是控驭大海和免受风暴袭击；对拥有土地的精英，她象征的是地域控制和社会稳定；对清朝当局来说，她代表的是官方文化的'教化'功能，这些崇拜的物化特征（即庙宇和诸神本身的形象，通常但不总是由靠近社会等级上层的识字男性控制的，地方精英牢牢地掌握着崇拜的组织系统包括庙田）但最终要由国家当局来负责决定哪些神明会得到皇帝的认可。"

从文章的基本结构来看，华琛分为"天后神话的起源""国家干预：一个'被认可'神明的创造""两座地方庙：经济和社会背景""作为安定海疆象征的天后""宗教标准化的过程""作为家族支配象征的天后""当地崇拜的组织：领导与控制""有关天后的看法：对矛盾说法的研究""结论"九个部分。第一、第二部分除了对妈祖的起源传说进行了简单回顾外，华琛提到了在中文世界妈祖文化传承重要载体的"标准化的文献"，但他更注重的是分析了不同的人"是怎样选择强调这个女神故事的某些部分而又忽视其他部分。在社会等级上层的人认为这个神话的标准文字文本是'真是的'或'正确的'，而位于底层的人尤其是水上人和不识字的妇女，仅仅注意口头传说"。他举了两个不同的例子来说明这一观点，第一是在审视天后生平与去世的口头和书面文本时，他发现"通过确保书面版本强调天后出生于有德的下级官僚之家庭这一'值得尊敬的'社会背景，社会精英利用天后故事来巩固自己的地位"。尽管较为忽略妈祖文献的"历时性"变迁是本文的一个弱点，毕竟华琛受到其所收集的文献情况及其学术兴趣的影响，但他还是敏锐地注意到了在社会精英操控下的妈祖文本的变化。而更为宝贵的是，华琛关注了更多下层的不同族群对于天后传说的不同看法及其背后的象征意义。他的主要分析资料来自自己的田野调查及相关的民族志资料，他认为"与书面文本相反，在台湾农村，这个女神是以一个穷苦渔民女儿的形象出现的。如果你去问新界不识字的人，得到的回答通常是，这个女神是一个'水上人'（一种类似种姓的水上人范畴，通常被称为'疍家'——这是对一个族群的贬称）的第七个孩子。许多有关天后神话的口头版本还强烈地暗示，除了为男性水手服务外，她还与自梳女和其他未婚女子有一种特殊的联系。比如，根据一些材料的说法，她不肯结婚而以预卜者或灵媒知名。一份来自台湾的口碑材料说，她自愿绝食结束了自己的生命。新界的一些妇女曾很肯定地告诉我天后宁愿自杀也不愿嫁给她父母相中的一个老头"。

在文本和口传资料研究了妈祖的生平传说之后，华琛开始重构妈祖这个民间信仰被国家"认可"和"创造"的过程。再一次，华琛将妈祖文化与欧洲宗教做了一个比较："像天主教会封圣一样，将一个中国神明纳入国家认可的神谱的过程，是按照固定的官僚程序进行的。"华琛在这里除了回顾妈祖在历史上被历代朝廷封赠的简单过程外，大量使用了中国台湾地区妈祖庙宇由官方推广建造的研究。然后将其扩大到妈祖文化藉由海外贸易而扩展到整个中国沿海乃至东南亚和美国的过程。尽管华琛意识到了妈祖文化的传播在这一过程中起最大作用的可能是福建移民而不是"国家"，但遗憾的是他未作更多说明，只是用这来当作妈祖文化多重内涵的一个例子。

华琛在这篇文章中最多的笔墨留给了他在中国香港新界做过田野调查的两座天后庙及当地宗族相关的崇拜情况。华琛注意到越来越多的村庄和宗族选择修建天后庙而不是其他本地神祇的庙宇，在于更加实际的原因，"把天后当作保护神，是大族首领用以表示他们准备与清朝当局合作的一种方式"。而这一进程被他称作"宗教标准化的过程"。具体来讲，华琛认为通过新田和厦村天后庙的例子："我们看到了国家承认的信仰在地方层面以最基本的形式得到认可的过程。沙江妈是一个例子。围绕着天后被安放在新田东山庙的过程，也有类似的传说。文氏也称他们占了一个渔民的神龛，在同一地方砌了一座天后庙。还有迹象表明，新田的天后像合并了另一个神明的石像。我在新界调查（共七个）的每一个个案中，天后都取代了一个本地神明，成为乡里供奉的主神。因此可以这么说，她实际上是毁掉或是灭掉原来的那些神明。"这一观察可以说是卓尔不凡的，妈祖是如何替代了华南沿海各地原有的地方神祇的过程，一直以来缺乏有力的研究，而在华琛看来，妈祖会取代当地的"小传统"的神祇，源自妈祖文化本身所隐含的国家权力特质。

在文本、口述、田野调查的研究分析之后，华琛回应了人类学和社会学领域对于中国社会宗教研究的一些看法，他最主要针对的是杨庆堃在这一领域的著名作品《中国社会中的宗教》中的相应研究。杨庆堃的主要观点是：在诸如庙会等公共活动中，宗教的基本功能是提供一种集体的象征。这种象征能把经济利益、社会身份和社会背景的分离加以转化，使其有可能融合到一个社会共同体中，因而形成了人们都能接受的大众崇拜。庙是社区及其集体利益的一种表达，共同的崇拜证明了共同的信仰和共同利益。[1] 华琛认为杨庆堃提出的这个模式是受到涂尔干影响的，更适合没有大家族主导的多姓村落。

结论部分，华琛回归到开头提出的中国晚期社会的文化整合问题。他认为："识字精英在文化标准化的过程中起了重要的作用，他们确保宗教信仰合乎全国公认的模式。但问题是国家在推广特定神明的过程中，是引导还是迎合了大众？中国乡民是否如萧公权所说，是'非常

---

① ［美］杨庆堃：《中国社会中的宗教——宗教的现代社会功能与其历史因素之研究》，范丽珠译，第81、96页。

易于进行意识形态塑造的材料'，还是其独立性和自信大到足以抵抗那些想要改变其宗教传统的人？答案当然是在两者之间。国家既引导大众，又对民众的压力作出反应；既推广神明信仰，又把它们收编进来。天后就是一个极佳的例证。本文开篇就已说过，她最初是福建沿海一个名气不大的地方神，后上升为帝国众神中的要角。显然，如果没有国家的干预，这样一种转变是不可能出现的。但同样正确的是，帝国官员既无力量也无资源把一个没有影响的神明强加于大众。在帝制中国晚期的社会中，人们对文化统一性的感知完全取决于其采取的视角。在最为抽象的层面，对诸如天后之类的宗教象征的接受，的的确确显示了统一性和整合。虽然我没有做全面的考察，但翻阅闽粤方志便可发现，毫不夸张地说，供奉三四个被国家认可神明的崇拜，不啻成千上万。国家官员或许认为，这证明他们已促成百姓'开化'，他们为引入宗族标准做出的努力已取得了成功。对不同类型的人来说，天后这样的神代表着不同的内涵，这一事实本身并未使中国的文化整合模式与众不同。人们只要想想欧洲的乡民社会对基督教国家的主要象征（圣母）的诠释是何其复杂多样。不过中国政治制度真正有别于其他传统的不同之处在于国家当局不愿规范信仰。只需遵守适当的礼仪形式——包括崇拜被认可的神明，国家就不会进行干预。来自国家和地方各等级阶层的识字精英，完全懂得被接受行为的规则。所以，通过遵照适当的形式，地方精英就在建构全国文化的过程中与国家当局进行合作，而从表面看来，这种全国文化表现出高度一致——尤其是相较于其他前近代社会的文化体系。"①

二、华琛"标准化"范式的学界反响

在以妈祖的研究为例提出了"神明的标准化"这一命题后，华琛

---

① 转引自刘永华主编：《中国社会文化史读本》，第148—149页。

在不久之后的对中国帝制晚期的丧葬仪式的研究中深化了他的结构标准
化理论，通过对于中国丧葬礼仪的结构化分解，进一步提出了"正统
化行为"和"正统化信仰"概念的区别。[1] 华琛总结了中国帝制晚期丧
葬仪式的九个基本环节，他认为王朝官员与地方精英在推广这套正统仪
式的过程中发挥了重要作用，而民间在选择性地接受这套仪式的同时形
成了一个非常有弹性的体系。而与华琛共同编纂刊发此文的《帝国晚
期与近代中国的丧葬仪式》（Death Ritual in Late Imperial and Modern
China）一书的罗友枝则对此有不同的看法，她认为华琛过于重视了中
国文化统一性的结构面向，而忽略了代表文化统一性的信仰理念作为内
容本身的意义。因而她以一位历史学者的视角评论道："导论文章中强
调国家所推动的是正确行动，而不是正确信仰。在与此题目有关的近期
研究文章中，大多数历史学者都同意华琛前半段的陈述，但对后半段则
存有争议。事实上，中国官员与地方精英都在努力散布被认可的价值观
念与行为；但他们常常选择透过强制性的正确行动来散布价值观念。"[2]

在此之后，不断有人类学、历史学的学者对华琛的这一范式提出质
疑和修正，例如杜赞奇和康豹都就此提出了自己的看法。[3] 而这一范式
在有关中国宗教的西方学界著作中不断被提及，其影响力是如此深远，
以至于在其文章发表的近二十年后的 2007 年，美国最重要的中国研究

[1] James L. Watson、Evelyn Sakakida Rawski, eds., *Death Ritual in Late Imperial and Modern China*, 1988, Berkeley: University of California Press.

[2] 罗友枝:《一个历史学者对中国人丧葬仪式的研究力法》，廖迪生译，《历史人类学学刊》2004 年第 1 期。英文原版见 Evelyn S. Rawski, "A Historian's Approach to Chinese Death Ritual", *Death Ritual in Late Imperial and Modern China*。

[3] Prasenjit Duara, "Superscribing Symbols: The Myth of Guandi, The Chinese God of War", *Journal of Asian Studies*, Vol. 47, No. 4. Nov. 1988; Paul Katz, *Daemon Hordes and burning boats: The Cult of Marshal Wen in Late Imperial China*, State University of New York Press, c1995.

期刊《近代中国》（*Modern China*）特地组织了《中国的仪式、文化标准化与正统行为：华琛观点的再思考》专号①，来再次审视、反思和修正华琛提出的"标准化""正统化"的这一理论。其中有彭慕兰对于泰山女神信仰的研究、苏堂栋对于中国明清时期丧葬仪式的研究、宋怡明对于福州地区五帝信仰的研究，以及康豹从仪式标准化超越国家正统性界定角度进行的江南地区瘟元帅的研究。这一期《近代中国》的"华琛专号"主要从四个方面对华琛的范式进行反思，主要有对官方推动的标准化的有效性的质疑；从国家地方代理人的矛盾与困惑境地来看政府的不成功之处；探索非政府标准化的未被注意的形式；对仪式与信仰关系的重新思考。而据该专号的主编苏堂栋在导言中所说的，这一期论文的主要目的在于"对国家标准化的效果提出质疑，勾勒了异端标准化的现象，讨论了地方精英颠覆国家文化策略的'伪正统行为'，重新思考把'仪式'和'信仰'这两个词相提并论的适用性，突出'中国性'这个概念的主观性"。中国国内的一些学者也据此进行了对于华琛范式的一些反思与研究②，鉴于本文主要讨论妈祖文化向西方世界之传播，这一部分内容就不在此赘述。然而华琛研究妈祖从而提出了中国宗教研究的"标准化"这一范式在欧美乃至全世界的学术影响是相当大的，正如康豹在一篇回顾西方中国社区宗教研究中所说的，"华琛的作品长期以来都被认为走在中华帝国晚期及现代中国文化史研究的前列。Catherine Bell 曾经指出：他的学问是个典范，标示了对中国文化研究的第三阶段或'全盘性'的方法。这种方法侧重各种崇拜、观点和

---

① *Modern China*, Vol. 33, No. 1, Jan. 2007.

② 相关文章主要有：刘志伟、科大卫：《"标准化"还是"正统化"？——从民间信仰与礼仪看中国文化的大一统》，《历史人类学学刊》2008 年第 10 期；刘永华：《"民间"何在？从弗里德曼谈到中国宗教研究的一个力法论问题》，复旦大学文史研究院编：《"民间"何在，谁之"信仰"》，中华书局 2009 年版，第 24 页。

价值观形成的方式，允许生成个体和多样性，认定仪式为崇拜、观点和价值观表达和再生的一种主要手段"①。

第二节　桑高仁（Paul Steven Sangren）的妈祖研究

继华琛之后，另一位对妈祖文化做出重要研究的美国学者是桑高仁（Paul Steven Sangren）。桑高仁本科毕业于普林斯顿大学，硕士和博士都在斯坦福大学的人类学接受教育，毕业后在康奈尔大学人类学系任教。

桑高仁的博士论文指导教授施坚雅对他影响颇深，所以尽管桑高仁从开始期间田野调查地就是以中国台湾为主，但他 1980 年提交了博士学位论文 *A Chinese Marketing Community：An Historical Ethnography of Taiwan*。该论文中以建构汉人社会不同市场层级中所对应的信仰组织与实践为主，逐级由下而上，由地方神明会、土地公公庙、地方公庙、城隍庙到大型进香团等各层级宗教活动间的性质与相互关系，以此来讨论中国台湾大溪地区由传统的农业经济交换中心，跻身于南中国经济体系的一部分，再被纳入全球经济体系的过程。② 看起来更多的是从民间宗教信仰实践的角度对施坚雅的区域市场体系的一种诠释，而桑高仁本身的学术追求显然是朝着民间信仰研究前进的。1987 年，他出版了《在一个汉人社区中的历史与灵力》（*History and Magical Power in a Chinese*

---

① ［美］康豹：《西方学界研究中国社区宗教传统的主要动态》，李琼花译，陈进国校，《文史哲》2009 年第 1 期。
② ［美］桑高仁：《汉人的社会逻辑：对于社会再生产过程中"异化"角色的人类学解释》，丁仁杰译，台湾"中央"研究院民族学研究所 2013 年版，译者导言第 19 页。

Community, Stanford：Stanford University Press）一书，其主要素材，就是来自他完成博士论文所搜集的中国台湾的田野资料。这本书最大的理论支撑点，在于作者尝试借由马克思主义经典理论中对"意识形态"的批判，来对中国的民间信仰做"解构主义式"的分析。作者从妈祖的研究中引发了对中国民间信仰的"灵"的概念的分析，并且认为"灵"作为神明所具有的超自然力量，可以被理解为是关于象征性关系的文化逻辑和关于社会关系物质性运作的显现。在他的分析中，"阴与阳"对应的"失序与秩序"，之间的媒介物即是"灵"，这被用来说明整套中国信仰世界的社会组织模式和宇宙图景。而"阴与阳"都是相对的，例如神明之间的相互比较，观音可能是阴的，妈祖却可能是阳的。在桑高仁看来，中国人的民间信仰体系中，可以跨越阴阳间的力量就是"灵"，当谈及妈祖是否"灵验"，实际上是在讨论妈祖在沟通阴阳之间的能力是很强的。

桑高仁研究妈祖文化最重要的著作，是其 2000 年出版的《中国人的社会逻辑：对于社会再生产过程中"异化"角色的人类学解释》（Chinese Sociologics: An Anthropological Account of the Role of Alienation in Social Reproduction, London School of Economics Monographs on Social Anthropology, Vol. 72. , London: Athlone Press）[①]。中文译本对应的九章的内容分别为：

第一章　导论

第二章　为什么是"文化"？为什么是"生产"？

第三章　历史与正常性的修辞学：台湾的妈祖信仰

---

① 这本著作后来由台湾"中央"研究院民族学研究所的丁仁杰研究员翻译为中文。该书英文原文共有九章，328 页，正文 238 页。

从全书的结构来看，尽管第八章是有关《封神演义》中哪吒故事的分析，但全书的大部分还是由桑高仁的妈祖研究所引出的。桑高仁在书中非常直接地指出，他是受到了马克思主义的启发，而将"文化是一种生产"的观点作为全书的基石的。而这一思路是针对美国文化人类学界"仅把文化看作是象征性、语言性或者是文字性的这种看法"，桑高仁认为美国文化人类学界的这种看法"在概念上有严重缺陷"，这导致了"'文化认同'越来越发展成为一种'政治性的权力'时"，他们对此发展趋势背后的各种政治与伦理面向，越来越没有能力去处理。而桑高仁的妈祖研究对于文化人类学的贡献，就是要"将文化视为一种生产"，[①] 将马克思主义理论的"生产"概念引入美国文化人类学的研究。

而为何选择妈祖信仰妈祖文化作为其研究主体，桑高仁是这样论述的：

---

① 桑高仁：《汉人的社会逻辑：对于社会再生产过程中"异化"角色的人类学解释》，第 79 页。

女神妈祖的信仰，构成了台湾涵盖性最广的"仪式社群"。妈祖信仰和中国台湾历史与文化认同间的紧密关系，是汉人人类学研究者向来所熟知的。每一年，进香团体通常是由地方地域性信仰团体所组成聚集在北港、新港、彰化、鹿港、土城、台南以及其他一些信仰中心。这些庙宇中心积极主动地参与在"信仰中心地位之优先性"的竞争中。而在这个竞争中所产生的相关论述，其主要的性质，是它带有一种历史性的属性。于是在这里，我想要探究的问题是：为什么"历史"这件事，在建立关于这位女神的"真实性"和"克理斯玛"（Charisma）上，扮演着如此重要的角色。①

所以，桑高仁在书中详细地分析了中国台湾地区的地方性妈祖文化中心之间的竞争，尤其是各个中心庙宇是如何借用不同的历史故事来塑造自己的合法性，以及与之相关的进香团体的仪式与活动。在这一过程中，桑高仁最重要的贡献之一，是向西方学术界介绍和阐释了中国宗教信仰文化中的"灵"的观念：

灵这个概念，由观察者来看，和常被人讨论的概念"玛那"（mana）很像，灵是一个整合汉人文化与宗教的关键性概念。简单的说，灵是一种被加之在各种超自然（神、鬼、祖先等）实体上的巫术性的效验。更进一步的，它具有一种相对性的性质：某些神和鬼会比其他的神或鬼更灵。例如说，在妈祖文化的例子，地位比较高的妈祖神像会比新的妈祖神像更灵。有些人会说妈祖比其他神明更灵（在某些脉络里）。这个灵的特质，很像某种充电的性质，

①　桑高仁：《汉人的社会逻辑：对于社会再生产过程中"异化"角色的人类学解释》，第123页。

或者，它更像一种火，它可以由一座庙的香炉中分出来而被转移到另一座庙上。灵会随着时间改变；某些神明会失去他的灵，有些则是会增加。前面讲的这些事情，台湾人都很熟悉，研究过台湾宗教的人类学家们也很熟悉，比较少人注意到的是一组基本的，没有被说出来的，以及大部分没有被浮现在意识里的是，在这个概念里面所体现出来的某些前提。在他处，我曾尝试呈现，灵，和那个或者是由混乱中创造出秩序，或者是由秩序中产生混乱的本体，有着持续的连结关系。在任何一个链接了"混乱与秩序""阴和阳"的具体仪式或神明意象的脉络里，那个媒介性的本体都可以被看作是有灵的。在脉络里，那个媒介性的本体，都可以被看作是有灵的。我们注意到妈祖的例子，在现在的脉络里，她的力量是来自于她在一群"自己人的社区"（汉族台湾人）和"在外面人的混乱的世界"（任何其他人或任何其他事情）之间的位置。逻辑上，在目前的分析中，妈祖的力量，是来自于前面这个分析里的那种"原初核心性"的"基本关系排列"。①

而桑高仁认为妈祖文化的研究，更重要的是呈现出一种国家与地方"相互正当性"关系。他论述道："对于台湾妈祖文化的分析，呈现出，关于妈祖力量来源的掩饰，是以一种逻辑上的循环往返性之形存在着的，而且这个掩饰（在集体再现的层次，这像是一种压抑），让国家与地方机构之间'相互正常性'的关系得以可能有所发生。"

以上的这个结论，导致我要暂时地去说，经由其是否拥有生产工具而定义出来的"阶级"概念，这个概念，对于"中国历史概念"以及

---

①　桑高仁：《汉人的社会逻辑：对于社会再生产过程中"异化"角色的人类学解释》，第137—138页。

妈祖文化里面"被意识形态化"的机构来说，它还只是间接性的相关。反而，在这里，我们所看到的是，地方性的连结在几种不同的层次上，以及，反过来说，那个涵盖性很高的国家之文化主导权，似乎是最重要的"正当化"妈祖神话与图像的来源，当然，这并不是说，在地方社区层次的领导者，和在官方层次的领导者，他们是能够完全立于阶级之外的。不过，经过妈祖神话所加以"意识形态化"的机构，在某种程度上，它是能跨越阶级利益的。在妈祖文化的意识形态里，关于她的社会起源的面向，她的既是来自国家也是来自地方社会性集体而所发生的有着文化内涵的社会再生产过程，是最首先，而且在程度上也是最强的被加以"神秘化"的部分。①

桑高仁上述这段关于妈祖文化的精彩论述，尤其是其对马克思主义理论的运用，可看作是华琛之后西方学界对于妈祖文化最重要的研究。同样也关注妈祖文化中所体现的中国文化的"整合性"问题，桑高仁似乎在这一层面对华琛有所超越，因为他通过更丰富的田野调查资料呈现了国家和地方在地方宗教信仰这一问题上的"相互正当性"的可能，而不仅仅是国家将地方神明"标准化"的过程，这一想法其实已经蕴含在华琛的文章之中，但桑高仁将其更为明确地表达了出来。

除了将"灵"的概念引入到西方的中国宗教文化研究外，桑高仁对妈祖文化的研究，也可以算作欧美学界对于中国女神研究的先河。桑高仁有关妈祖文化的女神面向的研究，最早开始于 1983 年发表的一篇文章《中国宗教信仰中的女性符号：观音、妈祖和无生老母》(*Female Gender in Chinese Religious Symbols: Kuan Yin, Ma Tsu, and the "Eternal Mother"*, Signs 9, 1983, pp. 4-25.)，在我们上述主要讨论的《中国人的

---

①　桑高仁：《汉人的社会逻辑：对于社会再生产过程中"异化"角色的人类学解释》，第 153 页。

社会逻辑：对于社会再生产过程中"异化"角色的人类学解释》一书的第七章，也专门讨论了妈祖文化的女神面向。关于妈祖作为女神在中国宗教信仰中的意义，桑高仁的观点主要有以下几点。

首先，桑高仁认为中国文化下的女人观是具有内在紧张关系的，女人的经血使她有生产力，同时也使她具污染力。女人为家族生育新的下一代，但是也带来家族分裂。中国女人与女神不同，女人是污染的，因为她的经血与产血是污染之物，但是成为女神必须是清净的，必须要否定经血与产血的发生。以无生老母、观音、妈祖为例，三位女神避开为人妻与人母的经血污染，却又同时取得一种"母"性为人崇拜。这个被人崇拜的"母性"是净化的，几乎是一种生生不息的力量，而不是透过经血的生育。

其次，桑高仁指出武雅士对中国宗教的科层架构的理论几乎是针对男神，而且是具地域性质的男神来说，如土地公、城隍。但是女神恰好具有分裂与结合既有地域界线的双重力量，替僵化的科层体制与地域界限带来种种的包容力、中介力、与结合力，例如上述三位女神信徒的进香常常是打破地区边界，带来不同族群的整合。①

第三节　李顺化（Jonathan H. X. Lee）的"美国妈祖"研究

和本章前两节所选择的已经为人类学界视为"经典"的妈祖文化研究不同，本节中要介绍的是一位较为年轻的学者的研究。他的研究不同于人类学者在妈祖原乡的中国进行田野调查，是将研究视野集中在美

---

① 参见张珣：《人类学视野下的台湾宗教与性别研究》，《世界宗教文化》2013年第2期。

国的妈祖文化上。这就是美国旧金山州立大学族裔研究学院美国亚裔学系的副教授李顺化博士的"美国妈祖"研究。和前文那些在中国本土承袭和实践着妈祖文化的同胞们不同的是，李顺化所研究的人群是生活在美国的中国移民，尤其是中国台湾移民如何在美国传承妈祖文化，并且通过跨太平洋的回乡"分香"的方式建立与台湾北港妈祖庙的香火联系，同时又通过将传统的"妈祖绕境"仪式与旧金山市作为"美国文化"传统的大游行结合起来，彰显自己同时对"中国文化"和"美国文化"认同的双重文化身份。李顺化博士的研究不仅仅是一个跨境宗教的个案，对于妈祖文化在中国以外的世界传播的研究来讲，具有相当重要的意义，它切中要害地指出了在当前信息化加强全球化的世界形势下，妈祖文化可能进一步发展的全新方向。正如他在研究中引用的一位"美国妈祖"的信奉者所言："妈祖是一位世界性的女神。"

李顺化博士的研究兴趣主要集中在华裔美国人的宗教与文化生活上，发表过多篇相关论文，包括2005年在《台湾史料研究》发表的《妈祖与台湾新移民的美国化》① 等文。而他的有关妈祖文化最重要的研究，主要集中体现在他2009年提交的加州大学圣芭芭拉分校的博士学位论文中。李顺化的博士论文题目是《奔波的跨国女神：作为华裔美国文化工作和中国宗教本土化的美国妈祖游神朝圣之旅》(Transnational Goddess on the Move: Meiguo Mazu's Celestial Inspection Tourand Pilgrimage as Chinese American Culture Workand Vernacular Chinese Religion)②，论文主要分为六个大部分：绪论、第一章、第二章、第三章、第四章和第五章。在绪论部分，对论文的主要理论、概念和研究取向做了清晰的界定，主要有

---

① 《台湾史料研究》2005年第24期，第114—127页。

② *A Dissertation submitted in partial satisfaction of the requirements for the degree Doctor of Philosophy in Religious Studies*, University of California Santa Barbara, 2009.

"界定天后/妈祖研究""重新思考中国大众宗教""从中国大众宗教到中国宗教本土化""重新思考朝圣""重新思考神圣空间""华裔美国文化工作和华裔美国性的政治""旧金山中国新年游行和华裔美国性""华裔美国人的跨国主义和变化的中国式虔诚""作为移民宗教的华裔美国人宗教""论文的组织架构"。第一章的主要内容是对妈祖文化本身作概述性研究，介绍了妈祖"从女孩到女神""从地方女神到天上圣母"的信仰发展历程，并且将妈祖与中国的其他女神信仰如临水夫人、观音等进行了比较研究，李顺化在这一章中还特别对妈祖被称之为"妈祖"而非"天后"的历史现象进行了特别的论述，对中国台湾地区妈祖文化的特点进行了突出性表述，为后文研究华裔美国移民的妈祖文化做了铺垫。第二章中，李顺化讲了妈祖在太平洋两岸两个城市"北港"和"旧金山"的故事。他首先对台湾北港妈祖的信仰情况进行了介绍，回溯了北港朝天宫的历史及其与大甲妈祖之间的竞争关系。接着，视野转换到旧金山妈祖文化的形成。李顺化将其分为四个阶段，描绘了从天后/妈祖视角的华裔美国人历史和宗教图景。第一阶段，旧金山中国城形成过程中的天后庙的建立；第二阶段，天后庙的第二生命；第三阶段，从"大熔炉"到"宗教多元主义"；第四阶段是讲述华裔美国人和跨境宗教团体与女神信仰的产生。除了旧金山的天后宫外，李顺化还在本章内介绍了"美国妈祖庙"（朝圣宫，Ma-tsu Temple of U.S.A.）团体的历史和形成，以及印支华人背景的妈祖文化。第三章中，李顺化开始对上述美国的天后宫/妈祖庙的团体与活动进行更加深入的分析。他讨论了美国妈祖庙为了适应本地的宗教文化环境，对妈祖祭祀仪式进行的调节与改造。也讨论了神圣空间和华裔美国人的"文化工作"（culture work），特别讨论了加州马里斯维尔市的北溪庙（Bok Kai）的历史与近况。本章围绕着"文化工作"这一概念展开，着重突出论述了加州地区新的妈祖庙设立与华裔美国人之间的联系，区别于早年随着"淘金热"来到美国西岸的广东华人劳工，新的华裔美国移民将中国台湾的妈祖"巡游"仪式移植到美国，并且与旧金山当地的文化相结合，体现了华裔美国人"文化工作"的多重表达。第四章中，作者极为详尽地记录了美国妈祖"回娘家"的故事，主要是就朝圣宫如何保持了台湾地区原有的"妈祖绕境"的仪式，但整个旅程是跨越太平洋的，遵循着"旧金山—北港—花莲—花东—高雄—北港"的路线，着意建立和加强美国的妈祖庙与台湾地区本地妈祖庙之间的联系。第五章结论中，作者讨论了四个重要的议题，首先是像美国妈祖文化这样的本土化中国宗教是如何嵌入在社会关系网络中的，其次，美国妈祖是如何体现了变换着的中国性的。再次，从他研究的主要个案出发，探讨了华裔美国人的宗教虔诚和社会关系，最后他还提出了对美国妈祖庙——朝圣宫未来发展的一些思考。

以上介绍了李顺化博士在其博士学位论文的主要观点，作者其实对于美国的中国宗教研究有着很多理论上的新思考，但我认为他的论文对于本书议题更重要的价值是指出了一个全新的开拓方向。正如作者在书中指出的，现有的对美国华人的宗教信仰的研究，过多地集中在对华人基督教团体的研究中，这当然和美国整体的基督教氛围影响有关，但在美国积极保持传承着中国本土宗教信仰——妈祖文化的华人团体其实是一个更值得研究的议题。这个研究论题背后直接呈现出在美华人精神面向中华文化顽强生存的那个部分，而在美华人选择妈祖作为在美奉祀的主要中国神祇，这其实在一种自然实验的条件下让我们看到，妈祖文化本身所天生具有的外向型特质和成为"世界性的女神"的文化潜质。

第五章　妈祖与西方海神文化比较研究

2009 年 9 月 30 日，联合国教科文组织（UNESCO，United Nations Educational，Scientific and Cultural Organization），将妈祖信俗（Mazu belief and customs）选入"世界人类非物质文化遗产代表作名录"（Intangible Cultural Heritage of Humanity）。在联合国教科文组织的网站上，对妈祖文化有这样一段介绍：

As the most influential goddess of the sea in China, Mazu is at the centre of a host of beliefs and customs, including oral traditions, religious ceremonies and folk practices, throughout the country's coastal areas. Mazu is believed to have lived in the tenth century on Meizhou Island, where she dedicated herself to helping her fellow townspeople, and died attempting to rescue the survivors of a shipwreck. Local residents built a temple in her honour and began to venerate her as a goddess. She is celebrated twice each year in formal temple fairs, when Meizhou residents, farmers and fisherfolk temporarily suspend their work to sacrifice marine animals, venerate statues of Mazu and enjoy a variety of dances and other performances. Smaller worship ceremonies take place throughout the year in the other 5,000 Mazu temples around the world and in private homes; these may involve floral tributes; candles, incense and firecrackers; and evening processions of residents bearing 'Mazu lanterns'. Followers may implore the god for pregnancy, peace, the solution to a problem or general well-being. Deeply integrated into the lives of coastal Chinese and their descendants, belief in and commemoration of Mazu is an important cultural bond that promotes family harmony, social concord, and the social identity of these communities. ①

这段英文的介绍可以看作是现在世界范围内对于妈祖文化的普遍认知，因此不妨翻译如下：

作为中国最具有影响力的海洋女神，妈祖是全国沿海区域包括口传、宗教仪式和民间实践在内的信仰与习俗的核心。据传，妈祖生活在 10 世纪的湄洲岛，她毕生致力于帮助她的乡民，并在试图拯救一场船难的幸存者时死去。当地居民因此为她兴建了一所庙宇，开始将她作为一名女神来崇奉。每年会有两次正式的庙会举行仪式，每到那时，湄洲的居民、农民和渔民们就会暂时停下他们的工作，将海洋渔获奉献给妈祖的雕像，享受多种多样的舞蹈和其他表演。在全世界五千多座奉祀妈祖的庙宇和私人家庭里整年都在进行着小一些的奉祀仪式，仪式可能会包含供品鲜花、香烛、香和鞭炮，在夜晚还会有打着"妈祖灯笼"的游行。信众们会向妈祖祈求子嗣、平安以及问题的解决之道，或者仅仅是祈愿生活幸福。因

---

①　来自联合国教科文组织网站：http://www.unesco.org/culture/ich/en/RL/mazu-belief-and-customs-00227。

其深深融入中国沿海居民及其后代的生活中，对妈祖的信奉与纪念成为促进家庭和谐、社会稳定和社会组织认同的重要纽带。

这段介绍不长，也不算是对于妈祖信俗最为深刻的解读，但在西方文化主导了几个世纪的世界文化中，能够有妈祖文化的一席之地，却非一日一时之功可以促成的。这其中不仅有华人世界有识有志之士的努力，还有中国文化几个世纪以来被西方人逐渐认识的曲折历程。这几个世纪的历史，并不总是和平与充满欢笑与理解的，更多的时候，像海上的风暴一样，充斥着悲剧与泪水。而正如妈祖之于海洋上的中国人是家与生命的希望一样，对于妈祖的信仰也护佑着世界各地的华人华侨，在越来越多的地方，生根发芽，开花结果。现在的地球上，已经很少有哪个角落看不到华人的足迹了。对于这一点，作为华人的一员，既骄傲，也有忧虑。当其他文化环境中成长的人们越来越多地接触到中国文化，对中国的某些偏见在逐渐消融，但对中华文化的敌意与误解，却从未消失，甚至在某些方面有逐渐增长的趋势。例如在某段时间内，我国的媒体热衷于曝光中国游客在世界各地旅行时的不礼貌行为，引发了国内知识界对于国人素质的反思。然而媒体没有提到的另外一面，其实是中国文化与"他文化"遭遇之时，双方对于彼此的不熟悉所造成的大量误解。在这一点上，我们可以说在世界舞台上的国人，对于"他文化"缺乏了解，所以从"他文化"来反观中国文化本身，成为近年来文史学界的潮流之一。

葛兆光先生在复旦文史研究院编纂的《西文文献中的中国》一书的序言里这样说过：

几年以前，文史研究院刚成立的时候，我曾提出过一个问题，就是"研究中国仅仅依靠中国的文献是否足够"？大家都知道，中国汉文文献很多很多，多到要用"汗牛充栋""浩瀚无边"这样的词来形容，所以，过去研究中国历史和文化常常只关注中国自己的资料，甚至有人还会反问，研究中国不是就得用中国史料吗？这话当然没错，不过，我总觉得，中国史料描述的中国往往只是自我打量和自我想象，如果有一些来自异邦的观察和想象，是否可以看得更清楚一些呢？就像有了镜子一样，我总说，镜子一面还不够，一面只能看到前面，要有多面镜子，所以，欧洲文献中有关中国的资料就格外重要，它不只是多提供了资料，还多提供了不同的观察立场、角度和观念。①

正如葛先生所说的，要研究在世界范围内的妈祖文化，需要找一面"镜子"，西方文化就可以是这样的一面"镜子"。因此，将妈祖文化与西方文化中的海神及海洋相关的信俗文化进行比较研究，就是一种必不可少的"镜鉴"。这样在了解妈祖文化的世界影响力的同时，还可以对我们自己的文化，有更清楚的认知。

16世纪派往中国的葡萄牙使团使节托梅·皮雷斯的《东方概要》中对于中国的妈祖文化有所介绍，甚至将妈祖信俗的实物带回到遥远的葡萄牙国王的御前。

华人信仰一个上帝，将其视为万物的创造者。他们供奉三个同样的神像。他们特别供奉一个妇女，将其视为圣人，称其为娘妈（Nama）。她在上帝面前保护所有人，无论陆上还是海上人家……

---

① 复旦大学文史研究院编：《西文文献中的中国》，中华书局2010年版，序第1页。

费尔南·佩雷斯·德·安德拉德（Fernão Peres de Andrade）曾带来这些神像。它们画在用木棍或树枝支撑的布上，如同在佛兰德（Flandres）生产的那种彩布。他将这些神像及该省的其他物品在埃武拉呈献给唐·曼努埃尔国王。[①]

从中可以看到，16世纪的欧洲人，非常直接地将在中国目睹到的妈祖文化，和他们所信仰的基督教的"上帝""万物的创造者""在上帝面前的保护者"进行了比较甚至类推。通过这样的方式，包含妈祖信俗在内的中国文化深刻地影响了之后欧洲的宗教改革与启蒙运动。正如法国学者安田朴（Etiemble）在《中国文化西传欧洲史》中所说的："无论葡萄牙人进入印度洋和印度本土显得多么残酷和自私，也无论葡萄牙人的统治在伦理道德上是如何不能容忍，它毕竟也丰富了西方基督教的文化遗产，并在无意中对那些为'启蒙时代'做准备的人做出了贡献。"[②]

鉴于妈祖文化在中西方文化交流中扮演的重要角色，将妈祖与西方文化传统中原有的海神进行比较研究，就具有了非常重要的意义。以下的重点将以妈祖与希腊神话中的海神波塞冬为例，比较东西方文化对于海神信仰的异同之处。

第一节　妈祖与古希腊海神波塞冬成神途径的异同

妈祖在中国人的信俗世界中向来是与海洋联系在一起的，据宋代士

① ［葡］达米昂·德·戈伊斯（Damião de Góis）：《唐·曼努埃尔王编年史》（Crónica do Felicíssimo Rei D. Manuel）第4卷，第55—58页。

② ［法］安田朴：《中国文化西传欧洲史》，耿昇译，商务印书馆2000年版，第12页。

人对敬奉妈祖的顺济庙的记载："顺济庙，本湄洲林氏女，为巫，能知人祸福，没而人祠之，航海者有祷必应。"① 可见在妈祖文化形成之初，其海神的属性就非常突出，除了"能知人祸福"的"巫"的角色外，妈祖广为人信奉最重要的原因就是"航海者有祷必应"。而作为希腊文明最重要的文学载体的《荷马史诗》中曾经记载了波塞冬的这样一种自述："我们是克洛诺斯和瑞亚所生的三兄弟，宙斯和我，第三个是掌管死者的哈迪斯。一切分成三份，各得自己的一份，我从阄子拈得灰色的大海作为永久的居所，哈迪斯统治昏冥世界，宙斯拈得太空和云气里的广阔天宇，大地和高耸的奥林波斯归大家公有。"② 可知至少在《荷马史诗》成书的时代，波塞冬就是西方文明中最重要的海神了。妈祖作为东方文化中最重要的海神，其影响力广及整个东亚甚至东南亚，波塞冬作为希腊传说中最重要的海神，亦是西方古典文化世界中最富盛名的海洋神明，对二者的比较将展现非常有意义的不同的文化视野。

波塞冬作为古希腊的重要神祇，在记叙特洛伊战争的口传史诗《荷马史诗》（也即《伊利亚特》和《奥德赛》）中有非常生动的记载，这也是现存传世文献中关于波塞冬的最重要的早期记录。《荷马史诗》的成书年代据推算为公元前 12 世纪到公元前 4 世纪之间，相当于中国的周代时期。《荷马史诗》描绘了希腊的众神和英雄传说。有趣的是，波塞冬在《荷马史诗》中最频繁的描述，是"地震之神"：

> 天神和凡人之父在上天可怕地鸣雷，震地神波塞东在下面抖动广阔无垠的丰饶大地和所有高耸险峻的峰峦。一切都颤动不止：泉

---

① （宋）黄岩孙：《仙溪志》卷9《三妃庙》。

② ［古希腊］荷马：《荷马史诗·伊利亚特》，罗念生、王焕生译，上海人民出版社2000年版，第199页。

源丰富的伊达山（Ida）的峰脊和根基，特洛伊城郭和阿凯亚船舶。下界的冥魂之王哈迪斯惊恐不已，惶惶地大叫一声迅速从宝座上跳起，惟恐波塞东把他上面的地层震裂，在天神和凡人面前暴露他的居地：那可怕、死气沉沉、神明都憎恶的去处。

他在史诗中的另一称号是绕地之神（Enfolder of Earth），在《伊利亚特》出现了 11 次，集中在 13 到 15 卷，在《奥德赛》中则为 6 次。该称号突出了波塞冬作为海神的一面，因为古希腊人相信大地被海洋包围，"绕地之神"也可以被看作"海神"。①

波塞冬能保佑航海者的安全航行，而航海者们也会为了平安航海而向波塞冬献祭。阿喀琉斯（Achilles）在拒绝阿伽门农求和时说，若是伟大的震地之神保佑他，他在第三天就能回到故乡。涅斯托尔（Nestor）一行在归程时为了顺利航过大海而向波塞冬献祭了很多公牛的腿肉。波塞冬甚至可以赐福于整个城市，譬如费埃克斯人（Phaeacians）得到波塞冬的保佑，他们的船只速度就如飞鸟或思绪那样快。②《伊利亚特》主要讲述了希腊人远征特洛伊的故事，在人与人之间的战斗中，希腊的神也分成两个阵营参与人间事务，伟大的海王波塞冬投身于希腊人的船寨，激发他们的信心。而波塞冬之所以选择希腊人，相传他和阿波罗曾为特洛伊修筑城墙，完工之后却未得到应有的报酬，因而怀恨在心，在战场上对特洛伊人毫无怜悯之心，"震地神并非按照我的意愿加害于特洛亚人和赫克托尔，帮助敌对的一面，他是出于自己的心灵的激发和恕患"。"震地神波塞冬率领着他们，强大的手里握着令人胆寒的利剑"。

---

① 朱毅璋：《论荷马史诗中的波塞冬形象》，《古代文明》2012 年第 4 期。
② ［古希腊］荷马：《荷马史诗》，罗念生、王焕生译，第 504 页。

《奥德赛》主要记述了特洛伊战后，希腊英雄奥德修斯艰难的回国历程，而这段故事的根源就在于奥德修斯杀害了波塞冬在凡间的后代，"是环绕大地的波塞冬一直为独目巨怪怀恨在心，奥德修斯刺瞎了他的眼睛，就是那神样的波吕斐摩斯"，"为此原由，震地神波塞冬虽然不可能杀死奥德修斯，但却让他远离乡土"，波塞冬在海上掀起一个又一个巨澜，让他无法前行。"他说完立即聚合浓云，手握三股叉，搅动大海，掀起各种方向的劲风的暴烈气流，用浓重的云气沉沉笼罩陆地连同大海，黑夜从天空跃起。东风、南风一起刮来，反向的西风和产生于太空的北风掀起层层巨澜"，"奥德修斯心里和智慧正这样思忖，震地神波塞冬又猛然掀起一个巨澜，可怕而沉重，从上面直压下来扑向他。有如一阵狂风袭来，把一堆干草骤然卷起，吹得那干草四散飘落，神明也这样把筏体的长长木料打散"，"他（波塞冬）鼓起各种狂风，阻拦我前进的道路，把无边的大海不停地翻动，狂涛迫使我无法乘筏船继续航行"，"波塞冬把他们的坚固船只击碎海里，被强烈的风暴和险恶的巨浪猛烈冲击"。

这里，波塞冬的"海神"职能就非常明确了，但波塞冬作为"海神"的形象又是和他的"地震之神"职能联系在一起的，他主要是通过掀起海上的波浪或者陆地的震动来恐吓战争对手，而出海前的献祭仪式，也是为了不在海上遇到大的风浪。波塞冬作为海洋之神的地位在荷马时代就已经确立，但他本身作为"海神"，正是海洋上可能遇到的狂风巨浪和种种风险的肇始者。人们将波塞冬作为"海神"进行奉祀，是因为对他的惧怕而不是敬慕。

妈祖在中国文化中作为"海神"的产生，则与波塞冬有极大的不同。妈祖作为"海神"出现于中国的宋代，远远晚于波塞冬作为古希腊海神产生的时间。这导致了妈祖与波塞冬作为中西两种文化的"海神"之间最大的一个不同之处，波塞冬是来自遥远的传说时代的神祇，而妈祖则出现于史料记载已经相当丰富和翔实的宋代，在各种正史资料和方志资料中，妈祖是作为一个曾经切实生活在人间的"人"而被记录的。

迄今发现最早的一篇记载妈祖的文献是宋代绍兴年间廖鹏飞的《圣墩祖庙重建顺济庙记》，其中记载了妈祖作为"湄洲神女"显圣的故事：

> 遍梦墩旁之民曰："我湄洲神女，其枯槎实所凭，宜馆我于墩上。"父老异之，因为立庙，号曰圣墩。岁水旱则祷之，疠疫祟则祷之，海寇盘亘则祷之，其应如响。故商舶尤借以指南，得吉卜而济，虽怒涛汹涌，舟亦无恙。宁江人洪伯通，尝泛舟以行，中途遇风，舟几覆没，伯通号呼祝之，言未脱口而风息。既还其家，高大其像，则筑一灵于旧庙西以妥之。宣和壬寅岁也。越明年癸卯，给事中路允迪使高丽，道东海，值风浪震荡，舳舻相冲者八，而覆溺者七，独公所乘舟，有女神登樯竿，为旋舞状，俄获安济。①

这里可见倡建圣墩祖庙的正是莆田沿海渔村的渔民，而妈祖护佑的也正是需要向海洋里"讨生活"的沿海渔民群体以及其他需要行船海上的群体。妈祖最初的神职包括"岁水旱则祷之，疠疫祟则祷之"，而最为人们所称道的则是"海寇盘亘则祷之，其应如响"，这里的妈祖具有祈雨、灭瘟和驱散海盗、为商船指引的多重职能。

南宋绍兴二十一年（1151）莆田人黄公度曾在圣墩"顺济庙"题

---

① （宋）廖鹏飞：《圣墩祖庙重建顺济庙记》，蒋维锬编校：《妈祖文献资料》，第1页。

诗一首："枯木肇灵沧海东，参差宫殿崒晴空。平生不厌混巫媪，已死犹能效国功。万户牲醪无水旱，四时歌舞走儿童。传闻利泽至今在，千里危樯一信风。"① 明确地点出，在宋代，妈祖是作为"巫媪"的形象存在的。妈祖生前是"莆阳林氏女，少能言人祸福，殁号通贤神女，或曰龙女也"②。与传说中自始至终都明确是神的波塞冬不同，妈祖是"由人而巫"，由"巫"而成"神"。

第二节　从时空特征看妈祖与波塞冬的异同

现存有关波塞冬较早的记载，来自迈锡尼文明时期的泥版。

> 奉献物：献予波塞冬：一个金杯，两个妇女
>
> 献予宙斯：一个金碗，一个男人
>
> 献予赫拉：一个金碗，一个妇女
>
> 献予赫尔墨斯：一个金杯，一个男人

（派罗斯泥版 Tn 316）

这块出自迈锡尼的美西尼亚（Messenia）的泥版，记载了献给神明的献祭物，其中第一个提到的神殿就是：Posidaion（意思就是"属于波塞东的"），献祭物是两个妇女和一个金杯。波塞冬的排名远远超过于

---

① 《莆阳知稼翁集》，四川大学古籍所编：《宋集珍本丛刊》第 44 册，线装书局 2004 年版，第 512 页。

② （宋）潜说友：《咸淳临安志》卷 73《顺济圣妃庙记（丁伯桂）》，浙江古籍出版社 2012 年版，第 2580 页。

宙斯和赫拉等神，可见在迈锡尼的某些地区，波塞冬信仰甚至超越了宙斯和赫拉。① 而孕育了波塞冬信仰的迈锡尼文明（约公元前1600—前1100年）是古希腊史前文化发展的一个十分重要而特殊的阶段，属于希腊本土青铜文化（希腊的文化）晚期，也是其鼎盛期，其文化持续发展达500年之久。迈锡尼时代已属文明时代，有自己的文字体系——线形文字，是希腊文字的滥觞。考古展示的迈锡尼世界是个物质文化高度发达的文明社会，有雄伟的城堡、豪华壮观的宫殿圆顶墓、精美的壁画、陶器和金属工艺品。②

在古代，希腊并不是一个统一国家的名称，而是希腊人对他们所居住生活地区的通称，最初指传说中希腊人始祖所居住的希腊半岛中部偏北地区，后来范围逐步扩大而包括希腊半岛、爱琴海诸岛乃至泛指所有希腊人聚居之地。古希腊文明是著名的世界古代文明之一，但相较于东方的大河流域、沃野千里，希腊则是地小山多、海岸曲折、岛屿密布。温和晴朗的地中海气候在这里表现得最为典型，它既无欧洲大陆冬季的严寒，也没有非洲沙漠夏日的酷暑。在这里，海洋主宰了它的气候，也在一定程度上影响于它的历史和文化。

作为希腊文明重要阶段的迈锡尼人的兴起，与米诺斯文明的衰落时间一致。米诺斯文明以克里特岛为中心，从公元前2200年开始就在古希腊占据主导地位。大约在公元前1450年，迈锡尼人占领了米诺斯帝国的所在地克里特岛，并取代米诺斯人成为爱琴海世界的统治者。波塞冬的信仰在此一时期的蓬勃发展，正是标志着希腊文明中海洋精神的重

---

① 转引自朱毅璋：《试论希腊神话中的波塞东》，硕士学位论文，华南师范大学2007年。

② 王以欣：《迈锡尼时代——希腊英雄神话和史诗的摇篮》，《世界历史》1999年第3期。

要孕育时期。希腊是一个临海多山的地区，平原面积有限，不适宜种植粮食作物，居民所需粮食往往需从海外输入。古代希腊诸多城邦的经济也多以发展航海贸易为主，不仅对海洋的依赖性很强，而且也逐渐认识到海上运输的重要性。

随着迈锡尼人的城市不断繁荣，他们的贸易和影响力跨越了整个地中海区域。迈锡尼人生性好战。他们的坟墓中常有铠甲、武器和战争场面的绘画，这些给我们提供了很多再现迈锡尼时代战争的线索。国王们拥有庞大的常规军，在和平时期，他们驻扎在王宫之中。军人们的粮草、兵器和衣物均由统治者来提供。军队的指挥官身着沉重的青铜铠甲，头戴皮制头盔，头盔上竖起野猪的獠牙。普通士兵身穿皮制战袍，持有多种武器，例如长矛、剑、盾牌和匕首等等。在战斗中，指挥官们驾着战车冲锋陷阵，而军队里的其他人则步行冲杀。从公元前 16 世纪起，迈锡尼人就主宰着地中海地区的海上贸易，他们在意大利南部和安纳托利亚西海岸建有商栈，同来自遥远的中东、北非和斯堪的纳维亚地区的商人进行交易。商人们卖出迈锡尼出产的谷物、陶器、布匹和手工艺品，买进诸如黄金、黄铜和锡之类的金属。[1]

希波战争时期，海战在保卫国家自由中发挥了重要作用，而雅典凭借自身强大的海军实力建立起了海上帝国，发展海军成为城邦国防建设中的一项重要内容，并且还改进船只的结构以适应海上作战的需要，波塞冬信仰的进一步发展，正是建立海上帝国的政治力量的重要诉求。希腊神话中出现的海神波塞冬，在一定程度上反映出当时的社会现实，波塞冬的形象与性格，同时也是好战的迈锡尼文明的特征。

与此相比，妈祖文化肇兴的最初区域是在中国东南沿海的湄洲湾，

---

① ［希腊］阿丹曼提霞·瓦斯罗格木罗：《追踪迈锡尼文明：拉科尼亚的统治者》，李朦萌译，《大众考古》2014 年第 6 期。

这一区域位于莆田东南部，属半岛岛屿低丘台地区，主要由芴石半岛和半岛外围海上的岛屿组成。芴石半岛北面为兴化湾，东南为平海湾，西南为湄洲湾，湾内散布着150多个岛屿。区域内陆地多为海拔100米以下的花岗岩丘陵和红土台地，降水少，耕地少，土地贫瘠，陆上农业生产条件较差。另一方面，海岸曲折，海湾众多，海域广阔，水产资源丰富。湄洲湾的东、西、北三面的山丘环抱，湾口向东南敞开，东周半岛和烟敦山共扼湾口，湾中尚有三道自然屏障第一道为湄洲岛横亘在湾口；第二道为盘屿、大竹屿、小竹屿；第三道为罗屿、横屿和洋屿，这样形成一个天然避风港，因此该地区的古代居民点多沿海岸分布，以渔民为主。

到妈祖文化兴起的宋代，湄洲湾因地处福建沿海黄金海岸的中间地带，是我国东南海上交通要冲，船只必经之地。同时，湄洲湾也是全国受台风影响最严重的地区，经常出现大风和降水天气，引起海面波涛汹涌、巨浪排空，给过往的船只带来灾难。妈祖故里的湄洲岛直接面对台湾海峡。台湾海峡是中国风浪最大的海区之一，晋江—福州段海岸直接登陆的台风年均0.8次。从北宋太平兴国三年（978）至1948年间，福建沿海有243年发生严重风灾，台风占62%，莆田海域遭受严重海洋灾害比例尤高。福建历史记载的8次海啸中，莆田占4次。一方面是以渔业、航运为主的经济生活，另一方面是沿海海域频繁发生的自然灾害，这二者结合起来，妈祖作为中国最重要的海神信仰产生于此处就带有一定的必然性了。

就妈祖文化产生的历史时段来讲，宋代的北方长期兵祸，经济中心益发转移到较为平静的南方沿海，这一时期也成为整个福建被最深度开发的时期。宋代限于北方的压力，更加依赖于海外贸易对经济的促进，由此产生的海外贸易的兴盛和港口规模的扩大，与莆田毗邻的泉州港在南宋末年已超越广州，而跃居全国首位，成为"四海舶商，诸藩深贡"世界的最大海港之一。

元代尽管灭宋，但在经济发展趋势上部分地继承了南宋倚重海外贸易的特质。而元朝由于政治中心北移到大都（今北京），当时由太仓、刘家港（今上海）到达直沽寨（今天津），是海运漕粮的重要航线。元泰定三年（1326）在天津的海河三叉河口建立海神庙——天后宫，促进了妈祖文化进一步向北方的传播。① 当时的经济与航海技术已相当发达，促进了海洋航运量的增加，但自然的力量仍然强大，大部分航运船只还是只能在精神上求助于海神的庇护。妈祖救助海难并被神化了的事迹的越发丰富，正是宋元时期中国海外贸易和海洋航运大规模发展的体现。

从时空特征上来看，波塞冬文化和妈祖文化都产生于海洋经济、海洋贸易繁盛的时期，产生于以海洋为最大的自然环境影响因素的地理区域。不同之处在于，波塞冬作为迈锡尼文明的海洋神祇，带有迈锡尼文明好战的特征，酷烈、有仇必报和喜爱挑动战争是波塞冬的主要性格。而妈祖在其产生的时空则是相对和平的，主要以慈爱的、乐于助人的形象出现在文献记载与民间传说中，甚至具有为从事渔业和航运的渔民和海商驱散海盗的事迹。这样截然相反的性格特质，也与波塞冬和妈祖产生的不同的地理、自然环境密切相关。波塞冬产生于希腊城邦崛起的时期，各个城邦之间战争频发，冲突与好斗成为波塞冬的性格特质。妈祖文化则产生于渴求统一、以文人治理因而不尚武功的宋代，妈祖所具有的慈爱与平和的神格深深地扎根于此。

---

① 高红：《妈祖文化与地理环境》，《人文地理》1997 年第 3 期；郑衡泌：《宋代妈祖信仰传播的地理过程及其推力分析》，《地理科学》2010 年第 2 期。

第三节 从信众群体与奉祀仪式
看妈祖与波塞冬的异同

一、波塞冬的信众群体和奉祀仪式

（一）波塞冬与科林斯地峡

奉祀波塞冬作为海神的，最主要是希腊的沿海城邦，如科林斯和雅典。科林斯是因科林斯地峡的过境贸易而大为兴盛的城邦，科林斯地峡将伯罗奔尼撒半岛与希腊大陆分割开来，连接科林斯湾和萨罗尼克湾，接通爱奥尼亚海和爱琴海。虽然其得名于太阳神赫利俄斯的儿子科林托斯（Corinthos），但这里却对海神波塞冬有非常重要的祭祀，建立有海神庙并且定期祭祀，可以一窥波塞冬的神祇地位因海洋贸易而逐渐被重视的过程。芝加哥大学的考古探险队曾经在科林斯发掘过一处"波塞冬的圣域"。[①] 这处对波塞冬进行专门祭祀的海神庙遗址中最早的考古遗存可以追溯到公元前 7 世纪晚期，献祭品有 135 枚公元前 6 世纪末—前 5 世纪初的银币，大部分是埃吉那和科林斯的，献祭于"大海的统治者和大地的震动者以求得保护"。

"古时候伯罗奔尼撒的希腊人与伯罗奔尼撒以外的希腊人之间几乎所有的交往都是通过陆路进行的，科林斯的领土是他们交往的必经之地"[②]，科林斯因其沟通沿海各邦国的重要地位而富庶并因此而抬升了波塞冬作

[①] Oscar Broneer, "The Isthmian Sanctuary of Poseidon", *Archaeology*, Vol. 8. No. 1(March 1955). pp. 56-62. , Published by Archaeological Institute of America.

[②] ［古希腊］修昔底德：《伯罗奔尼撒战争史》，徐松岩译，上海人民出版社2017 年版，第 44 页。

为海神的地位，那么希波战争则从战争的领域更大规模提升了海神波塞冬在整个地中海沿海城邦的影响力。希波战争一方面促进了地中海沿岸城邦的政治整合，促成了强大的雅典海上帝国的建立。另一方面，海洋的重要性因此被大大提升了，波塞冬作为海神的地位也随之大大上升了。

（二）战争与波塞冬海神地位的提升

发生在海洋上的大规模战争对波塞冬海神地位的提升，最明显体现在雅典城邦对波塞冬的祭祀上。在希罗多德记述希波战争的《历史》中，希腊人在波斯人的一支舰队给暴风摧毁后，才向波塞东祈祷并行灌奠之礼，并且给波塞东加上"救主"的头衔。朱毅璋在《试论希腊神话中的波塞东》中认为这显示了"在希波战争结束之前，波塞东的地位并不是特别高，至少在雅典如此"[①]。而希波战争结束之后，波塞冬的地位大大提高，这与希腊人认为波塞冬在战争中的庇佑显然有直接的关联。希波战争之前，雅典对波塞冬的祭祀较为有限，规模也较小。希波战争之后，他的庆祝节日成为一个主要的城邦节日。

雅典人祭祀海神波塞冬主要是在苏尼昂海神庙，这是希腊最为著名的海神庙，位于中希腊阿提卡半岛南端的苏尼昂海角。据说"选择此地首要因素和最重要的因素都在于它和海洋的关系，因为这是船只离开雅典能看见的最后一片陆地，同时也是他们在返程中看到的第一块陆地"。这座神庙主要包括神殿、卫城山门和柱廊三个部分。这座著名而宏伟的海神庙建立于公元前444—前440年，是希腊人在希波战争后重建的，原有的海神庙已经在战争中被波斯人毁坏。希腊与波斯之间的战争大幅度地提升了波塞冬在雅典人心目中的重要程度。[②]

---

① 朱毅璋：《试论希腊神话中的波塞东》，硕士学位论文，华南师范大学2007年，第54页。

② 苏莎：《古希腊海神崇拜与海洋意识探析》，硕士学位论文，西南大学2017年。

（三）雅典的波塞冬信仰

雅典诗人阿里斯托芬在名作《骑士》中记载了一幕雅典人在苏尼昂神庙对波塞冬献祭时的献祭词，"你（波塞冬）那么喜欢看三层桨的快船、青色的船头，船上载着雇佣兵；你多么喜欢看年轻人竞赛，在车上出风头，闯下祸事；克罗诺斯之子，手持金叉的神，海豚的保护者，苏尼翁和革赖斯托斯海角上的神明，请你来领导我们这歌队，你是福尔弥斯所崇拜的，目前啊，你比起别的神明们更受雅典人崇敬"①。这一幕非常生动地重现了雅典人献祭海神波塞冬的场景，其中值得重视的有三点，首先展示出的"三层桨的快船、青色的船头、船上载着雇佣兵"正是雅典海军的样貌，很可能当时的献祭仪式是有雅典海军参加的；另一方面，波塞冬"手持金叉、海豚的保护者"的形象已经在此时相当稳定了。最重要的是，此时波塞冬已经成为"比起别的神明们"更受雅典人崇敬的神明。

Jon D. Mikalson 的《古希腊宗教史》中提到，"在这一天（波塞冬节），祭司及其家人、一些邻居将会在黎明时于圣所集中，以庆祝这个节日。他们向波塞冬祈祷，邀请他前往圣所——因为神明们是无所不在的——去接受贡品，祈求波塞冬保护他们和朋友们航海顺利；若得到保佑，他们日后会酬谢神恩。在萨拉米斯海战之后，波塞冬的教派受到了国内的注意和经济支持。波塞冬节不再是由祭司及其家人、邻居和朋友所庆祝的小型节日，而成为相对大型的城邦性节日：庆祝活动的经费由城邦负担，参与者为所有前往苏尼昂的雅典人"②。这里提到的"波塞

---

① ［古希腊］阿里斯托芬：《阿卡奈人 骑士》，罗念生译，上海人民出版社 2006 年版，第 147 页。

② Jon D. Mikalson, *Ancient Greek Religion*, Oxford: Blackwell Publishing, 2005, pp. 12–13, 27–28.

冬节"，作为希腊城邦的大型节日，在雅典是特指波塞冬月的第八天。古希腊的历法多以神明的名字或宗教庆典命名，冬季的十二月左右被命名为波塞冬月，足见波塞冬地位在古希腊的重要性。冬季是渔业休养生息的季节，将这个月份命名为波塞冬月，具有耐人寻味的深意。据说在捕获金枪鱼后，雅典人通常都会向波塞冬献祭，这里表现出的是波塞冬在雅典虽然因为希波战争而地位提升，但渔民仍是其重要信众，波塞冬海神信俗也具有相当长远的经济价值的考量。

另一个与波塞冬相关的古希腊信俗是泛希腊性质的地峡运动会。运动会在古希腊的兴起，通常是作为宗教信仰的重要部分的。例如与宙斯祭祀密切相关的奥林匹克运动会，在当今社会甚至具有世界性的影响力。而纪念波塞冬的伊斯特摩斯竞技会（也即地峡运动会），是泛希腊竞技会中仅次于奥林匹克竞技会的一个。地峡运动会每两年举办一次，一般是在奥林匹克运动会后的第二年和第四年的四月或者五月举行，项目有划船、跑、跳、投掷、马术以及音乐比赛等。因此在波塞冬主神庙之外有两个露天体育场，还配有一个剧院。在比赛中获胜者得到的并不是丰厚的物质奖励，最高奖赏是花冠。①

二、妈祖的信众、奉祀仪式与波塞冬信俗的比较

和波塞冬文化在古希腊因战争而兴盛不同，妈祖文化在宋代的勃兴，其最主要的奉祀者是其原乡地莆田的渔民。前引宋代绍兴年间廖鹏飞的《圣墩祖庙重建顺济庙记》就明确指出："父老异之，因为立庙，号曰圣墩。"最先为妈祖立庙者为其乡里的渔民父老们。妈祖与波塞冬

① Oscar Broneer, The Apostle Paul and the Isthmian Games, *the Bibiicai Archaeoiogist*, Vol. 25, No. 1(Feb. 1962), pp. 1–31, published by the American Schools of O-riental Research，转引自苏莎：《古希腊海神崇拜与海洋意识探析》。

最大之不同在于，妈祖是"由人而巫、由巫而神"，为其立祀之乡里父老是对其生前事迹有所了解和记忆的真实存在。

在宋代重要海洋贸易航路上兴起的妈祖文化，其兴盛与播迁，起到最重要作用的奉祀群体，就是商人，尤其是海商。宋宁宗庆元元年（1195）的洪迈《夷坚志》卷九《林夫人庙》记载：

> 兴化军境内地名海口，旧有林夫人庙，莫知何年所立，室宇不甚广大，而灵异素著。凡贾客入海，必致祷祠下，求杯珓，祈阴护，乃敢行。盖尝有至大洋遇恶风，而遥望百拜乞怜，见神出现于樯竿者。……新庙不日而成，为屋数百间，殿堂宏伟，楼阁崇丽，今甲于闽中云。

可见宋代妈祖文化之兴起，其中着力最深者即是商人群体，已经到了"凡贾客入海，必致祷祠下，求杯珓，祈阴护，乃敢行"的地步。而商人群体在航海贸易中获得利益后，无不铭记着妈祖的护佑之功，而纷纷为妈祖修庙立祠，乃至于宋代福建的妈祖庙已经达到了"为屋数百间，殿堂宏伟，楼阁崇丽，今甲于闽中云"的宏大规模。这一时期妈祖文化还未得到官方的重视，就已经可以成为整个福建地区最宏伟壮丽的神庙，这和波塞冬在雅典时期的奉祀情况相比，要隆重得多。波塞冬信仰是在希波战争后才逐渐被重视，即使雅典人因希波战争而重修了海神庙，波塞冬的神庙在雅典也远远不能被称之为最壮丽之神庙。可见宋代的中国海神妈祖文化之隆盛，要远超于雅典的波塞冬信仰全盛期，而此时尚不能说是妈祖文化的全盛期。

波塞冬作为海神信仰，在希波战争后得到了雅典城邦的官方襄赞，成为泛雅典城邦的重要神祇。妈祖文化的大规模传播，也与宋代开始的历代官方册封不无关系。南宋《咸淳临安志》《顺济圣妃庙》载："神本莆田林氏女，数著灵异，祠于莆之圣堆。宣和五年（1123），赐顺济庙额。自绍兴二十六年（1156），封灵惠夫人。绍熙三年（1192），改封灵惠妃。庆元四年（1198），加助顺敕曰：'古以女神列祀典者，若湘水之二妃，北阪之陈宝，西宫之少女，南岳之夫人，以至丁妇、滕姑，亦皆庙食。夫生不出于闺门而死，乃祠于百世，此其义烈，有过人者矣！灵惠妃宅于白湖，福此闽粤，雨旸稍愆，靡所不应。朕惟望舒耀魄，其名月妃，川祇静波，其名江妃，尔之封爵，既曰妃矣，增赐美号，被之纶涣，崇大褒显，凡以为民。尚体异恩，以永厥祀。'累封至嘉熙三年（1239），为灵惠助顺嘉应英烈，良山有祠。"

这其中提到了妈祖在宋代五次被官方赐封尊号的记录，但未详细言及官方赐封妈祖的缘由，丁伯桂所作《庙记》中有更详细的记载：

　　神莆阳湄洲林氏女，少能言人祸福，殁，庙祀之号通贤神女，或曰龙女也。莆〔临〕海有堆，元祐丙寅（元年，1086）夜，现光气，环堆之人一夕同梦，曰：我湄洲神女也，宜馆我。于是有祠曰圣堆。宣和壬寅（四年，1122），给事路公允迪载书使高丽，中流震风，八舟沉溺，独公所乘，神降于樯，获安济。明年，奏于朝，赐庙额曰顺济。绍兴丙子（二十六年，1156），以郊典封灵惠夫人。逾年，江口又有祠，祠立二年，海寇凭陵，效灵空中，风撆而去。州上其事，加封昭应。其年，白湖童邵一夕梦神指为祠处。丞相正献陈公俊卿闻之，乃以地券奉神立祠，于是白湖又有祠。时疫，神降，且曰："去潮丈许，脉有甘泉，我为郡民续命于天，饮斯泉者立痊。"掘泥坎，甘泉涌出，请者络绎，朝饮夕愈，甃为井，号圣泉。郡以闻，加封崇福。越十有九载，福兴都巡检使姜特立捕寇，舟遥祷响应，上其事，加封善利。淳熙甲辰（十一年，1184），民畜葛侯郭祷之。丁未（淳熙十四年，1187）旱，朱侯端学祷之。庚戌（宋光宗绍熙元年，1190）夏旱，赵侯彦励祷之。随祷随应，累其状闻于两朝，易爵，以妃号惠灵。庆元戊午（四年，1198年），瓯闽列郡苦雨，莆三邑有请于神，获开霁，岁事以丰。朝家调发闽禺舟师，平大奚寇，神著厥灵，雾瘴四塞，我明彼晦，一扫而灭。开禧丙寅（二年，1206），金寇淮甸，郡遣戍兵，载神香火以行，一战花黡镇，再战紫金山，三战解合肥之围，神以身现云中，著旗帜，军士勇张，凯奏以还。莆之水市，朔风弥旬，南舟不至，神为反风，人免艰食。海寇入境，将掠乡井，神为胶舟，悉就擒获。积此灵贶，郡国部使者陆续奏闻。庆元四年（1198），加"助顺"之号。嘉定元年（1208），加"显卫"之号。十年（1217）加"英烈"之号。威德无穷，典实有限，不极不止。神虽莆神，所福遍宇内，故凡潮迎汐送，以神为心，回南簸北，以神为信，边防里捍，以神为命，商贩者不问食货之低昂，惟神之听。莆人户祠之，若乡若里悉有祠，所谓湄洲、圣堆、白湖、江口，特其大者耳。神之祠不独盛于莆，闽、广、江、浙、淮甸皆祠也。

丁伯桂的这篇《庙记》中极为详尽地记录了妈祖文化在宋代逐渐进入官方视野的过程。妈祖文化最初进入宋代官方视野，是源于宣和年间"给事路公允迪载书使高丽"在航程中遇到海难，唯有路允迪因妈祖显灵护佑而幸免于难。路允迪是作为宋代外交使臣出使高丽，所以他因妈祖护佑而完成公职后，自然这件事迹会被当作妈祖对宋代官方的一种护佑，所以第二年路允迪上奏朝廷后，妈祖第一次得到了作为一个王朝正统的册封"赐庙额曰顺济"。而之后继续不断得以增加册封，不论是因为驱逐海寇、指引甘泉治疗瘟疫，还是助力海军捕寇，都是由地方政府上奏得到加封，这一段时间，妈祖的灵验和影响力大部分还存在于地方层面。之后不断有地方官员向妈祖祈祷雨、旱并获得灵验的事迹，乃至于"随祷随应"，地方官员的不断上奏，让宋朝对妈祖逐渐重视。这一时期，妈祖被加封了"惠灵"，代表着妈祖在宋代官方地位的提升。这一过程和波塞冬作为海神地位的提升有所不同，古希腊作为城邦制，没有如宋代一般的"中央集权——地方政府"的层级结构，因此也并不存在一个如妈祖般的地方信仰由地方向中央提升的过程。

而随着妈祖文化在宋代朝廷地位的逐渐提升，妈祖的影响力开始不仅限于"驱逐海寇"，而是屡次在宋金这种两国交战的大规模战役中显灵。如开禧丙寅年，在对抗金的过程中，宋军"载神香火以行"，最后获得了三战告捷的战绩。这也是妈祖在宋代后期不断被朝廷加以封号的原因。在这一点上，妈祖文化和波塞冬文化既有相似之处，亦有不同之处。相似处在于，作为海神的妈祖和波塞冬，都是因为大型战争的原因而提升了影响力。妈祖是因其在宋金之间战争的灵验，波塞冬则是以其在希波战争中的神力。不同之处在于，若是没有战争的因素，妈祖文化仍是会沿着中国政治的层级结构逐渐上升，波塞冬则不见得能够拥有超地域的影响力。而这样的不同之处，也是中国文化和希腊文化的深层结构的不同，这导致了妈祖文化在宋代之后仍然逐渐发展、繁盛、蓬勃至今日，而波塞冬文化则在基督教信仰全面替代古代欧洲多神信仰后迅速衰落，变成一种文化符号而不是活生生的信仰。

第六章　妈祖的世界和世界的妈祖

在世界宗教信仰史上，妈祖无疑是一个神奇的人物。她原来只是一位名不见经传的"里中巫"，且其生命来去匆匆，只有短短二十八年，但她创造了诸多世界奇迹。有人说妈祖创造了五个之最：尊称最多、皇帝给予的封号最多、宫庙最多、信徒最多、庆典最盛。①

妈祖的世界是怎样建构起来的？世界的妈祖又是怎样的形态？

时势造英雄。妈祖文化自宋代开始在江南的传播，具有很大的时代必然性，即恰逢其时。特别是在16到18世纪的世界贸易舞台上，以郑和下西洋影响下的欧洲"地理大发现"为大背景，具有护佑海商贸易神格特征的妈祖，也在这一时期迅速走向世界。妈祖还作为代表福建外向的海洋型经济结构最重要的文化符号，凭借荷兰、西班牙、葡萄牙传教士的游记，逐渐向欧洲播迁。这也说明，妈祖文化在世界各地的传播具有历史必然性。

文化的传播，取决于传播对象自身的品位与魅力。妈祖文化在其"原点"——莆田沿海的初期传播，大致还属于民间自发的地方性神祇。她是发迹于"里中巫"的"通贤灵女"，最初因"里人畏之敬之，相率立祠祀焉"。随着中国东南海洋经济的崛起，充满生命危险的航海

_____

① 马书侠：《全像妈祖》，江西美术出版社2006年版，第1页。

活动急需一个能保佑航海平安的有求必应的海神，具有大爱的妈祖应运而生，成为船工、渔民、商人、移民等社会群体的最佳选择。海洋文化往往有更大的灵活性，并更容易与其他异文化交流融合，因此具备更为广泛的传播条件。上述人群的生活更具有流动性、开放性和交融性，因而其文化也表现出较强的开放性和扩张性。妈祖文化随着船工、渔民、商人、移民等社会群体以不同的方式传播到中国的大江南北乃至世界各地，妈祖也逐渐取代其他海神成为中国乃至世界影响最大的海神。

文化的传播，还受到自然环境和社会历史的影响，妈祖文化在传播中呈现出区域性差异。中国福建、广东、台港澳地区海洋经济比较发达，妈祖文化盛行，为妈祖文化的核心区。中国沿海地区由于渔民、海商的带动，以及历代王朝海上经营活动的推动，妈祖文化传播也较为热烈，为妈祖文化的中心区。东南亚地区的华侨华人多由闽粤移民而去，妈祖文化成为华侨华人的精神支柱，备受崇拜，是妈祖文化的重要传播区。至于中国内陆地区、东亚、东北亚，也有不少妈祖宫庙，是为妈祖文化的辐射区。而欧美等地为妈祖文化的散播区，只有零星的妈祖宫庙分布。

妈祖文化的传播，信众是主体。妈祖文化之所以能够传播到世界各地，是因为她的信众群体非常广泛，包括文人士大夫、商人、船工、渔民以及林氏族人等等。不同阶层的人对妈祖的认识各不相同，信仰妈祖的目的也不一样，妈祖信众呈现出明显的阶层性特征。然而。阶层性的存在，并不表示妈祖文化是被割裂的、碎片化的、缺乏系统性的文化现象。实际上，妈祖的大爱精神，将这些不同阶层的人包容在自己的信仰里面。因此，妈祖文化体现了中华文化兼容并蓄、海纳百川的性格。

妈祖文化既是历史的，更是当下的。妈祖文化具有旺盛的生命力，历久弥新。妈祖文化因爱恒久，以和为大。它包括了诸多中华文化内在的、本质的传统美德，包括护国庇民、弘仁普济、忠孝信义、大爱包容、勇毅刚强、行善救困、开拓进取等等，而这些美德、精神所蕴含的社会心理和社会意识，是每个时代都需要的，永不会被淘汰，因此具有永恒的普世价值，至今仍闪耀着其神圣光芒，普照神州大地乃至世界。

第一节　妈祖传播的主要动因

妈祖文化传播的原因，主要有外因、内因两方面。从外因来说，妈祖文化的诞生与发展传播，适应了我国自宋代以来昂首阔步走向海洋的发展趋势。宋代的海外贸易、元代的漕运、明代的郑和下西洋、清代收复台湾和移民浪潮等，都极大地推动妈祖文化的发展。而自北宋以来历代王朝的敕封，对于提升妈祖文化的地位，推动妈祖文化的传播，也起到了重要的促进作用。从内因来说，妈祖本身的仁爱善良、无私奉献、见义勇为、扶危济困、不畏艰险、拼搏进取等性格行为特征，与海纳百川，兼容并蓄的海洋文化精神相融汇，形成一种普世价值，得到不同时代、不同群体、不同地区、不同国度人们的推崇和信仰。而妈祖作为一名女性，其所具有的母爱精神，也使其成为广大华人精神世界中的一个重要的依赖对象。最后，妈祖文化的功能因地制宜、与时俱进的演进，也使她能够历久弥新，在不同的时代背景和地域环境下，都能得到人们的崇信。

一、妈祖文化传播的外因

（一）宋代以来中国海洋经营活动对妈祖文化传播的推动

宋代是中国封建社会发展的高峰期，正朝着成为海上强国的方向发展。北宋立国之初，就顺应当时对外贸易日渐发展的趋势，对海外贸易确立了保护和"招诱奖进"的政策。宋太祖在开宝四年（971）平定南汉割据政权后，就在广州设置了宋代的第一个市舶司。宋神宗赵顼认为政事"尤先理财"，专门颁发"政事之先，理财为急"的诏令，特地指示发运使薛向："东南利国之大，舶商亦居其一焉。卿宜创法讲求，不惟岁获厚利，兼使外蕃辐辏中国，亦壮观一事也。"① 南宋退据东南后，版图缩小，财政困难，所以更加倚重市舶收入。宋高宗在绍兴七年（1137）说："市舶之利最厚，若措置合宜，所得动以百万计。"② 因而，南宋政府制订了积极鼓励海外贸易的政策，对"招诱"优异的纲首、官员乃至外商，予以补官、迁转和财务的奖励；反之，如果招商不力，经营不善，以致收入亏损者，则要受到降职处分。由于当时实施了积极进取的海洋政策，从而使中国的海外交通达到空前繁荣。广州、浙江明州（庆元）港、福建泉州港等，都确立了东方贸易大港的地位，海外商贸达到了鼎盛时期。

宋朝造船技术水平是当时世界之冠。太宗时期，全国每年造船达到三千三百余艘。广州制造的大型海舶可"浮南海而南，舟如巨室，帆若垂天之云，舵长数丈，一舟数百人，中积一年粮"③。马可·波罗见到中国的商船不禁感慨："中国的商船也是人们能够想象出的最大的船只，有的有6层桅杆，4层甲板，12张大帆，可以装载1000多人。这些船不仅拥有精确得近乎奇迹般的航线图，而且，它们还拥有几何学家以及那些懂得星象的人，还有那些熟练运用天然磁石的人（指使用指南针）。"④ 同时，宋代航海技术，也居于世界领先地位。海外贸

---

① （宋）杨仲良：《皇宋通鉴长编纪事本末》卷66，《续修四库全书》第386册，上海古籍出版社2002年版。

② （清）徐松辑：《宋会要辑稿》职官四四，中华书局2014年版。

③ （宋）周去非：《岭外代答》卷6《木兰舟》。

④ ［意］雅各·德安科纳著，［英］大卫·塞尔本编译：《光明之城》，上海人民出版社1999年版，第152页。

易发达，与南太平洋、中东、非洲、欧洲等地区 50 多个国家频繁通商。

由于经济中心的南移，宋代福建经济文化得到长足的发展，时人曰："惟昔瓯越险远之地，为今东南全盛之邦。"① 说明福建后来居上，已跻身于全国发达地区行列。就商业贸易而言，福建港口众多，凡沿海地区，争相以舟船贩货，闽商遍布全国沿海各地。如兴化军太平（今属仙游枫亭镇）港、白湖（今属荔城区镇海街道办事处）港、通应（今属涵江区江口镇）港、端明（今属涵江区三江口镇）港、浮曦（今秀屿区山亭乡）港等港口，无一不是南北商舟会集，千艘挂楫。蔡襄这样描绘："凡人情莫不欲富，至于农人、商贾、百工之家，莫不昼夜营度，以求其利。"② 刘克庄诗句"濒江多海物，比屋尽闽人"③，为"无兴不成市"一语作了形象的注释。特别是随着泉州港兴起，福建海外贸易也逐渐繁荣。宋代谢履《泉南歌》写道："泉州人稠山谷瘠，虽欲就耕无地辟。州南有海浩无穷，每岁造舟通夷域。"④ 南宋绍兴八年（1138），左朝请大夫、主管台州崇道观的方略撰写的《有宋兴化军祥应庙记》碑文中，提到"往时游商海贾，冒风涛，历险阻，以牟利于他郡外番"⑤；"泉州纲首朱纺，舟往三佛齐国，亦请神之香火而虔奉之。舟行迅速，无有艰阻，往返曾不期年，获利百倍"⑥。近期，在西天尾镇又发现比该碑早 70 年的墓碑《朝奉郎尚书职方员外郎分司南京

① （宋）张守：《毗陵集》卷 3《谢除知福州到任表》，丛书集成初编本。

② （宋）蔡襄：《蔡忠惠集》卷 34《福州五戒文》。

③ （宋）刘克庄：《后村先生大全集》卷 12《城南》。

④ （清）怀荫布修：（乾隆）《泉州府志》卷 20《风俗》。

⑤ 方略：《兴化军祥应庙记》，陈衍：《福建通志》总卷 26《金石志》卷 9，民国刊本，第 11 页。

⑥ 方略：《兴化军祥应庙记》，陈衍：《福建通志》总卷 26《福建金石志》卷 9，民国刊本，第 11 页。

护军赐绯鱼袋河南方公墓志铭并序》，其中也有"泉通番船习俗豪侈，井闾市邑列巨"①。南宋大儒林光朝也说："东南有海道，所以捍隔诸蕃，如三佛齐、大食、占城、阇婆等数国，每听其往来，相为互市。"②

随着对外贸易的不断拓展，海路的艰辛与前途的不可预知性，使得海神妈祖文化逐渐在东南沿海地区流行起来。《福建史稿》载："为了祈求航海的安全，经商的获利，也有人往莆田祥应庙（在城北白杜），或往湄洲崇福夫人庙进香。崇福庙后来改称天后宫，莆俗称为娘妈宫。澎湖的马公澳，就是妈宫的讹传。"③《天妃显圣录·祷神起椗》载，妈祖对海商三宝"满载异货，要通外国"④ 的赞许与护佑，这其中，都明显蕴含着妈祖对海洋开拓进取举动的积极引领和示范。

元朝统一全国，定都燕京（北京），官民粮食"仰给于江南"。原先江浙一带的漕粮是从扬州沿古运河北运的，途中要装卸好几次，遇到天气变化、河道淤塞，就要耽误时间。后来，有着海洋治理经验的朱清和张瑄向忽必烈进言，建议改河运为海运。此后，元王朝的粮食北运就改为海运。当时漕船雇佣的几乎都是浙江、福建、江苏的水手。这几个省的水手原来就信仰妈祖，他们负责从南方运输粮食从海上北上京城，为了航海平安，保证漕粮在损失最小、时间最短的情况下抵达目的地，亟须妈祖的保佑。所以元代

---

① 《朝奉郎尚书职方员外郎分司南京护军赐绯鱼袋河南方公墓志铭并序》，现存福建省莆田市西天尾镇。

② （宋）林光朝撰，林祖泉校注：《艾轩先生文集》，海峡文艺出版社 2018 年版，第 229 页。

③ 朱维幹：《福建史稿（上）》，福建教育出版社 2008 年版，第 207 页。

④ 《天妃显圣录·祷神起椗》，夏德仪点校：《天妃显圣录》，《台湾文献丛刊》第 77 种。

时，沿着当时漕运的路线，涌现出大批的妈祖宫庙，如浏家港浏河天妃宫、潍坊天妃宫、寿光羊口天妃宫、老河口天后宫、烟台天后宫、青岛天后宫、天津天后宫等。

明朝初期，为了安抚与招徕外番，频频派使者出使海外诸国。妈祖作为海神，受到了明朝廷的高度重视。特别是永乐宣德年间，为了向海外宣示明朝的威德，明王朝前后七次命郑和和王景弘率领庞大舰队远航西太平洋和印度洋，拜访了30多个国家和地区，曾到达过爪哇、苏门答腊、苏禄、彭亨、真腊、古里、暹罗、榜葛剌、阿丹、天方、左法尔、忽鲁谟斯、木骨都束等三十多个国家，目前已知最远曾达东非、红海。郑和与王景弘每次出洋前，都要祭奠天妃；航行途中遇到危险，向妈祖求助；顺利返航后更要祭谢女神，相信每次航海平安是"诚荷朝廷威福之致，尤赖天妃之神保佑之德也"。因此，郑和下西洋，不仅推动了船队所经过的中国沿海各个港口的妈祖文化的发展，而且也将妈祖文化带到了东南亚地区。

清朝初年，郑成功割据台湾，为妈祖文化服务清王朝的政治军事需要提供了机会。清王朝平定台湾时，需横穿台湾海峡进行海战。为了保证胜利，就得祈求妈祖的庇佑。康熙二十二年（1683），施琅率水师收复台湾。他认为妈祖涨潮济师，奏请朝廷敕封妈祖。此后，在清朝镇压台湾朱一贵、林爽文等农民起义的过程中，清军也不失时机地散播妈祖显灵的事迹，为朝廷征剿大造舆论。台湾并入清政府的统治后，为了开发台湾，政府鼓励大陆民众赴台拓垦，于是出现了数次闽人迁居台湾的高潮。闽人登舟下海前，为了保证航程平安，大多随身携带妈祖香火护航。这样一来，又大大推动了妈祖文化向台湾岛的传播。

综上可见，妈祖文化的传播，与宋以后的海上经济活动之间有着密切的关系。宋代的海外贸易，元代的漕运，明代的郑和下西洋，以及清代的台海局势与移民浪潮，虽然这些事件内容有别，形式各异，但都与海洋有关。由于航海技术的有限，人们在从事这些海上经营活动时，都祈盼着超自然力量的佑助。这种心理需要，就给宋代以后妈祖文化的发展传播提供了极好的土壤。

（二）历代王朝的敕封对妈祖文化传播的推动

在中国古代，民间神明一旦得到朝廷的敕封，所在宫庙得到朝廷的赐额，即表明其拥有正统的地位，为其生存和延续提供有力的保障。唐末五代宋明时期，福建民间为神明请求敕封和赐额蔚然成风。据林拓先生统计，政书中记载的敕封福建地方神明的有 130 次，赐庙额的有 107 次，而方志中记载的敕封福建地方神明的多达 242 人次，赐庙额的有 159 次。① 妈祖之所以能够成为中国影响最大的海神，历代王朝对妈祖的敕封起了极其重要的作用。

宋宣和四年（1122），给事中路允迪奉使高丽国，船在黄水洋遇风暴。恰好此船上水手从莆田雇来，危难中祈祷妈祖，终转危为安。返国后，奏请朝廷，宋徽宗于是赐"顺济"庙额，顺济庙即当时宁海墩（圣墩）妈祖庙，妈祖文化从此获得了朝廷的承认。之后，四个朝代 14 个皇帝先后对她敕封了 36 次。康熙五十八年（1719），妈祖和孔子、关帝等一同被列入清朝地方的最高祭奠，规定地方官员必须亲自主持春秋二祭，行三跪九叩礼，列入国家祀典，使她成了万众敬仰的"海上女神"。

首先，历代王朝对妈祖的敕封，使得妈祖从民间之神一跃成为政府认可的合法信仰，避免了被官府当成淫祀打击和消灭的命运。《礼记·

---

① 林拓：《文化的地理过程分析：福建文化的地域性考察》，上海书店出版社 2004 年版，第 364—366 页。

曲礼》云："非其所祭而祭之，名曰淫祀。"① 《汉书·郊祀志上》认为，天子以至庶人的祭祀，都有相应的典礼制度，不合典礼的各类祭祀，即为应当禁止的淫祀，所谓"各有典礼，而淫祀有禁"②。汉唐时期，政府对"淫祀"采取以打击为主的国策，仅狄仁杰巡抚江南时就拆淫祠1700多座，所谓"吴楚多淫祠，仁杰一禁止，凡毁千七百房，止留夏禹、吴太伯、季札、伍员四祠而已"③。唐中期之后，对"淫祀"的打击虽有所松懈，但因地方长官的好恶而毁淫祠的事件时有发生，如宋景德年间，福建古田县令李堪就"毁淫祠数百"④。明代，延平知府欧阳铎"毁淫祠数十百所，以其材葺学宫"⑤。顺昌知县马性鲁、惠安知县叶春及、漳州推官黄直、德化提学高贲亨也先后在治内禁毁淫祀。这些由官府主持的禁毁淫祀运动，往往非常彻底和激烈，德化县在嘉靖间禁毁淫祀后，万历年间"仅载十寺四庙"，⑥ 淫祀基本被禁毁。妈祖被历代王朝敕封，地位尊崇无比，就使得她的宫庙得以逃脱被当成淫祀消灭的命运。

其次，历代王朝对妈祖的敕封，使得妈祖成为王朝正统的化身。宋代以后，妈祖信众开始对妈祖身份进行"去巫化"的同时，对其进行"正统化"化身的重塑，妈祖成为忠孝仁义的化身，成为大慈大悲观音菩萨的化身，成为官员出使他国的保护神，成为官兵剿灭叛军海盗的庇佑神……总之，妈祖由原来的海岛"里中巫"摇身一变成为王朝正统的化身"天后"，为妈祖文化的传播开辟了一条康庄大道。在一些边陲

---

① （清）孙希旦：《礼记集解》卷6《曲礼下》。
② 《汉书》卷25上《郊祀志上》。
③ 《新唐书》卷115《狄仁杰传》。
④ （明）刘日旸：万历《古田县志》卷7《庙祠》。
⑤ 《明史》卷203《欧阳铎传》。
⑥ 方清芳修：《德化县志》卷9《祠宇志》。

地区，当地绅民出于接受王朝教化的目的，接受了妈祖这一象征符号。美国人类学者沃森在《神的标准化：在中国南方沿海地区对崇拜天后的鼓励（960—1960）》中，讨论了清初香港一些渔民奉祀的沙江妈被妈祖"吃掉"的故事。沙江妈只是一块石头，被渔民和沿海行商敬拜。当地的大族邓家在迁海后回到这个地方时，他们在同一地点建了一个天后庙，并拿走沙江妈的石头标志物作为天后的底座。当地人都相信沙江妈被天后"吃掉"了。这类传说在香港新界很盛行，沃森调查的七个案例，每个案例中"天后都是代替了一个本地神灵成为乡里敬拜的主神"①。按照沃森的看法，新界的绅民选择接受妈祖"吃掉"地方小神的说法，就是因为妈祖是王朝教化的象征符号，妈祖"吃掉"地方小神，就代表地方已被纳入王朝教化之中。因此，历代王朝对妈祖的敕封，对于推动妈祖文化在边陲地区的传播是非常有益的。

二、妈祖文化传播的内因

（一）妈祖精神对妈祖文化传播的推动

妈祖本身是一名女巫，因能够预言休咎，拯救海难，受到沿海民众的信任。妈祖去世后，民众把她奉祀为神，虔诚地祈求她的佑助。在妈祖文化的发展过程中，民众根据自身对人生理想的美好想象，来塑造妈祖。因此，妈祖信奉衍生出来的文化精神，即妈祖文化，就成为中国人理想的化身。清初僧人照乘编印的《天妃显圣录》一书，汇集了妈祖生前往后的故事。从这些故事的记载中，可以很清楚地看出妈祖生前具有仁爱善良、无私奉献、见义勇为、不畏艰险、拼搏进取等性格特征。

---

① ［美］詹姆斯·沃森：《神的标准化：在中国南方沿海地区对崇拜天后的鼓励（960—1960）》，文载［美］韦斯谛编：《中国大众宗教》，陈仲丹译，江苏人民出版社 2006 年版，第 72 页。

妈祖成神后的显灵故事，则体现了妈祖关爱百姓、扶危济困、保国为民的大爱精神。妈祖文化体现出来的这些精神特征，已经超出了地域文化形态的局限，具有一种全人类的与普世性的意义。

首先，妈祖文化呈现了一种以拯救生命为最高宗旨，以追求生活幸福、社会和谐安宁为目标的大爱精神。《天妃显圣录》中的那些见义勇为、救苦救难、无私奉献的故事情节，体现了这一点。《机上救亲》，讲述了妈祖在织机上如何拯救父、兄于海难的故事。《化草救商》，妈祖将草化为大杉木，去拯救遇难的海商，这就将妈祖的救助行为，从家人延伸到陌生人。《祷雨济民》，妈祖应莆田县尹之邀，为全县百姓祈雨，使得该年庄稼喜获丰收，这就将她的爱，进一步从陌生人延伸到人民大众。如果妈祖只是关心自己的家人，她的爱是狭隘的。但是，妈祖将爱延伸到陌生人和广大人民群众，甚至是海上遇难的番邦人，这种爱就是"博爱""大爱"，是世界上任何文明形态都提倡的精神。

其次，妈祖文化呈现出一种追求"和谐""和平"为目的的企求世界大同的崇高精神理想。《天妃显圣录》中斩妖除怪、驱除邪恶的故事记载中，妈祖不是要把妖魔鬼怪消灭，而是感化他们，让他们迷途知返，改恶迁善。《降服二神》，有顺风耳和千里眼，出没于西北，祟害村民。村民不得已求救于妈祖。妈祖施展法术，两次打败二怪，两怪才最终服输，而且决心改恶从善，成为妈祖的两员得力助手。所以后世的妈祖宫庙中，一定会在妈祖神像的两侧，配祀千里眼和顺风耳。民间传说，千里眼和顺风耳利用自身所长，服务于妈祖的救苦救难。东溟大海中还有一个叫作晏公的怪物，相貌凶恶，专做恶事，"翻溺舟楫，深为水途大患"①。经过一场恶战，妈祖将他收为部将，让他率领水阙仙班，

---

① 湄洲妈祖祖庙董事会、湄洲妈祖文化研究中心编印：《天后显圣录·本传》（上册），第6页。

镇守东溟，保护过往船只。千里眼、顺风耳、晏公这些妖怪，平时做尽了坏事，与妈祖这些正神相较，可谓道不同不相为谋。但即使如此，妈祖也没有本着非黑即白、除恶务尽的态度将他们消灭，而是给他们改恶迁善的机会，让他们为百姓做好事。因此，这些故事中体现了包容、和平的思想，与一些西方宗教间常常因为教义观点的差异而相互倾轧甚至斗得你死我活的情况有很大不同。

博爱、和谐、和平的精神本是全世界人类的一种共同追求，尤其是在一个具有70多亿人口的当今世界大家庭中，提倡世界不同种族、不同宗教之间的人们和睦友好，共存共荣的价值追求更是十分重要，它们是保证人类世界社会稳定、文化发展、生活幸福的重要基础，同时也是人类实现改造世界与完善自我的重要条件。① 妈祖文化体现出来的博爱、和谐、和平精神，具有共同价值的意义，契合了全世界各地人民的精神需要，而传播到了世界各地。

（二）妈祖功能的多元化对妈祖文化传播的推动

妈祖文化之所以能够传播到世界各地，成为一个世界性的神明，在于妈祖文化能够因地制宜、与时俱进，不断调整自身的形象与功能，满足不同时期不同地域民众的不同需求。

范正义在《保生大帝信仰与闽台社会》一书中指出："最初民众为吴夲立祠，是相信吴夲神像的背后有一种超自然力，这种超自然力能够满足当时民众为解决缺医少药状况而在信仰上提出的诉求，这也是当初民众把吴夲当作医神看待的原因。随着时光的推移，民众在现世生活中遇到需要解决的问题与需求不断增加，民众便把他们崇拜的吴夲神像上的这种超自然力，作出新的理解与定位，不同的信徒根据自身的不同需

---

① 《妈祖文化走向世界的时代契机》，http://www.ptwhw.com/?post=5603，访问时间：2012年12月26日。

求，把这种超自然力理解为不同的功能。于是吴夲在医药的主要功能之外，又添加了许许多多的功能。"① 范正义认为，人们祈求神明，是因为他们相信神明有超自然力。这种超自然力会根据信徒的处境而被理解为不同的功能，这是保生大帝信仰从医药之神演变为万能之神的一个很重要的原因。

妈祖文化也是一样。妈祖是因为拯救海难而成神的，保护海上平安是妈祖的最大功能。在宋代的海外贸易、元代的漕运、明代郑和下西洋、清代清郑战争与移民浪潮中，妈祖就是因为这个功能，得到了王朝的重视、百姓的依赖而获得广泛的传播。但是，世界万事万物都在变化中，港口可能会淤塞为陆地，渔民可能从事其他行业，妈祖文化也会从沿海传播到内地……人们对妈祖的需求在不断地变化，妈祖文化就必须因地制宜、与时俱进，通过功能上的多元化来满足人们变化了的需求。例如，中国台湾云林北港朝天宫的所在地笨港，历史是一个繁忙的港口。人们在此立庙奉祀妈祖，是因为有祈求妈祖保佑海上安全的需要。例如，道光十九年，福建水师提督王得禄就认为"平定海寇"得到妈祖佑助，奏请朝廷赠匾致祭于北港朝天宫。此后，由于笨港的淤塞，北港当地人民的信仰需求也发生了变化。《北港朝天宫志》中记载的该宫灵迹，多为捍灾、御患、水旱、疾疫等。② 也正是因为妈祖功能超出海神的界限，出现多元化的趋势，才能满足人民多样化的需求，北港朝天宫也才因此成为整个台湾香火最为旺盛的妈祖庙之一。

妈祖文化从沿海地区传播到内地时，其功能也出现多元化。范正

---

① 范正义：《保生大帝信仰与闽台社会》，福建人民出版社 2006 年版，第46 页。

② 蔡相辉：《北港朝天宫志》，财团法人北港朝天宫董事会，1989 年编印，第121 页。

义在《福建妈祖信仰的传播方式探析》一文中，举谢重光、彭兆荣的研究为例，对此做了生动的说明："谢重光先生在研究闽西内陆地区的妈祖信仰时，即认为妈祖信仰要在闽西客家地区发展，确实面临着很多困难。闽西客家的自然环境与沿海地区不同，这里的民众以耕读传家，辅以樵采狩猎。经常遇到的问题的是旱灾、疾疫与毒蛇猛兽，基本的信仰需求是风调雨顺、五谷丰登、老幼平安、功名顺利等。而这些需求，当地原来就有佛祖、观音、定光菩萨、伏虎祖师等神祇可以满足。因此，尽管当地在船工、商人等的迁移扩散的作用下，创建了一些妈祖庙，但香火并不兴旺，信徒群体主要局限于与航运有关的特殊人群。但是，明清以后，随着妈祖神格的提高与功能的转变，妈祖信仰在闽西地区得到了迅猛发展。谢重光先生将明清以后的妈祖庙分为两类，一类分布在河流水道附近，仍保持护航功能；另一类分布在没有河流的地方，妈祖在功能上出现很多变异，变成能够灭火、祈子、求雨、消灾、降福等诸多功能的乡土保护神。彭兆荣先生在闽西客家的妈祖信仰研究中，也得出类似的看法。彭兆荣指出，妈祖信仰传播到闽西内陆地区后，'妈祖的海洋庇荫功能减弱，保土护村、祈求丰年、传嗣送子等功能大大增加'。"[1]

综上可见，妈祖文化功能上的多元化特征，使得妈祖文化能够适应不同时期不同地域的人们的不同需求，能够包容更多元的信徒群体。因此，功能的多元化，对于妈祖文化的发展传播也起到极大的推动作用。

三、妈祖文化传播的偶然因素

在妈祖之前，中国早有了诸多的海神，如大家耳熟能详的四海龙王

---

[1]　范正义：《福建妈祖信仰的传播方式探析》，《闽台文化交流》2009 年第 1 期。

等等，仅在福建古代历史上就先后出现多位有名有姓的海神。然而，妈祖为什么能脱颖而出，成为中国乃至世界影响最大的海神？除了上述外在原因和内在原因之外，也存在某些偶然因素，主要有二：

一是宋代莆田科举勃兴，文人官宦特别多，他们多热衷于推动家乡妈祖文化的传播，并具有较大的影响力。

莆田素称"文献名邦"，文化教育繁荣，应试科举鼎盛。北宋名臣蔡襄在《兴化军仙游县登第记序》中赞道："每朝廷取士，率登第言之，举天下郡县，无有绝过吾郡县者。甚乎，其盛也哉!"[①] 北宋宰相王安石赞叹："兴化多进士。"[②] 两宋兴化军三个县共创办书院 30 座以上，冠之八闽；兴化军进士有 1014 人，诸科、特奏者等 742 人，为福建进士总数的 25%。据《宋史》和明弘治《兴化府志》的统计，当时，兴化军人口仅占全国总人口的 0.5% 左右，而考取的进士却占全国进士总数的 4.5%。换句话说，宋代录取的进士，每 39 人中就有一个是兴化军人。据史书记载，宋代共产生出 118 名文状元，除籍贯不明外，在有籍贯记录的 113 名文状元中，福建籍状元有 19 名，其中莆田人就占了 5 名，即徐铎、黄公度、郑侨、吴叔告、陈文龙，占福建状元的 1/4 多。获榜眼的有 6 名，即陈睦、方天若、蔡佃、李宗师、陈俊卿、黄艾。

宋代更是莆田政治精英辈出的时代，入仕者官居高位更是莆田科举文化的一大特色。终宋一代，莆田人在《宋史》中立传的有 39 名（含附传 5 名），其中进士出身的就占 24 名。莆田的一些村庄还出现一批科甲世家，产生父子进士、兄弟进士、叔侄进士以及"三世登云、四代攀桂"等奇特现象。宋人黄岩孙撰的《仙溪志》记载了"仙溪地方百

---

① （宋）蔡襄：《端明集》卷 29《兴化军仙游县登记序》，文渊阁四库全书本。
② （宋）王安石撰，宁波等校点：《王安石全集（下）》，吉林人民出版社 1996 年版，第 917 页。

里，科第蝉联，簪缨鼎盛，甲与他邑"① 的衣冠盛事。莆阳进士多，因此地方官多，京官也多，并且位高权重。《宋史·宰辅表》称：两宋期间，居相位者 133 名，位执政者 482 名。而莆田出仕官员中位居宰相者 3 名：蔡京、叶颙、陈俊卿；执政者 7 名：蔡卞、蔡攸、龚茂良、郑侨、陈卓、陈文龙、黄庸。官至六部尚书者 13 名：叶大有、蔡洸、徐铎、蔡翛、陈居仁、林大鼐、刘克庄、刘榘、方应发、方大琮、卓得庆、薛元鼎、林英。北宋徽宗朝，宰相蔡京、副相蔡卞、枢密使蔡攸都是莆田人。陈俊卿（1113—1186）于宋高宗绍兴八年（1138）举进士第二（即榜眼），官至丞相（尚书右仆射同中书门下平章事、兼枢密使）。他们宣传妈祖，甚至直接、间接上奏皇帝，推动最高统治者承认和褒扬妈祖。②

　　二是妈祖得到宋徽宗的赐额有其"机缘巧合"的一面。

　　众所周知，宋徽宗崇信并偏执于道教。政和七年（1117），他干脆册封自己为"教主道君皇帝"；宣和元年（1119），更要求"佛寺改为宫，僧寺为观"③。而且，"政和元年春，壬申，毁京师淫祠一千三十八区"④。妈祖文化具有比较浓厚的道教色彩，而路允迪出使高丽遇到海难得到妈祖显灵救助的故事，与宋徽宗的道教信仰"合拍"与"共识"，故赐予"顺济"匾额。宋廖鹏飞《圣墩祖庙重建顺济庙记》："越明年癸卯，给事中路公允迪使高丽，道东海，值风浪震荡，舳舻相冲者八，而覆溺者七，独公所乘舟，有神女登墙竿为旋舞状，俄获安

① （宋）黄岩孙撰，仙游县文史学会点校：《仙溪志》，福建人民出版社 1989 年版。

② 林祖泉：《莆田宋代科举述略》，《湄洲日报》2014 年 6 月 19 日。

③ （宋）赵彦卫：《云麓漫抄》，文渊阁四库全书本。

④ 《宋史》卷 20《徽宗二》，中华书局 1977 年版。

济。因诘于众。时同事者保义郎李振，素奉圣墩之神，具道其详。还
奏诸朝，诏以'顺济'为庙额。"① 显然存在着某种历史的机缘巧合。
这一点，精明敏锐的刘克庄在《风亭新建妃庙》中揭示得十分清楚：
"妃以一女子，与建隆真人同时奋兴；去而为神，香火布天下，与国
家祚运相为无穷。"② 文中"同时奋兴"四字，道出了二者的内在联
系。至于与路允迪同事且向路允迪介绍妈祖文化的李振恰巧是莆田人，
正因为李振的介绍，才有路允迪的上奏请封和后来的宋徽宗赐额，从而
开启妈祖"正统化"和迅速对外传播的历程，这种因缘更具有偶然性。

第二节　妈祖文化传播的主要方式

按照文化地理学的观点，文化现象的传播方式有两种：扩展扩散与
迁移扩散。妈祖文化的发源地福建莆田远离中国政治中心，如果单纯依
靠扩展扩散带来的蔓延式传播的话，恐怕传播不了多远。因此，妈祖文
化能够从一个地方性的信仰，发展为一个全国性乃至全球性的信仰，主
要依靠的是迁移扩散的传播方式。

一、扩展扩散与妈祖文化传播

妈祖文化最初是通过扩展扩散的方式，在莆田沿海地区传播。在扩
展扩散的过程中，妈祖的信仰中心从湄洲一带转移到圣墩、白湖，最后
到达莆田府城。信仰中心的转移，使得海商、世家大族、官吏等，成为

---

① （宋）廖鹏飞：《圣墩祖庙重建顺济庙记》，郑振满、丁荷生：《福建宗教碑
铭汇编》，第16页。

② 蒋维锬编校：《妈祖文献资料》，第15页。

妈祖文化的支持群体。相对于渔民来说，这些人群具有更多的资源和更大的动员能力，他们成为妈祖信徒后，有利于推动妈祖文化的更快发展。

妈祖文化的起源地湄洲屿，这里的居民大多以渔为生。妈祖文化在这里诞生后，岛上及附近渔民显然是最早的妈祖信众。《天妃显圣录·湄山飞升》记载："里人畏之敬之，相率立祠祀焉，号曰'通贤灵女'；时仅落落数椽，而祈祷报赛，殆无虚日。"众所周知，渔民的职业是流动性的，每一年中都要变换不同的海域进行作业。如此一来，湄洲屿的渔民就成为妈祖文化在莆田沿海地区传播的最初媒介。

距离湄洲屿近百里有宁海圣墩港，为莆田最大河流木兰溪的出海口。北宋元祐丙寅年（1086），一段枯槎漂到这里，夜现毫光，当地渔民将之取回家中。谁知到了第二天，枯槎又回到原来停靠的地方。接着，更奇怪的事发生了。当晚，圣墩的百姓都梦到枯槎对他们说："我湄洲神女，其枯槎实所凭，宜馆我于墩上。"[①]百姓惊异，遂于墩上立庙奉祀妈祖。从廖鹏飞记载的这段故事来看，圣墩建庙奉祀妈祖，渔民扮演了关键角色。圣墩渔民在沿海捕鱼时，或是曾接触到湄洲屿一带的渔民，受其影响，接受了妈祖文化；或是曾到湄洲屿一带捕鱼，对岛上的妈祖文化情况有所了解。唯其如此，他们才会在枯槎表现出一定的灵异后，立即联想到是远在百里的妈祖来此显灵。

妈祖文化中心从湄洲岛转移到圣墩后，迎来了更大的发展机遇。宁海圣墩是一个重要的商港，许多海商出入于大海之上，亟须妈祖的庇佑。所以，圣墩建庙奉祀妈祖后，海商很快成为妈祖信徒。众所周知，

---

① 蒋维锬编校：《妈祖文献资料》，第1页。

海商的经济能力与活动范围，大大超过渔民，因此，他们成为妈祖信徒后，不仅出资扩建妈祖庙，而且还将妈祖文化带到了其他地方。再者，圣墩白塘李氏家族，是一个实力雄厚的地方大族。李氏家族第五世李富，家资殷富，他出钱扩建妈祖庙。他的堂弟保义郎李振，他随给事中路允迪出使高丽，途中遇风，但"俄获安济"。当路允迪询问女神来历时，李振乘机将自己家乡的女神妈祖推荐给路允迪。路允迪"还奏诸朝，诏以'顺济'"。这样，在宁海圣墩地方大族的推动下，妈祖文化第一次进入王朝的视野，获得王朝的赐额。

此后，妈祖文化中心又不断向位置更为优越的港口转移。位于木兰溪出海口的圣墩立庙奉祀妈祖不久，莆田另一条大河萩芦溪的出海口、官商行旅的交通要津江口也开始立庙奉祀妈祖。江口对妈祖文化的传播也起到一定的促进作用，"祠立两年，海寇凭陵，效灵空中，风掩而去。州上厥事，加封'昭应'"。王朝加封妈祖的同一年，在紧邻莆田郡城的白湖，妈祖也托梦立庙。参知政事莆田人陈俊卿"闻之，乃以地券奉神立祠，于是白湖又有祠"①。白湖地处木兰溪下游，是个帆船往来如梭的繁忙集市，其良好的交通条件对于妈祖文化的传播极为有益。更为重要的是，白湖紧邻莆田军治，军治为精英们聚集之处，这对于妈祖文化的提升也是有益的。因此，我们看到，在参知政事陈俊卿在白湖立庙后，南宋政府对妈祖的六次敕封都是针对白湖庙的。可以说，继圣墩以后，白湖庙又成为妈祖文化传播的一个中心，陈俊卿之子陈宓在《白湖顺济庙重建寝殿上梁文》中甚至认为："今仰白湖香火，几半天下。"② 元代白湖庙香火继续保持旺盛，官员祭祀妈祖的活动均于白湖庙举行。元代末年的战乱和陈姓家族抗元事件后，世居白湖的陈姓家

---

① 蒋维锬编校：《妈祖文献资料》，第 11 页。

② 蒋维锬编校：《妈祖文献资料》，第 7 页。

族纷纷外逃。[①] 战乱使得外贸商舶一时断绝来往，白湖水市也消失了。白湖的交通地位下降后，莆田官方失去了往年的出城到白湖祭祀妈祖的兴趣，于元至正十四年（1354）将白湖妈祖迁入城内善俗铺，把原来的万安水陆院改为天妃宫。天妃宫因面对莆田凤凰山文峰岭，故名文峰宫。[②] 这样，妈祖文化从起源地湄洲屿开始，随着莆田海上交通路线的几度变更，走过圣墩、江口、白湖，最终来到了莆田的政治经济中心，并在这里立庙安身，这种局面一直保持到清朝末年。

二、迁移扩散与妈祖文化传播

迁移扩散指携有某种文化的人，通过空间移动，将这种文化带到新地方的传播方式。妈祖文化传播到全世界，主要依靠的就是人的移动带来的信仰传播。

首先，妈祖是著名的海神，又是林氏祖姑，林氏族人自然愿意奉祀妈祖。在宋以后林氏族人的迁徙中，妈祖文化随着林氏族人的足迹走向了海峡两岸及世界各地。

莆田及其周边地区有不少妈祖庙打上了林氏家族的烙印，它们多为妈祖的里人乡亲所建。例如，莆田赤柱妈祖宫，历史上系九牧林族人早期聚居处，为妈祖文化重要传播地。惠安县小岞镇霞霖妈祖宫，原名下林宫。据当地信徒介绍，湄洲林氏称上林，小岞林氏从莆田迁徙而来，故称下林。

林氏族人在中国大陆各地的迁徙，带来了妈祖文化的传播。我国湘、桂、黔、滇、川、重庆六省（市、自治区）《林氏合族公谱总系》谱牒

---

① 郑衡泌：《妈祖信仰传播和分布的历史地理过程分析》，硕士学位论文，福建师范大学 2006 年，第 54 页。

② （清）乾隆《莆田县志》卷 4《建置》，成文出版社 1968 年版，第 168 页。

载："林端，字开远，原籍福建省兴化府莆田县贤良港人。公生宋宁宗庆元元年（1195）九月九日，于宁宗嘉定十三年（1220）庚辰科中武榜进士。理宗时，官京湖宣抚副使，至宝祐五年（1257）三月……征讨楚粤红苗卒于王事，享年六十有二。奉旨扶榇回籍归葬城西之龙桥。"南宋忠义侯林端乃林蕴第 14 代孙，现在西南地区有其后裔二十余万，他们都是林端之子思难、思义的后人，都尊称妈祖为"祖姑"。

林氏族人迁徙到海外时，也往往随身携带妈祖香火。据曾玲的研究，新加坡林氏九龙堂于 1956 年 10 月，向所有新加坡林氏宗亲会开放，共有 18 家林姓宗亲团体加入成为会员。这 18 家社团是：九牧世家联谊会、西河旧家、福建九龙堂、西河别墅、长林公会、潮州西河公会、潮安仙都林氏同乡会、西河联谊社、港西霞湖马鞍五房家族互助社、璧山青龙坛、广东林氏公会、康美林氏联谊社、琼崖林氏公会、客属林氏公会、西河上官路同乡会、义顺村西河公司天后宫、潮安宝陇林氏同乡会、仟岛互助会等。这 18 个林氏社团的成员虽然乡籍不同，方言不同，但都信仰妈祖。所以，九龙堂就利用妈祖文化来整合迁居新加坡的林氏族人。曾玲指出，新加坡九龙堂会所内，设置有金碧辉煌的妈祖神龛，神龛前刻有两副对联："祥发湄州渤海安澜歌圣德，炉分星岛黎民乐园颂神功"；"坤仪媲美千秋显耀尊天后，圣德仁慈万世流芳祀祖姑"。前一副对联蕴涵了从湄州分炉到新加坡的妈祖为林氏移民前辈南来拓荒护航的历史记忆；后一副对联则表明，亦神亦祖的"祖姑"妈祖是林氏社群共有的认同象征与维系纽带。新加坡九龙堂特别重视对妈祖的祭拜，"每年的清明节，林氏大宗祠召集宗亲们先祭拜天后圣母祖姑，然后到坟山拜祭祖先。农历三月二十三日妈祖诞辰，则遵循祖宗遗训，以完整的仪式祭拜妈祖。仪式的内容包括：祭拜天公（玉皇大帝）、祭拜妈祖、祭拜祖先，其间须先请出神明并向各位神明敬茶、敬酒、献花、献果、献宝等"①。

其次，海商、水手以及与海上活动的官员，也是妈祖文化迁移扩散的重要载体。

《天妃显圣录·祷神起碇》载："季春有商三宝者，满装异货，要通外国，舟泊洲前。"② 后来这个商人在海上遇到风暴时，得到妈祖佑助："迨泛舟海上，或遇风涛危急，拈香仰祝，咸昭然护庇。越三载，回航全安"③，"商人奇其感应，捐金创建庙宇，焕乎改观"④。廖鹏飞的《圣墩祖庙重建顺济庙记》载："宁江人洪伯通，尝泛舟以行，中途遇风，舟几覆没，伯通号呼祝之，言未脱口而风息。既还其家，高大其像，则筑一灵于旧庙西以妥之。"⑤ 商人洪伯通，也是因为从事海上贸易时遇到风暴，祈求妈祖保佑有灵验，返乡后立刻扩建妈祖庙。

历朝历代与海上活动有关的官员，也是妈祖文化传播的有力推动者。例如，郑和船队第七次远航途中，船误入礁群，危急之际，妈祖显形为"一女子携筐采螺"引导，旋得脱险。"方知前登屿，即其美女乃天妃现身，救此数十人也。"⑥ 为了答谢妈祖的庇佑，郑和舰队出洋前、航途中、归来后，都要虔诚地祭拜妈祖。今天东南亚的一些妈祖庙，其奉祀缘起据说就与郑和下西洋有关。李焯然等编写的《道教简述》称："南洋一带对天后的信仰，如果不是更早的话，最少也应该是在郑和下

---

① 曾玲：《社群边界内的"神明"：移民时代的新加坡妈祖信仰研究》，《河南师范大学学报》2007 年第 2 期。

② 《天妃显圣录·祷神起碇》，《台湾文献丛刊》第 77 种，1970 年。

③ 蒋维锬编校：《妈祖文献资料》，第 165 页。

④ 《天妃显圣录》，第 26 页，《台湾文献丛刊》第 77 种，1970 年。

⑤ （宋）廖鹏飞：《圣墩祖庙重建顺济庙记》，郑振满、丁荷生：《福建宗教碑铭汇编》，第 16 页。

⑥ （清）林清标辑：《敕封天后志》卷下。

西洋时候便传进来。"①

　　与郑和下西洋活动对妈祖文化的推动类似，其他的海事活动也推动妈祖文化的传播发展。如今属日本的冲绳县，公元18世纪以前是古琉球王国，属于明王朝的藩属国。有明一代，每当琉球国王继立时，明政府都会派遣使臣从福建乘舟下海，赴琉球册封新国王。为了保证航途平安，册封使团大多祭拜妈祖，遇到海难时也都是向妈祖求助。所以，萧崇业《使琉球录》、陈侃《使琉球录》等书都详细记载了海上妈祖显灵护佑的事迹。这些使臣不仅祭拜妈祖，他们也将妈祖文化传播到琉球。据史料记载，那里天妃宫共有三座：下天妃宫，创建于永乐二十二年（1422），坐落于那霸天使馆旁；上天妃宫，坐落于久米村，"此为嘉靖中（1522—1566）册使郭给事汝霖所建"；姑米岛天后宫，坐落于该岛的真谢港，为乾隆二十一年（1756）册封使金魁、周煌代建。

　　清初战争中，一些指挥战争的军官对妈祖的崇信也带来妈祖文化的传播。史料记载，妈祖为施琅收复台湾而助战澎湖，"士卒舟中咸谓恍见神妃如在左右……平海乡人入天妃宫，咸见天妃衣袍透湿，其左右二神将两手起泡"②。或"见神像满面汗珠流下"③；"隐约之间，如有人坐小舟中，以火刀击石，碎火四出。舟子曰：'速转舵向火行。'一瞬间而舟已进口矣。"④施琅舟师平海受困，"举船皆惶惧。正在危急间，……见船头有灯笼火光，似人挽缆至此"⑤，等等。据说，施琅平

---

　　①　新加坡道教总会：《道教简述》，1994年版，第57页。

　　②　（清）林清标：《敕封天后志》卷下。

　　③　张均：《显应记二则》，夏德仪点校，《天妃显圣录》，《台湾文献丛刊》第77种。

　　④　张均：《显应记二则》，夏德仪点校，《天妃显圣录》，《台湾文献丛刊》第77种。

　　⑤　（清）林清标：《敕封天后志》卷下。

台前，曾到莆田湄洲妈祖庙恭请妈祖作为护军神。施琅班师回朝时，其子"施世榜恳留将之（妈祖）奉祀在鹿港"①。此为鹿港天后宫之肇始。

最后，明清时期的移民浪潮，使得移民成为妈祖文化传播的最重要媒介。福建位于东海之滨，山多田少，特别是沿海地区，地狭人稠，人们素以贩海为生，把出海贸易、移居海外视为一种谋生之道。在漂洋过海的移居历程中，妈祖文化起到了一种减少心理压力的精神作用。而这些海外移民在平安到达移居地后，亦将妈祖文化带到那里，在新的居留地建造起妈祖庙宇，由此带来妈祖文化的传播。台湾是明清福建移民的主要目的地，台湾民众多为福建移民的后裔。在迁居台湾、开发台湾的过程中，妈祖文化随着福建移民的脚步传遍整个台湾。台湾几个大的妈祖文化中心，如北港朝天宫、新港奉天宫、鹿港天后宫、台南大天后宫、安平天后宫、鹿耳门天后宫等，其所在地都是港口，是福建移民渡台时最先到达的地方。这些宫庙之所以发展为台湾妈祖文化的中心，原因就在于后来的移民抵达这些港口后，看到这些地方的开发已趋于饱和，就在此带上妈祖的香火，进一步向台湾内陆地区前进。这样，随着移民一波波的涌入，妈祖文化就跟着移民来到了台湾的各个地方。妈祖文化在海外地区的传播也是由移民带来的。例如，早期移居新加坡的福建移民建造的天福宫，当时不仅所有建筑材料都从家乡运来，而且宫内供奉的妈祖神像也是由家乡雕塑完好再船运到新加坡，以表示其来自祖庙的正统。另据马来西亚雪隆会馆天后宫妈祖文化研究中心的调查，散布在全马的妈祖庙大约有 150 所。这些宫庙的创建，绝大多数与明清时期东南沿海民众的移民活动有关。

---

① 王见川、李世伟：《台湾妈祖庙阅览》，博扬文化事业有限公司 2000 年版，第 127 页。

综上，妈祖文化的传播方式，主要有扩展扩散和迁移扩散两种。妈祖文化在莆田及其周边地区的传播，主要依靠扩展扩散。通过扩展扩散，妈祖文化从湄洲岛蔓延到周边地区。妈祖文化在中国大陆、港澳台及海外其他地区的传播，则主要依靠迁移扩散，妈祖文化随着林氏族人、海商、水手、官员、移民的迁徙，传播到了世界各地。当然，妈祖文化的扩展扩散和迁移扩散是相对而言的，而且经常是交叉重叠在一起的。但妈祖文化通过迁移扩散到新的区域后，经过一段时间的扩展扩散传播，有可能又开始新一轮的迁移扩散传播，这样循环往复，推动妈祖文化走向世界。

第三节　妈祖文化传播的区域分布特征

妈祖文化在传播中呈现出区域性差异。中国的福建、广东、台港澳是妈祖宫庙分布最为密集、信仰活动最为热烈的地方，可称为核心区。我国沿海地区由于渔民、海商的带动，以及历代王朝海上经营活动的推动，妈祖文化也较为蓬勃，可称为中心区。东南亚地区的华侨华人多由闽粤而来，闽粤移民也把妈祖文化带去东南亚，成为华侨华人的精神支柱，因此东南亚地区可称为妈祖文化的重要传播区。至于中国内陆地区、东亚、东北亚，也有不少妈祖宫庙，是为妈祖文化的辐射区。而欧美等地只有零星的妈祖宫庙分布，只能算是散播区。

一、妈祖文化传播的核心区：中国福建、广东和中国台港澳

福建是妈祖文化的诞生地，妈祖文化的传播也是从福建开始的。所

以，福建妈祖庙的数量可以说独占鳌头。1991 年前后，莆田县宗教事务局在编写《莆田县宗教志》时，曾组织力量对福建各地的妈祖庙进行摸底调查。据该书的统计数据，福建沿海地区的妈祖庙分布情况如下：莆田市 248 座、仙游县 67 座、福州市 43 座、长乐县 18 座、福清县 3 座、平潭县 17 座、连江县 14 座、罗源县 2 座、漳州市 1 座、龙海市 11 座、漳浦县 8 座、云霄县 2 座、南靖县 3 座、长泰县 4 座、东山县 7 座、诏安县 8 座、宁德市 7 座、福鼎县 10 座、福安县 13 座、霞浦县 19 座、厦门市 57 座、泉州市 7 座、惠安县 59 座、晋江市 6 座。由于各种条件限制，1991 年的调查并不全面，福建妈祖宫庙的数量远不止这些。近二十多年来，各地有建造不少妈祖宫庙，使福建省妈祖宫庙的数量相当惊人。2011 年《莆田妈祖宫庙大全》统计，"仅莆田市内至少有各类妈祖宫庙 880 座"①。其中湄洲岛 16 座、湄洲湾北岸开发区 70 座、秀屿区 245 座、涵江区 87 座、城厢区 64 座、荔城区 117 座、仙游县 273 座。

福建作为妈祖文化分布的核心区，不仅表现在沿海地区遍布妈祖庙，而且福建的内陆地区，也普遍兴建有妈祖庙。例如，龙岩位于福建西部，是典型的山区。但是，历史以来兴建的妈祖庙，数量极多。龙岩市人大常委会委员张开龙组织了一批热心妈祖民俗文化研究的人士，利用工余时间和节假日，对闽西的妈祖庙进行了为期八年的田野调查。他们在调研中发现了"坐落在闽西的 400 余座风格不同、各具特色的妈祖庙、天后宫"②。

福建成为妈祖文化分布的核心区，与两方面因素有密切关系。首

---

① 中华妈祖文化交流协会等编：《莆田妈祖宫庙大全》，海风出版社 2011 年版，序第 3 页。
② 张开龙主编：《闽西妈祖文化》，九州出版社 2013 年版，序一第 1 页。

先，福建东南滨海，海岸线漫长，境内河网密布，民众活跃于江河湖海上，亟须妈祖的庇佑。福建沿海民众，从事海上捕捞和海上贸易者众多。崇祯三年（1630），兵部尚书梁廷栋有关海禁的奏疏中指出："闽地瘠民贫，生计半资于海，漳泉尤甚，故扬航蔽海，上及直浙，下及两粤，贸迁化居，唯海是籍。"① 沿海民众以海为生，海上气象瞬息万变，他们为了祈求精神安慰，往往虔诚奉祀妈祖。妈祖文化在福建内陆地区的传播，最初也是由航运带来的。据张开龙、谢重光考证，长汀最好的妈祖庙，与盐运之间有密切关系。当时，民众从潮州沿韩江、汀江运盐，直抵长汀，全程都是水运，需要海神妈祖的庇佑。其次，福建成为妈祖文化的核心区，与当地的台胞侨胞之间也有很大关系。福建沿海地区如漳州、泉州，是台湾同胞的主要祖籍地，也是我国著名的侨乡，从这里出去的台胞、侨胞很多，他们对妈祖特别崇信。福建的一些内陆地区，如闽西，台胞侨胞也不少。张开龙、谢重光在总结闽西妈祖文化的特点时指出："相当部分的天后宫与漂洋过海的华侨、台胞密切相关，不少祖籍在当地的台胞和华侨捐资家乡妈祖庙的建设，如龙岩市东城天后宫、永定下洋汤子阁天后宫、长汀县汀州天后宫、连城县庙前芷溪天后宫等都与华侨台胞关系密切。"②

广东毗邻福建，介于岭海之间。宋代以来，广东海运日渐拓展，妈祖文化最先沿海岸线传播到广东。此外，宋代福建人多地少，闽人素有出外谋生的传统，往南进入广东的闽人也不在少数。再者，当时的广东已是重要的粮食储备地，而此时闽浙尤其是莆田、仙游一带面临粮食短缺问题，对广东米粮供应依赖很深。商品运输、商业发展的需要使水陆

---

① 薛国中、韦洪编：《明实录类纂·福建台湾卷》，武汉出版社1993年版，第504页。

② 张开龙主编：《闽西妈祖文化》，九州出版社2013年版，第10页。

交通得到整治，沿海扩展为广州与闽浙、广州与琼州、琼州与闽浙及雷州与琼州之间四条航线。这就带来了妈祖文化从福建向广东的传播。明代也是妈祖文化在广东迅速传播的时期。明中期以前，妈祖庙宇的建立与文武官员、地方士绅关系较大。后来随着市镇、航运及商业网络的发展，商人开始成为妈祖的重要支持者。墟镇发展最迅速的顺德、东莞、南海、新会等县也是妈祖庙宇分布较多的地方。为了适应商品流通的需要，广东的水运初步形成航运网，联结各地港口、津渡和墟镇。商品和人群的流通，使得作为航运保护神的妈祖随之流动，传布于沿海与沿河地区。清代广州成为清政府对外开放的唯一口岸，妈祖文化因之得到极大发展。清代广东妈祖文化之盛不亚于福建，大量妈祖宫庙继续创修，众多以妈祖为主神的会馆相继建立。

广东成为妈祖文化的核心区，主要是因为广东与福建毗邻，陆路、水路、海路均可相通，两省之间的商贸往来较为频繁，许多福建人因此而定居于广东。例如，宋代由海路进入海南的福建人，从事经商或农耕，不少深入黎地，与黎人杂居。除了海路之外，亦有不少福建移民经由陆路大庾岭道进入珠江水系，进而散布岭南各地。据《永乐大典》所录《南雄路志》记载，南宋宁宗时期，粤北韶州地区已有妈祖宫庙数座。① 这些妈祖宫庙应是由陆路进入广东的福建移民所建。明清时期福建与广东联系更加紧密。明清在广州、澳门经营对外贸易的行商，不少来自福建。在粤西的一些新兴港埠，不仅形成闽人聚居的街区，而且建立福建会馆。隆、万年间兴起的海港高州梅菉墟，是粤西米运销福建的中心，号称"雷琼通衢"。漳州人在该地有大量的生意，至今仍有一条街名为"漳州街"。湛江市赤坎区也是闽人聚居之地，形成著名的福

---

① 李庆新、罗燚英：《广东妈祖信仰及其流变初探》，《莆田学院学报》2011年第6期。

建街、福建村，当地原建有规模巨大的福建会馆。外出经商的福建人，基本上都崇奉妈祖，他们到广东经商，并居于广东，自然就把妈祖文化传播到广东。妈祖文化一经在广东落户，就会影响到广东人。众所周知，广东人也擅长经商，他们从福建人那里接受妈祖文化后，又进一步将妈祖文化向四方传播开来。

台湾也是妈祖文化的核心区。早在明末，颜思齐等人招募闽南民众开发台湾，台湾就有了妈祖庙。郑成功复台，他带去的军民中，绝大多数是福建沿海人，都是妈祖的信徒。所以明郑时期，台湾的妈祖庙增加了。清康熙二十一年（1682）施琅奉命收复台湾。他充分利用了妈祖文化的力量对明郑官兵展开了心理战。施琅军队屯驻莆田平海时，军队中就盛传妈祖"涌泉济师"的传说。次年六月率军攻打澎湖时，又有"妈祖告以二十一日必得澎湖，七月可克台湾"的流言。这些妈祖庇佑的说法，鼓舞了施琅水师的士气，使得施琅军队一鼓作气收复台湾。收复台湾成功后，施琅上奏朝廷，声明此次收复得到妈祖的佑助。为表对妈祖的感谢，施琅奏请于台南建造天后宫，这是台湾最早的官方妈祖庙。此后，在几次镇压台湾农民起义的过程中，清王朝又不失时机地抬出妈祖为朝廷征剿大造舆论。在官方的带动下，妈祖文化在台湾回归清朝后迅速发展起来。此外，台湾民众绝大多数为闽南漳、泉移民。漳、泉移民在故乡时多信仰妈祖，跨海渡台时，为了海途安全，不少移民都随身携带妈祖香火。到了台湾后，他们面临着瘴气、瘟疫、猎头的土著等危险，只有虔诚地祈求妈祖的护佑。等到开发有所成就、人口有所增加之后，他们就鸠钱建庙，隆重地将妈祖奉祀于其中。这样，随着移民向整个台湾推进，妈祖庙也遍及台湾各地。今天，妈祖是台湾民众最为虔信的神明，妈祖庙数量达 900 多座。

台湾之所以成为妈祖文化的核心区，有几方面的原因。首先，民众绝大多数来自闽粤沿海地区，他们要去开发台湾，首先面临着台湾海峡的阻隔。妈祖是海神，在闽粤地区又极为流行，闽粤民众在选择护航神时，往往优先选择妈祖。其次，官方的推动。施琅收复台湾，与明郑军队进行的是水战，需要水神的帮助。台湾的不少学者都指出，明郑信仰的水神是玄天上帝，明郑统治台湾时，台湾建了许多玄天上帝庙。施琅选择妈祖作为自己水师的护佑者，就是要在神明的这一象征符号上对明郑有所超越。"涌泉济师"等妈祖佑助清军的传说，一方面鼓舞了清军的士气，另一方面也瓦解了明郑军队的斗志。毕竟，妈祖佑助清军，就表示清军是得到天命的正义之师。明郑军队阻挡清军复台，是逆天而行。清军复台后，清政府继续利用妈祖文化来巩固自身统治台湾的合法性，在镇压林爽文等农民起义时，妈祖帮助清军的说法继续流传。俗话说，上有所好，下必奉行。清政府对妈祖文化的推崇，自然带来民间的效仿。这样，妈祖文化在台湾的盛行，也就可以理解了。

二、妈祖文化传播的中心区：中国沿海地区

根据文献记载与实地调查，在中国沿海的重要港口城市，都建有妈祖庙。

例如，古登州是山东航海枢纽，建有数座妈祖庙。古代登州是广州至京津海漕运输和朝廷与东方诸国交流的中枢，是承担北方贸易、外交、文化交流活动的重要港口。其地位远远高于后来的广州、泉州、明州、扬州"四大名港"。蓬莱阁妈祖宫，据史料记载："宋徽宗时，敕立天后圣母庙，乃于阁之西营建焉。时在宣和四年（1122），计建庙四十八间。"① 与蓬莱阁天后宫齐名的、一度被称为"天下第一娘娘庙"

---

① 于淼编著：《妈祖信俗》，吉林出版集团有限责任公司2014年版，第85页。

的是长岛显应宫（因此得名"庙岛"）。长岛显应宫始建于北宋宣和四年（1122），是中国北方修建最早、规模最大、影响最广的妈祖庙，也是世界重要的妈祖官庙之一，享"天妃北庭""北海神乡"之誉。此后，妈祖文化以长岛、蓬莱为核心向周围地区辐射。

宁波第一座妈祖庙，始建于宋绍兴三年（1133），为福建船主沈法询在当地信众和地方官员帮助下所建。元代程端学《积斋集·灵济庙事迹记》曰："鄞之有庙，自宋绍兴三年（一说"绍熙二年"，即1191年，有误），来远亭北舶舟长沈法询，往南海遇风，神降于舟以济；遂诣兴化，分炉香以归，见红光、异香满室，乃舍宅为庙址（灵济庙位于来远亭北侧，即今江厦街与东渡路交接处），益以官地捐资，募众创殿庭，像设毕具，俾沈氏世掌之。"①

大连原名旅顺，明代时旅顺那时是辽东半岛海运的重要海口，与福建客商联系密切，海运商业的往来带动了妈祖文化的传播。旅顺博物馆藏有一件600年前的重要文物——明朝永乐年间的一通记碑，石碑右上角缺失，碑上面苍老的文字记载了旅顺天妃庙的修建历史："天妃圣母灵祠岁久倾塌不堪瞻仰""永乐六年特遣荣禄大夫保定侯孟善立石"，新的天妃庙在朝廷命官的主持下于"永乐丙戌二月二十六日毕工"，这个时间就是1406年。这座天妃庙在此之前至少存在近百年，那就是1300年左右，也就是元代。这同山东庙岛、天津等地修建妈祖宫庙的时间相近。在旅顺天后宫的带动下，瓦房店复州娘娘宫、金州天后宫、大连天后宫等相继兴建起来。

天津天后宫建于元泰定三年（1326），原名天妃宫，俗称娘娘宫，历经多次重修，是天津市区最古老的建筑群，也是中国现存年代最早的

_____

① （元）程端学：《积斋集》，《四明丛书》第2册，广陵书社2006年版，第1054页。

妈祖庙之一。天津天后宫兴建的原因，与漕运有关。由于当时海运漕粮，漕船海难不断发生，而天津是海运漕粮的终点，是转入内河装卸漕粮的码头，所以，元泰定三年（1326），皇帝下令建天后宫（当时叫天妃宫）于天津海河三岔河口码头附近，供人们奉祀海神天后。水工、船夫、官员在出海或漕粮到达时，都向天后祈福求安。

江苏浏河，是元明时代出海的一个重要港口。浏河天妃宫始建于北宋宣和五年（1123），由旅居娄江口的闽粤海商建造，元代至正二年（1342）移建于现址。作为当地最早兴建的妈祖宫庙之一，浏河天妃宫历经元、明、清、民国多次扩建修缮，主修者有郑和、林则徐等杰出的历史人物。600多年前郑和从太仓扬帆起锚，七下西洋时，每次都会来到天妃宫祭祀，祈求妈祖这位"海上女神"保佑他的船队一帆风顺。

中国沿海地区之所以成为妈祖文化传播的中心区，首先是福建商人的贸易活动促成的。例如，清代浙江平湖县的天后宫就是一所福建会馆，俗称"三山会馆"，由旅居平湖县的福建商人（主要是经营杉木生意的商人）创建的，其主要的功能是供福建商人初一、十五在此共祭妈祖，同时进行宴饮交际，其次则供闽籍官员途经此地者歇息，还供一些闽籍学生（可能多是闽商子弟）在此读书修业。宁波周围的定海，在清康熙末，由福建商帮组织的八闽会馆、同治年间的保定会馆，象山县于清嘉庆九年（1804）由福建黄其鸣商帮建三山会馆、道光十九年（1839）闽粤商帮组建闽广会馆、咸丰五年（1855）莆兴化府商帮建兴化会馆，镇海由福建商帮建天后宫。这些会馆都供奉妈祖天后。

其次是王朝海事活动的推动。元朝廷官方规定：船运之前、必须先祭拜妈祖。所以广州、明州、泉州、杭州、台州、福州、天津、绍兴、漳州、温州、苏州、昆山等港口城市，就是在这个时期修建乃至扩建妈祖庙，作为官府祭妈祖之用。明朝派遣使者出使外洋、郑和下西洋，舰队出航前与归航后，也都必须祭祀妈祖。如郑和下西洋，出洋下海前，必须在太仓天后宫先祭祀妈祖，然后出发。舰队达到福州，于长乐停留，等待季风。再出发前，郑和仍要在长乐天后宫祭祀妈祖。因此，王朝的礼制规定，也是中国沿海重要港口城市成为妈祖文化传播中心区的重要原因。

三、妈祖文化的重要传播区：东南亚地区

明清以后，许多闽粤人跨海到南洋谋生，妈祖文化跟随这些移民来到了东南亚地区。在东南亚一些国家和地区，华人数量众多，妈祖庙的兴建也比较广泛。因此，东南亚地区可称为妈祖文化的重要传播区。

据李露露研究，"其实从明代开始，在越南各地就普遍建有天妃宫庙，一般都附设在华侨和商人的会馆内，其中以会安为大"①。而胡志明市则是越南南部重要的省会城市，在这里从事商业经营活动的华人众多。也就为妈祖文化在这一地区的传播提供了必要条件。

泰国的妈祖庙数量众多。主祀妈祖的有曼谷四丕耶七圣妈庙、曼谷新兴宫，素叻它尼府的天后圣母庙；洛坤府则有天后宫和天后庙；越粒府有天后圣母庙；信武里府有天后宫；普吉府建有三山天后宫；巴真府亦有天后宫……至于配祀妈祖之宫庙，亦数量繁多。

缅甸自古与中国往来密切，妈祖文化很早就传入缅甸。仰光庆福宫、丹老天后宫是其中较著名者。

新加坡是东南亚各国中，华人比例最高的国家，华人人口占全国总人口的70%以上。19世纪初到20世纪中叶，新加坡是一个典型的移民社会。作为扼守马六甲海峡咽喉部位的地区，新加坡毫无疑问是重要的

---

① 李露露：《妈祖信仰》，学苑出版社1994年版，第132页。

商业汇聚地，中国闽粤民众有许多都到这里来谋生。新加坡土地面积仅有 0.0683 万平方公里，但妈祖宫庙却有 50 多座。

马来西亚华人之祖辈大多来自中国闽粤琼等沿海地区。移居马来西亚的华人，多为中下层民众。妈祖本身特有的"母性""乡土"和"庇佑平安"等诸多角色要素，对于在马来西亚辛苦工作的华侨群体来说，无疑是最好的心灵依靠。因此，马来西亚的妈祖庙数量，在东南亚各国中是最多的，总数超过 150 座。

印度尼西亚是世界上最大的海岛国家，同时是东盟的重要成员国。印度尼西亚现有妈祖宫庙 40 多座，分布在爪哇、苏门答腊、婆罗洲等华人聚居的岛屿。

东南亚地区妈祖文化的传播特征，首先与中国闽粤华人的谋生、移民活动有关。明清以后，中国闽粤民众为了谋生，呼朋引类，相邀南下。妈祖是保佑他们航行平安的重要神明。其次，妈祖文化与东南亚各国华人帮群社会有很大关系。东南亚华人为了更好地在异国他乡谋生，来自同一祖籍地的移民往往结成帮群，神明和会馆相结合，以更好地服务于帮群社会的需要。东南亚的妈祖文化也一样，绝大多数都和会馆合二为一。以越南为例，从明代开始，在越南各地就普遍建有天妃宫庙，这些妈祖庙一般都附设在华侨和商人的会馆中，其中以会安为最多。《会安中华会馆碑记》载："夫会馆之设。由来久矣。虽谓会同议事之所，实为教礼重义之地。吾辈于此，存公道，明是非，息争讼，固不比别事例相同者也。内崇拜天后圣母，秋朔望，或祷或庆，诚称异国同堂，会计经营，必公正相占与同心戮力，至于疾病相扶，患难相助，福因善果，不胜枚举。……"越南胡志明市穗城会馆（广州商人建）、温陵会馆（泉州华侨建）、三山会馆（福州华侨建）、会安福建会馆、广肇会馆（广东华侨建）、潮州会馆、凉府会馆、义安会馆、琼府会馆、霞漳会馆边和七府古庙、堤岸中华理事总会等处，都祀天后妈祖。今天，华人已经基本融入东南亚的当地社会，帮群组织的作用已经大大削弱。不过，华人虽然在政治上认同所在国，但东南亚国家大多都是多种族国家，国家鼓励文化上的多元化，因此，妈祖文化作为华人的文化标签，仍然得到了华人的重视。

四、妈祖文化传播的辐射区：中国内陆地区、东亚、东北亚

妈祖文化也传入中国内陆地区。东北地区妈祖文化的信仰与东北人民的女神崇拜有密切关系。如今东北各地仍有众多的女神崇拜的娘娘庙，如圣母庙、小姐庙、姜女庙等，其中锦县有娘娘庙 10 座，姜女祠 5 座，岫岩满族自治县有天后宫 3 座，娘娘庙 7 座，龙母庙 1 座。还有营口鲅鱼圈的碧霞宫，阜新蒙古自治县的隆昌寺等都供奉妈祖像。辽宁的妈祖庙为东北最多，达 30 余座。华中地区包括河南、湖南、湖北三个省份。这三个省份均地处内陆，远离海神妈祖得以迅速广泛传播的海洋，故妈祖文化在该地区的传播均较沿海地区要晚。但因三个省靠近长江、黄河流域，具有丰富的水系，该地区拥有内陆最大妈祖庙——湖南芷江天后宫，河南南阳天妃庙等。西北地区包括陕西、甘肃、新疆、青海、宁夏各省和自治区。由于西北内陆地区缺水，向来少有妈祖宫庙。不过，随着明末清初以来闽粤移民及商帮、地方官员的传播，西北地区也兴建了一些妈祖宫庙，妈祖文化在当地产生一定的影响。西南地区以高原、山地为主，交通相对闭塞，经济相对落后，大部分为多民族聚居之地，现有傣族、水族、佤族、苗族、怒族、门巴族、彝族等民族，多元文化并存。妈祖文化在西南地区的传播形态也独具特色，多为闽籍移民、官员及商人以人口流动的方式传入，与当地的福建会馆融为一体。

中国人和日本的贸易由来已久，由于东海风恶浪高，往返于中日之间的商人们皆视为畏途。按照中国航船的惯例，船上都供奉有妈祖神像。据日本学者研究，"在清代，无论什么船只都必定安放小妈祖像，以日本长崎为例，清代的船员们一到长崎便把（在船上的）的小妈祖像奉安于某一庙内，出发时再移至船上。人们把奉安妈祖像于寺中的仪式称为'奉天妃'……在长崎锻冶屋町的崇福寺妈祖堂内，至今尚有奉安妈祖像的棚，称为天妃棚"①。而据中国学者研究，明清时期来自中国的船只在靠岸期间，将妈祖像寄放于寺庙中，已成一种惯例。所以，妈祖文化传入日本，最初应与中国海商的船载妈祖有关。据曾经留学日本的中国学者王海东的研究，"永乐、宣德年间（1403—1435），日本国内就建有多处天妃宫，民间开始流行妈祖文化"②。"现在日本国内被发现的妈祖像已有 30 例以上，其中鹿儿岛 10 例，长崎 8 例，茨城 4 例，冲绳和宫崎各 2 例，千叶和福冈以及宫城、青森各 1 例。"③

妈祖在朝鲜半岛也有传播。从宋代路允迪出使高丽以来，中朝官方使者通过海路往来，他们在海路上常祈求海神妈祖保佑平安，一来二往，妈祖文化就在朝鲜半岛传播开来。明清时期，来华的朝鲜使者，其中不少都有咏妈祖的诗歌存世，表明他们是信仰妈祖的。

综上，中国内陆地区、东亚、东北亚地区都有妈祖文化的传播，但妈祖庙数量不多，信仰也不够热烈，可称为妈祖文化传播的辐射区。因

---

① ［日］窪德忠：《道教史》，萧坤华译，上海译文出版社 1987 年版，第 271 页，转引自王荣国：《海洋神灵——中国海神信仰与社会经济》，江西高校出版社 2003 年版，第 156 页。

② 王海冬：《中国海洋女神妈祖在日本兴起的历史原因》，《妈祖学刊》2014 年第 2 期。

③ 王海冬：《中国海洋女神妈祖在日本兴起的历史原因》，《妈祖学刊》2014 年第 2 期。

为距离妈祖文化核心区中国福建、广东、中国台港澳距离较远，这些辐射区的妈祖文化，主要是由官员、商人（包括海上）、水手的迁移流动带来的。辐射区的妈祖庙，在刚创建之初，也主要是服务于官员、商人、水手这些特殊人群的需要的。此后，在时间的流逝中，辐射区的妈祖文化也会融入当地的社会文化体系中，成为其不可分开的一部分。但融入当地文化体系后，妈祖文化的独立性就被消释了。例如，妈祖文化传入日本后，由于日本实行闭关锁国的政策，妈祖文化就慢慢与日本的神道教和佛教融合。这些融合不单是表面上的简单替换，而是深入地吸收与改造，是中日文化藉由妈祖文化发生交流与碰撞的具体体现。融入日本文化后的妈祖文化不但为华人所信仰，也为部分日本人所信仰，妈祖文化成为日本文化的组成部分。最终，妈祖文化在辐射区生存了下来，但它的文化形式与核心区的妈祖文化相较，已经走样，甚至有些面目不清了。

五、妈祖文化传播的散播区：欧美地区

《世界妈祖庙大全》记载："在大洋洲的澳大利亚和新西兰，欧洲的法国和挪威、丹麦，美洲的美国、加拿大、墨西哥、巴西以及非洲等地都有妈祖庙宇或奉祀的场所。"[1]

在19世纪七八十年代，美国西部的"淘金热"掀起了向美国移民的热潮，中国沿海居民，尤其是广东移民，成为其中不容忽视的一股潮流，他们在登陆美国之初，就将妈祖文化带到了美国。进入20世纪后半期以后，大量中国大陆（内地）、中国台湾、中国香港的新移民到了美国，他们将极富有地域特色的妈祖文化带到美国，给美国的妈祖文化

---

[1]　世界妈祖庙大会编辑部编：《世界妈祖庙大全》，第190页。

注入了新的力量。与此同时，越战的阴影造成大量印支地区华人移民来到美国，他们也将妈祖文化带到了美国。而进入 21 世纪以来，原本在美国经营发展多年的中国区域商人集团，如闽商、粤商、浙商等，经济力量逐渐壮大，并且与祖国的联系日益紧密，如何在美国发扬光大妈祖文化，成为这些在美华商的精神诉求。

欧美地区的妈祖文化几乎都由前来这里谋生的华侨华人带来，最初也都是和当地的华人会馆相结合，为华侨华人在当地的打拼提供精神慰藉。随着欧美国家对华人歧视程度的降低，以及对多种族文化的肯定，妈祖文化已经成为欧美华人证明自己的文化身份的一个重要凭证。当然，在周边西方文化的强势包围之下，欧美的妈祖庙数量极少，这就使得热心妈祖文化活动的人，基本上都是第一代移民。至于移民们的后裔将来如何对待妈祖文化，还有待进一步深入观察。

第四节　妈祖文化传播的信众分布特征

妈祖文化之所以能传播到世界各地，是因为它得到了各阶层华人的支持。当然，不同阶层的华人，对妈祖的认识不同，信仰妈祖的目的也各有不同。但是，妈祖文化能够包容他们的不同需要，把他们整合到同一信仰里面来。对此，沃森在《神的标准化：在中国南方沿海地区对崇拜天后的鼓励（960—1960）》中有翔实的解说。沃森指出："各个类别或阶层的人对天后有不同的看法……它反射出其信徒的社会背景。其观点看法各不相同。"沃森以香港新界天后宫为例，指出家族的精英、文人"认为天后是'开化'的承担者并是社会秩序的保护者"；拥有地产的半文盲族员把天后"看作是控制领地的一种标志"；家族的雇工认为他们在当地大族邓家到来之前，就负责天后宫的事务，因此妈祖"不会帮助邓家，只会对最早把她安放在沙江庙中的人的后代做出照应"；家族中的妇女把天后当成生育女神看待；对于一些移居陆地的"水上人"来说，天后"象征着对大海的驾驭；她对他们有影响主要是因为她能平息风暴——而不是不安定的因素"。总之，各个阶层的人对天后的看法不同，但天后信仰"能把背景各不相同的人整合在一起"①。与沃森笔下的香港新界天后宫的情况类似，妈祖文化向全世界传播过程中，各个阶层的华人尽管都信仰妈祖，但他们的阶层特征差异甚大，对妈祖文化的理解不同，对妈祖文化传播的推动作用也不一样。以下从信仰妈祖的文人士大夫、商人、渔民、移民以及林氏族人等几个阶层入手，考察他们的阶层性特征。

一、文人士大夫

文人士大夫是封建社会的主导阶层，封建社会以科举取士，文人士大夫是封建王朝官员的主要来源。因此，文人士大夫不仅包括在野的读书人，也包括在仕的文官与武将。文人士大夫对妈祖文化的推动是巨大的。如果没有文人士大夫向王朝奏请，妈祖就不可能获得历代王朝 36 次的敕封；如果没有文人士大夫在各地的鼓励与提倡，妈祖文化不会那么快传播开来；如果没有文人士大夫的撰文美化，妈祖文化的层次就难以获得提升，妈祖文化也不会成为蕴藏中华传统美德，具有独特价值的一种文化体系。

---

① ［美］沃森：《神的标准化：在中国南方沿海地区对崇拜天后的鼓励（960—1960)》，载［美］韦思谛编：《中国大众宗教》，江苏人民出版社 2006 年版，第 77—81 页。

（一）文人士大夫与妈祖的敕封

妈祖文化中心的第一次转移是从湄洲岛转移到宁海圣墩。居于圣墩的白塘李氏出了不少文人士大夫，他们对妈祖文化的提升起到了重要的推动作用。李氏第五世保义郎李振，随给事中路允迪出使高丽，途中遇风，"舳舻相冲者八，而覆溺者七，独公所乘舟，有女神登樯竿为旋舞状，俄获安济"。路允迪感到惊奇，便询问女神的来历。这时，"素奉圣墩之神"的李振，乘机将自己家乡的女神妈祖推荐给路允迪。路允迪"还奏诸朝，诏以'顺济'"。①

这样，在宁海圣墩地方大族的推动下，妈祖文化不仅走出福建，而且还第一次进入王朝的视野，获得王朝的敕封。

按照历代王朝的礼典规定，各地神明要得到王朝的敕封，必须由地方官员先上报其事，然后朝廷派员核查，核实后再交给礼部拟定敕封文书。因此，地方官员在妈祖的敕封中，扮演着最为重要的角色。例如，丁伯桂《顺济圣妃庙记》记载："庚戌夏旱，赵侯彦砺祷之，随祷随答，累其状闻于两朝，易爵以妃，号'灵惠'。"② 这里，赵彦砺在此次妈祖受封中起到重要的作用。他是妈祖信徒，所以在遇旱时，他向妈祖祈雨。祈雨有应后，又是他向王朝上奏其事，才有了"灵惠"的封号。此外，前往外夷的册封使、从事外贸的市舶司、捕辑海盗的官员以及参与海战的将军等，都是士大夫阶层的一部分，正是他们在为王朝服务时得到妈祖的佑助，使得他们热心向朝廷奏请敕封妈祖。可以说，如果没有文人士大夫的支持，妈祖就不可能得到历代王朝36次的敕封。

---

① 蒋维锬编校：《妈祖文献资料》，第1—2页。
② 莆田湄洲妈祖祖庙董事会编：《湄洲妈祖志》，方志出版社2011年版，第207页。

（二）文人士大夫与妈祖宫庙的创建

文人士大夫包括官员，许多地方的妈祖庙都是由官员带头创建的。例如，福州长乐是郑和下西洋的驻泊港和航海休整的重要基地，永乐十年（1412）郑和第四次出使西洋前夕在长乐太平港候风时，为酬谢妈祖的庇佑，奏请明成祖同意在长乐县南山塔旁建起一座雄伟壮观的天妃行宫。据史料记载，琉球的天妃宫共有三座：下天妃宫，创建于永乐二十二年（1422），座落于那霸天使馆旁；上天妃宫，坐落于久米村，"此为嘉靖中（1522—1566）册使郭给事汝霖所建"；姑米岛天后宫，坐落于该岛的真谢港，为乾隆二十一年（1756）册封使金魁、周煌代建。琉球的三座天妃宫，有两座是明清册封使创建的。据考证，广东、海南、闽南、台湾等地，至今还保留着很多当时莆人外仕者及仕人后裔所倡建的妈祖宫庙，比如贵州的镇远天后宫、湛江市文章湾天后宫等等。

由于文人士大夫在封建社会中所具有的榜样作用，他们带头创建妈祖庙，很容易起到上行下效的作用，民间百姓在他们的鼓励下也加入传扬妈祖文化的行列中。例如，施琅在收复台湾胜利后，于台南创建大天后宫。施琅创建大天后宫的举动，激起了台湾民众信仰妈祖的热潮，新的妈祖宫庙随之不断涌现，妈祖成为台湾民众最为崇信的神明之一。

（三）文人士大夫对妈祖文化的美化和提升

妈祖出身女巫，宋绍兴二十年（1150），仙游人廖鹏飞《圣墩祖庙重建顺济庙记》曰："姓林氏，湄洲屿人。初，以巫祝为事，能预知人祸福。"夏商周时代，巫的地位很高。进入封建社会后，巫的社会地位逐渐衰微。妈祖出生于北宋，这时巫的地位已经很低了。随着妈祖文化影响的不断提升，元代以后，妈祖的身份出现了变化，从一个普通的女巫，变成了莆田湄洲都巡检林愿的第六女。关于这个过程，《湄洲妈祖志》中有详细的描述："元初黄渊的《圣墩顺济祖庙新建蕃釐殿记》，其文末所附赞诗中有'赫赫公家，有齐季女'二句……黄渊《圣墩顺济祖庙新建蕃釐殿记》成文于元大德七年（1303），其时妈祖已在至元十八年和大德三年两次被加封而号称护国辅圣庇民明著天妃，所以便给她加上'赫赫公家'的门第。到了元至顺间（1330—1333），程端学的《灵济庙事迹记》中，'赫赫公家，有齐季女'即被具体化为'兴化莆田都巡君之季女'。而元末以降，又再把'季女'演绎为第六女。"①对于民间信徒来说，他们信仰妈祖，是因为妈祖灵验，至于妈祖的身份怎样，并非他们关心的重点。因此，在妈祖身份从女巫向莆田都巡检林愿第六女的演化中，文人士大夫扮演了重要的角色。正是他们的考证、撰文，将妈祖从一名普通女巫，提升为名门之后。此后，又是在文人士大夫的不断努力下，妈祖被赋予了忠孝、仁爱、护国佑民等色彩，成为传统道德楷模。

　　以上，文人士大夫对妈祖文化传播的推动，一方面可能是因为他们确实感受到了妈祖的灵验。另一方面，则是与我国儒家传统有关。孔子把重心放在社会与人生上，不太关心死后的鬼神世界。但这并不是说儒家不需要一个鬼神社会的存在，孔子对宗教祭祀非常重视，他说："祭如在，祭神如神在。"为什么孔子不相信鬼神世界的存在，却又提倡祭祀呢？这是因为他把宗教祭祀的功能视为神道设教，所谓"圣人以神道设教，天下服矣"。因此，历代的文人士大夫卷入妈祖文化，主要是因为他们看到了妈祖文化在百姓中的巨大影响，他们改造妈祖的身世，赋予妈祖以忠孝仁义等传统美德，就是为了通过妈祖来实现对百姓的教化功能。

---

①　莆田湄洲妈祖祖庙董事会编：《湄洲妈祖志》，第3页。

二、商人

妈祖文化传播到世界各地，主要依靠的是迁移扩散的传播方式。商人即是妈祖文化迁移扩散的重要载体。

早在宋代的文献，就有不少记载商人信仰妈祖的故事。南宋洪迈《夷坚志》支景卷九"林夫人"记载："兴化军境内地名海口，旧有林夫人庙，莫知何年所立，室宇不甚广大，而灵异素著。凡贾客入海，必致祷祠下，求杯珓，祈阴护，乃敢行。盖尝有至大洋，遇恶风而遥望，百拜乞怜，见神出现于樯竿者。"[1] 洪迈记载说，由于有人在大海上遇到风暴，向妈祖求救而获得佑助的先例，所以海商出海前，一定要到莆田海口的林夫人庙祈拜妈祖，卜杯得妈祖吉信后，方敢出海。南宋廖鹏飞《圣墩祖庙重建顺济庙记》中，指出圣墩建庙奉祀妈祖后，"商舶尤借以指南，得吉卜而济，虽怒涛汹涌，舟亦无恙"。即海商出行前都要得到妈祖的准许，才能保证航行平安。接着，廖鹏飞又举出宁江人洪伯通为例："宁江人洪伯通，尝泛舟以行，中途遇风，舟几覆没，伯通号呼祝之，言未脱口而风息。既还其家，高大其像，则筑一灵于旧庙西以妥之。"[2]

从以上记载可以看出，商人信仰妈祖，是为了让妈祖保佑他们航途平安。商人为了谋生，不得不出入于汪洋大海之中。风涛的危险，航海技术的有限，使得海中航行的平安完全系于运气。在此情况下，商人不得不祈求于海神妈祖，寄望于妈祖的冥中佑助。

由于妈祖是商人旅途中的重要保证，商人到达目的地之后，往往会建庙供奉妈祖，答谢神恩。这些由商人创建的奉祀妈祖的宫庙，往往与

---

① （宋）洪迈：《夷坚志》支景卷9，中华书局 2006 年版，第 950—951 页。
② 蒋维锬编校：《妈祖文献资料》，第 1 页。

会馆合而为一。清代浙江平湖县的天后宫就是一所福建会馆，俗称"三山会馆"，由旅居平湖县的福建商人（主要是经营杉木生意的商人）创建的，其主要的功能是供福建商人共祭妈祖，宴饮交际。宁波周围的定海，在清康熙末，由福建商帮组织的八闽会馆、同治年间的保定会馆，象山县于清嘉庆九年（1804）由福建黄其鸣商帮建三山会馆、道光十九年（1839）闽粤商帮组建闽广会馆、咸丰五年（1855）莆兴化府商帮建兴化会馆，镇海由福建商帮建天后宫。这些会馆都供奉妈祖天后。类似的还有北京、天津、南京、烟台、营口、六安等地，都以妈祖庙充当福建会馆。后来其他省份的商人，也仿效福建商人的做法，集资兴建妈祖庙充当本省的会馆。如辽宁盖平县有福建会馆天后宫、三江会馆天后宫、山东会馆天后宫，三所天后宫分别是三地商人和宦游者联络乡谊和族东的会馆，群体认同的标志。妈祖庙附设于会馆中，这一特色在国外同样明显。例如，新加坡福建会馆就设在天福宫里，天福宫正殿主神即为妈祖。在新、马二国，哪里有兴安会馆，哪里有福建莆仙人聚会的地方，哪里就有天后宫。

　　商人创建的妈祖庙往往与会馆合而为一，目的是为了利用妈祖文化来团结人群，以争取更大的生存和发展空间。会馆一般为同祖籍人群或同方言人群所有。在利益面前，地缘纽带虽有一定的约束作用，但难以控制住为了个人利益而牺牲群体利益的行为。会馆中奉祀妈祖，使同一祖籍地的商人在妈祖的威慑下不敢去做破坏群体利益的事情，这对于群体的团结与整合来说，是非常重要的。而群体内的团结，有助于商人结成一个整体，共同面对新居地的生存挑战。

三、船工与渔民

　　船工与渔民，他们从水中谋生，其个人的生命安全与家庭生计，都与水有关，海神妈祖对他们来说，是生命中不可或缺的存在。

天津葛沽的娘娘庙，就是船工在感受到妈祖的灵佑之后创建的。据说早在宋代，天津葛沽一带就建有护海娘娘妈祖的庙宇。明朝中叶，葛沽玉厚堂创始人张氏的海运漕船，在途经浙江沿海的时候，忽遇狂风恶浪，漂泊数日方脱险。脱险后才发现船舷曾经触礁，但因为有两条大鱼堵住了漏洞，才使得船没有沉没。张氏回忆，就在船遇难生死存亡之际，时隐时现地看见天空中出现过一位年轻女子，难道真是护海娘娘显灵搭救的吗？于是他弃船登岸后，给护海娘娘烧香磕头，并且许愿回家后另塑金身，再造神像，在家永远供奉。返回老家后，张氏果然依照诺言，雕塑了一尊木刻的护海娘娘，供奉在西腰房内。后来许多船工听说张氏故事，纷纷前来敬香，一时成为盛事。后来在下司衙门的主持下，由葛沽最有名的八家大户领衔出资，修建了葛沽娘娘庙。

渔民也多是妈祖信徒。例如，以舟山渔场为核心，遍及浙东、浙南以及浙北一带沿海，从事海洋渔业的捕捞者绝大多数都是妈祖信徒。他们不仅在村里创建妈祖庙，而且也在自己家里奉祀妈祖。为了祈求海上作业平安、渔获丰收，他们出海前与回归后，都要备办祭品，隆重地祭祀妈祖。在宁海、象山的镇东桥羊府庙、紫溪皇村庙、峡口庙等，渔民还做了小船横挂在娘娘（天妃宫）庙的栋梁上，意为让妈祖保佑船只平安。

船工和渔民由于文化水平不高、财力有限、社会地位低下，他们不能像文人士大夫那样，致力于提升妈祖文化的层次，也无法像商人那样，把妈祖文化带到世界各地。但是，由于他们的工作是与水有关的危险职业，妈祖就像是行业神一样，庇护着他们，是他们安全作业的重要保障。因此，他们对妈祖的信仰是最虔诚的。这种虔诚的信仰，也推动了妈祖文化的传播。不过，船工和渔民带来的妈祖文化传播，一般都是近距离的扩展扩散，即通过慢慢蚕食周边地区的方式来传播妈祖文化。

四、林氏族人

妈祖姓林，是林氏家族的一分子。现发现年代最早的资料，是宋绍兴二十年（1150）仙游人廖鹏飞撰写的《圣墩祖庙重建顺济庙记》。庙记中说："（妈祖）姓林氏，湄洲屿人。"此文距林默羽化仅只有60年，其记载应该是真实可信的。

由于妈祖姓林，中国各地的林氏，大多都把妈祖认定为"祖姑"，认为妈祖与自己家族之间有着特殊的亲缘关系，相信妈祖对于自己的族人，会特别眷顾。例如，莆田贤良港的林氏族人在下海作业，没空带孩子时，就把孩子放到妈祖庙里，请"祖姑"代为照顾。据说寄放在妈祖庙里的孩子因为有祖姑的看护，不哭不闹，健康成长。所以，各地林氏家族在选择家族保护神时，往往优先选择妈祖。而林氏族人在外出经商、移民时，也往往随身携带妈祖香火。这样，妈祖文化就随着林氏族人的经商、迁徙等活动，传播到各个地方。

古今有不少妈祖宫庙是由林氏倡建的。他们在妈祖文化传播中，是一个重要的媒介。福建三明黄沙天后宫就是一个典型。据黄沙村林氏族谱记载，此地林姓属莆田"九牧林"，与妈祖林默同根同源，今尚存林氏祠堂。元代末，林姓来黄沙村肇基始，即在祠堂内供奉妈祖神像。黄沙村百姓生计很大一部分靠水运，面对滚滚而来的闽江支流沙溪河黄沙溪，当地村民就与林氏移民一起祈求妈祖保佑水路平安。黄沙天后宫正式建庙始于清道光四年，当时规模较大。① 同样，闽西著名的西陂天后宫也是九牧林氏后裔于清代兴建的。据说其开基祖是明嘉靖年间由福清

---

① 高珍华主编：《三明妈祖文化大观》，现代出版社2014年版。

来永定任职的知县，因避海寇祸乱携眷定居西陂。闽西地区林姓为第二大姓，所以林氏后裔在闽西兴建妈祖庙也比较多。这也说明，林氏移民是传播妈祖文化的一支重要力量。

综上，妈祖文化之所以能够传播到世界各地，是因为她的信众群体非常广泛，包括文人士大夫、商人、船工、渔民以及林氏族人等等。不同阶层的人都信仰妈祖，但他们对妈祖的认识各不相同，信仰的目的也不一样。因此，妈祖信众呈现出明显的阶层性特征。阶层性的存在，并不表示妈祖文化是被割裂的、碎片化的，缺乏系统性的文化现象。实际上，妈祖的大爱精神，将这些不同阶层的人，全都包容在自己的信仰里面。因此，妈祖文化体现了中华文化兼容并蓄、海纳百川的性格。

第五节　当代妈祖文化的传承弘扬

妈祖文化因爱恒久，以和为大。它包括了诸多中华文化内在的、本质的传统美德，包括护国庇民、弘仁普济、忠孝信义、大爱包容、勇毅刚强、行善救困、开拓进取等等，而这些美德、精神所蕴含的社会心理和社会意识，是每个时代都需要的，永不会被淘汰，因此具有永恒的独特价值。

一、妈祖文化与两岸和平发展[1]

福建有一千多座妈祖庙，沿海各地也遍布妈祖庙。中国台湾有九百多座妈祖庙，超过一千万妈祖信众。两岸妈祖文化的繁盛，为两岸的沟

---

[1]　林国平：《妈祖信仰与两岸关系互动》，《妈祖研究学报》2005 年第 2 辑。

通与交流提供了共同的平台。

众所周知，妈祖文化的起源地在莆田湄洲，全世界各地的妈祖庙，都是直接或间接从湄洲分灵，中国台湾的妈祖庙也不例外。例如，台湾香火最盛的妈祖庙——北港朝天宫，其香火即来自湄洲。据记载，康熙三十三年（1694），树壁和尚从湄洲朝天阁恭请妈祖来台，创建了笨港天妃宫。后来洪水将笨港天妃宫冲垮，北港和新港的信众在拾取笨港天妃宫遗物的基础上，分别创建了北港朝天宫和新港奉天宫。鹿港天后宫的妈祖像，则据说是施琅收复台湾时，从湄洲妈祖庙请来的六尊分身中的二妈。台湾其他的重要妈祖庙，香火基本也来自湄洲，这里不再赘述。

在福建妈祖向台湾的分灵过程中，逐渐形成了福建祖庙（根）、台湾开基庙（枝）、台湾分灵庙（叶）的庙际网络关系，它们之间有着类似于血统上承袭关系。

福建祖庙→→→ 台湾开基庙→→→ 台湾分灵庙

（根）　　　　　（枝）　　　　　　（叶）

为了保持和增强这种特殊的联系，台湾各分庙每隔一定的时期都得上福建祖庙乞火，参加祖庙的祭典，以此证明自己是祖庙的"直系后裔"。这种宗教活动俗称为"进香"。在台湾历史上，进香活动相当活跃和普遍，包括两种情况：一是各分庙至在台开基祖庙进香；二是由在台开基庙发起，选择较有势力和影响的分庙参加，组成赴闽进香团，到福建祖庙进香谒祖。如大甲镇澜宫于乾隆间建庙后，"定期返回湄洲谒祖"[1]。鹿港天后宫为了维持和标榜自己是"湄洲妈祖"在台开基庙的正统身份，特别注重到福建祖庙的进香活动，该宫尚存一只"乾隆丁

---

[1]　黄文博：《台湾信仰传奇》，台原出版社 1989 年版，第 149 页。

未年置"的铜制"湄州进香正炉"。道光《彰化县志》记载鹿港天后宫（旧祖宫）因交通之便，"岁往湄洲进香"[①]。

1895 年，中日《马关条约》签订，台湾受到日本的殖民统治。日本当局为了加强对台的殖民统治，在台推行了"皇民化"运动和"寺庙升天"运动，妄图以日本神道教和靖国神社来取代台湾民间宗教信仰，以此来隔断台湾与祖国大陆的文化渊源关系。然而，闽台之间"血浓于水"的骨肉亲情关系，是任何力量都无法切断的。日本当局的殖民同化政策没有达到预定目标，反而一定程度上激发了台湾民众眷念祖国之情思，越过海峡前往福建祖庙进香谒祖就是其曲折的表现方式之一。日据时期，台湾的一些妈祖信徒想方设法，绕过了日本当局的种种限制，组织香团取道香港或日本，到湄洲祖庙进香。据《台湾日日新报》记载，日据时期，台湾妈祖庙到大陆进香至少有 9 次，而实际次数要远远超出此数字。

1949 年国民党政府退据台湾后，两岸之间又出现人为的阻隔。此后至改革开放之前，台湾民众一直无法实现到福建祖庙谒祖进香的愿望，他们就将思乡之情融入在台开基祖庙进香的活动中。

1980 年代以后，随着祖国大陆改革开放的深入发展，两岸间的三通呼声日益高涨，许多妈祖信徒不顾当局的禁令，通过各种渠道前往湄洲祖庙进香，形成了"官不通民通，民通以妈祖先行"的局面。有关部门的不完全统计，1986—2004 年台湾同胞到湄洲进香人数达 1278000 人次，列表如下：

---

① （清）李廷璧修：道光《彰化县志》卷 5《祀典志》，《台湾文献丛刊》第156 种，第 154 页。

表 6-1　1986—2004 年台湾信徒到湄洲进香人数统计表

年度	人次	年度	人数
1986 年	398	1996 年	59000
1987 年	596	1997 年	10000
1988 年	35600	1998 年	80000
1989 年	52000	1999 年	75000
1990 年	96500	2000 年	95000
1991 年	90500	2001 年	96000
1992 年	100000	2002 年	93000
1993 年	80000	2003 年	32000
1994 年	40000	2004 年	80000
1995 年	74000	合计	1278000

注：本表资料由莆田市宗教局提供

　　特别值得关注的是，这个时期闽台民间信仰交流出现新的形式，即福建主神应邀赴台湾绕境巡游，接受信徒的朝拜。1997 年 1 月 24 日，为满足台湾广大信徒朝拜妈祖金身的强烈愿望，湄洲妈祖庙应台湾知名人士陈适庸先生的邀请，组成妈祖金身巡游台湾护驾团，飞赴台湾，进行为期 102 天的巡游。在妈祖金身游台的 102 天里，妈祖金身共驻跸 34 座妈祖分灵宫庙，巡游 19 个县、市，行程万里，朝拜妈祖的台湾信众达 1000 万人次，占台湾总人口的二分之一，出现"万人空巷""全城沸腾""十里长街迎妈祖""火树银花不夜天"的令人叹为观止的"妈祖热"！此次活动，台湾媒体将其称为"世纪之行"，被评为当年十大新闻之最[1]。

　　总之，妈祖文化是海峡两岸人民重要的精神纽带，无论在历史上还是现实中都起着重要的桥梁作用，特别是在推动当今两岸和平发展中，

---

[1]　湄洲妈祖庙董事会、妈祖文化研究中心、莆台新闻交流协会编：《湄洲妈祖巡游台湾记》，1998 年。

所起的积极作用，是其他信俗文化无法比拟的。妈祖文化作为中国传统文化的重要组成部分，它超越时空，为两岸同胞所认同。共同民间信仰的进一步升华，就会发展为文化的认同，而文化的认同则是中国走向最终统一的重要基础。中国台湾学者张珣也认为："湄州成为一个代名词，代表原乡，而妈祖则似乎为原乡父老亲人的化身。'妈祖'此一称呼原就是林姓后裔对姑婆林默娘的昵称。'湄州进香'因此不只是表面的往湄州一地，向'妈祖'瞻礼，而更可说台湾汉人对祖先所来自的乡土及文化的回归与瞻仰。"① 福建省台湾办公室主任梁茂淦先生《在欢送湄洲祖庙金身出游台湾仪式上的讲话》中说："湄洲祖庙金身出游台湾，体现了妈祖精神跨越时空的感召力，体现了海峡两岸骨肉同胞携手合作，共同弘扬妈祖文化的热忱和实际行动，它将有力地增进两岸同胞的了解和亲情，更好地继承和发扬中华优秀传统文化，为促进国家昌盛、民族团结、民生富饶发挥积极作用。"②

二、妈祖文化与"一带一路"建设

"一带一路"分别指的是丝绸之路经济带和 21 世纪海上丝绸之路。海上丝绸之路与中国古代文明的传播相伴相生，历史悠久，在唐宋元最为繁盛，是一条沟通东西物质文明和精神文明的友好之路、对话之路。在海上丝绸之路开创和发展的历程中，妈祖文化占有特殊的历史地位。关于此，何振良有过精辟的论述："妈祖文化与海上丝绸之路的建立与发展有着密切关系。其一，妈祖文化是海洋文明的象征，是海上丝绸之

---

① 张珣：《分香与进香——妈祖信仰与人群的整合》，《思与言》1995 年第 4 期。

② 湄洲妈祖庙董事会、妈祖文化研究中心、莆台新闻交流协会编：《湄洲妈祖巡游台湾记》，1998 年，第 23 页。

路的文化起点。宋代是我国海上丝绸之路最为兴旺的时期，自宋以降，妈祖文化随着先人征服海洋的步伐落地在海上丝绸之路沿线国家，并与当地文化融合。其二，妈祖文化在各国的存在、发展是海上丝绸之路精神的生动写照。妈祖千百年以来在默默践行着自由、文明、包容、和谐、正义、合作共赢的海上丝绸之路精神。现世界有 45 个国家和地区建有妈祖庙，信众达 3 亿之多，这是妈祖文化在海上丝绸之路中占有重要地位的明证。"① 林国平也认为："海上丝绸之路的开辟，根本动因是海上贸易和海外移民，而精神支柱则是海神信仰。海神信仰贯穿于航海始终，它既反映了时人对海上巨大风险的畏惧心理，又体现了航海者借助海神信仰战胜各种艰难险阻的必胜信念，二者心态交织在一起，后者占主导地位。福建是海上丝绸之路的最重要起点之一，闽人不但在海上丝绸之路的开辟中厥功至伟，而且还创造了包括妈祖在内的诸多海神。没有海神信仰便不会有海上丝绸之路的开辟，没有妈祖信仰就没有海上丝绸之路的延续与繁荣。"②

　　关于妈祖文化和"一带一路"建设的关系，是由学者首先思考、提出，并逐渐转化为国家意识与社会共识的。早在 2015 年，梁永佳、李小云就认为："宗教在实施'一带一路'的区域不仅仅是信仰问题，而是完全处于这些国家政治经济和社会文化生活的核心。因此，可以说'一带一路'其实是一个'宗教的路带'。"③ 因此，他们主张"一带一路"建设中必须要有宗教的考量。此后，宗教如何融入"一带一路"

---

　　①　何振良：《"一带一路"倡议视野下的"海上丝绸之路：妈祖史迹"保护和申遗的思考》，未刊稿。

　　②　林国平：《海神信仰与古代海上丝绸之路——以妈祖信仰为中心》，《福州大学学报》2017 年第 3 期。

　　③　梁永佳、李小云：《实施"一带一路"建设要有宗教考量》，2015 年 4 月 30 日，http://news.ifeng.com/exclusive/lecture/special/liangyongjia/。

建设就成为学者们思考的重要问题。学者们从自己的研究对象出发，对此一问题进行了深入的思考。2016 年 11 月 2 日，由中国社会科学院、国家海洋局、国家旅游局、国家文物局和福建省人民政府共同主办的"世界妈祖文化论坛"在湄洲岛召开。此次会议的一个重要议程，就是讨论妈祖文化与"一带一路"建设的关系。政府相关部门的领导、各研究机构的学者，针对这个问题发表了自己的看法。会上，国家海洋局局长王宏指出："应弘扬妈祖文化，不断发挥其亲和的感召作用，体现'亲诚惠容'外交理念，增进中国同丝路沿线国家地区人文交流，为 21世纪海上丝绸之路营造友好氛围。"中国社会科学院副院长张江认为，"妈祖文化是实施'一带一路'构想特别是海上丝绸之路构想最直接、最便捷、最广泛的文化交流纽带，应有更高站位认识妈祖文化。'妈祖文化与中外关系史、海上贸易史、沿海港口开发史、科学技术史等有密切联系，不能仅站在莆田或福建视角看待妈祖文化，应把传承和弘扬妈祖文化置于中国发展大局中，让妈祖文化融入外交、海洋、旅游、经贸等相关领域'"①。

妈祖文化与"一带一路"建设的关系，也引发社会各界的关注。例如，陈鹭玲是莆田文峰天后宫管委会主任。作为一名资深的妈祖信众，她对妈祖文化在"一带一路"建设中的地位持积极态度。陈鹭玲说："应通过整合资源，综合布局，以'朝拜中心、交流中心和产业中心'为依托，倾力建设世界妈祖文化中心，从而推动莆田深度融入'一带一路'建设。"② 曾云英是福建省莆田市秀屿区岐厝村党支部书

---

① 《聚焦世界妈祖文化论坛：妈祖，"一带一路"的文化使者》，2016 年 11 月 2 日，http://www.chinanews.com/cul/2016/11-02/8051547.shtml。

② 吴伟锋：《让妈祖文化深度融入"一带一路"——访莆田文峰天后宫管委会主任陈鹭玲》，2016 年 2 月 23 日，http://dzb.ptweb.com.cn/system/2016-2/23/20160223065650.htm。

记、村委会主任，2016 年 3 月参加全国人民代表大会。她在会上提出"把妈祖文化列入国家'十三五'规划"的建议，获得了积极回应，国家发改委致函福建代表团表示，在"十三五"规划纲要中，已增加了"发挥妈祖文化等民间文化的积极作用"的表述。

总之，社会各界对妈祖文化在"一带一路"建设中的地位均持肯定态度，党和政府已经出台了相关政策措施。妈祖文化也将进一步发挥它的积极作用，促进沿线国家和人民之间的友好往来，提升中华文化软实力，服务于"一带一路"建设。

三、妈祖文化与旅游开发

旅游是人类的一种重要休闲娱乐形式。旅游的目的地可以是自然地理景观，也可以是人文景观。今天，在"文化消费"已成为一种时尚的背景下，人文景观的消费越来越重要，文化旅游产品被旅游者广为接受与推崇。妈祖文化作为一种独特的文化形态，已形成重要的文化旅游资源，可以产生巨大的经济效益和政治效益。

妈祖文化的旅游开发，可以带来的游客主要有两种。一种是对妈祖文化不太熟悉的国内外游客。众所周知，人们出门去旅游，一个最大的动力就是去看与自己日常生活不一样的"异文化"，从而使自己从日常生活的繁琐与怨憎中逃脱出来，达到休闲娱乐的目的。相对于中国内陆以及国外游客来说，他们原先对妈祖文化了解甚少，但妈祖文化的知名度甚大，又吸引他们想去了解。也就是说，对于这部分游客来说，求异性是他们到妈祖庙参观旅游的最大动机。

另一方面，遍布于世界各地的妈祖信众，也为妈祖旅游开发提供了巨大的市场资源。在妈祖文化的旅游开发中，妈祖信众要比普通游客要得多。首先，那些在妈祖文化发展史中曾经起过重要作用的宫庙，演变为祖庙，成为世界各地妈祖信众寻根谒祖的目的地。湄洲是妈祖文化的起源地，也是世界各地妈祖信众魂牵梦萦的宗教圣地，改革开放以后，海内外的妈祖信众就不断涌入湄洲妈祖祖庙进香谒祖，为湄洲岛旅游开发提供了常年稳定的客流量。根据湄洲岛管委会提供的数据，2016年上半年湄洲岛共接待境内外游客 265.7 万人次，比增 14.9%，全社会旅游收入 17 亿元，比增 15.2%，在全世界旅游市场缩水的情况下实现逆势上扬。湄洲岛 2016 年上半年的旅游人数能够逆市上扬，原因就在于妈祖信众的进香谒祖活动是一种宗教需求，不受旅游市场波动的影响。其次，妈祖信众分布于世界各地，虽然有着人种、语言、阶层等方面的差异，但共同的妈祖文化使得他们之间产生了联谊交流的强烈愿望。20 世纪 80 年代后各地妈祖庙宇联谊会、妈祖文化协会的成立，宫庙之间结拜为姊妹庙的行为，就是因应各地妈祖信徒的联谊交流愿望而出现的新现象。出于联谊交流的目的而出现的妈祖信徒的跨地区流动，产生了交通、饮食、住宿等方面的消费，可以视为一种新的旅游开发形式。

妈祖文化的旅游开发具有经济、政治等方面的积极意义。从经济方面来看，"出于对妈祖的一种敬仰，以及求平安求吉利的心理，许多游客在旅游过程中总会购买一些妈祖文化旅游产品随身携带或赠送亲友，如刻有妈祖像的纪念币、妈祖塑像、香袋、旅游帽、纪念小旗等，比起其他旅游产品，妈祖文化旅游产品在旅游购物方面因此更显优势"[1]。妈祖文化旅游地的旅游产品的销量达到一定程度，就会进一步推动相关文化产业的发展，为当地居民提供大量的就业机会。另外，许多海外的妈祖信徒本身也是经商者，他们在进行妈祖文化活动而了解到旅游地的

---

① 胡荔香：《试论闽台地区妈祖信仰旅游资源开发》，《亚太经济》2003 年第 3 期。

投资环境和投资政策，看到旅游地的市场潜力后，就有可能进行相关的经济投资，从而带动旅游地经济的发展。从政治方面来看，"妈祖信仰发源地在大陆，在全世界广泛传播，也是信仰者最多的神祇之一，台湾80%的民众信仰妈祖，信徒们对妈祖的信仰的虔诚程度比起大陆信徒有过之而无不及。妈祖信仰本身具有强大的亲和力，民众由对妈祖的'神'的依赖和崇拜而渴望祖国统一。妈祖信仰文化活动本身也提供了两岸之间的交流的绝好机会。在浓浓的信仰氛围中，人们诚心相待，多方面全方位交流，共话团圆。可以预见，在今后的祖国统一大业中，妈祖信仰旅游活动将继续发挥重要的作用"①。

四、妈祖文化与创意产业

文化创意产业（Cultural Creativity Industry），是一种在经济全球化背景下产生的以创造力为核心的新兴产业，强调一种主体文化或文化因素依靠个人（团队）通过技术、创意和产业化的方式开发、营销知识产权的行业。文化创意产业主要包括广播影视、动漫、音像、传媒、视觉艺术、表演艺术、工艺与设计、雕塑、环境艺术、广告装潢、服装设计、软件和计算机服务等方面的创意群体。② 做文化创意产业，最重要的就是"把商品变成文化，也就是说，注入了一些新的文化观念到传统的产品当中去，通过创意文化产业来提高传统产品的附加值和影响力"。③ 妈祖文化创意产业，就是要将妈祖文化融入一些商品中，来提高商品的

---

① 胡荔香：《试论闽台地区妈祖信仰旅游资源开发》，《亚太经济》2003 年第 3 期。

② 谢梅、王理编著：《文化创意与策划》，清华大学出版社 2015 年版，第86 页。

③ 张丽清、蔡加珍：《海峡西岸经济区建设背景下妈祖文化旅游创意产业发展研究》，载《优秀传统文化传承体系建设的理论与实践论文集》，2012 年 9 月，第374 页。

附加值和影响力。

按照张丽清、蔡加珍的看法，妈祖文化创意产业，可以从妈祖文化为题材的影像资料、妈祖文化纪念品入手。影视作品是一块巨大的市场，"而以妈祖文化为题材的影像资料就为资本进入妈祖文化市场开辟了一块天地"①。近几年出的妈祖文化影像资料有《她 The Belief in Mazu》纪录片、《海之传说——妈祖》卡通电影、《天上圣母妈祖》、《妈祖》等。其中，影响最大的是 2012 年在妈祖故乡湄洲岛拍摄的电视连续剧《妈祖》。妈祖文化纪念品也是妈祖文化创意产业中的很重要的一块，游客在到妈祖庙旅游时，都带有求平安、吉利的心理，可以根据游客的这种心理需要打造相关的文化创意产品。例如，台湾新港奉天宫制作的有妈祖卡通形象的背包、钥匙扣、公仔等旅游纪念品，就很有创意。

还有一些结合人们日常生活制作的妈祖文化创意产品也很有意思。例如，程元郎、洪志宝针对妈祖题材的电话卡进行了专门研究。程元郎、洪志宝指出 1992 年 5 月，福建省邮电局发行了一种"妈祖女神"电话磁卡，面值 50 元人民币，发行量 10000 枚。同年 8 月又发行了一种面值 100 元"妈祖女神"磁卡，发行量 6000 枚。1999 年 12 月发行了妈祖 IC 电话卡，图案为澳门妈祖阁，面值 50 元。此后，又发行了以妈祖文化为题材的电话密码卡、手机卡等。这些以妈祖文化为题材的电话卡、手机卡，内容丰富，有的绘以妈祖神像，有的绘上著名妈祖宫庙，还有的则以妈祖传奇故事、妈祖信俗活动等为题材。类似电话卡这种妈祖文化创意产品，既普及了妈祖文化知识，又可以使电话

---

① 张丽清、蔡加珍：《海峡西岸经济区建设背景下妈祖文化旅游创意产业发展研究》，载《优秀传统文化传承体系建设的理论与实践论文集》，2012 年 9 月，第 377 页。

卡的使用者受到妈祖精神的潜移默化的影响。[①] 当然，随着通讯科技的发展，现在电话卡已经逐渐淡出人们的视野。不过，这种以妈祖文化题材的电话卡告诉我们，将妈祖文化融入人们日常生活中，是非常有意义的。

五、妈祖文化与"非遗文化"

改革开放之初，人们对妈祖文化的重视，主要偏重于物质遗产方面。许多重要妈祖宫庙遗址、妈祖文化的文物，都得到了保护。例如，泉州天后宫是现存历史最为悠久，保存结构最为完整的妈祖庙遗址，1988 年 1 月 13 日被国务院公布为第四批全国重点文物保护单位。此后，莆田湄洲妈祖庙、莆田平海天后宫、龙岩永定西坡天后宫、天津天妃宫、山东烟台天后行宫、江苏太仓浏河天妃宫、浙江宁波庆安天后宫、湖南芷江天后宫等，相继被列为全国重点文物保护单位。

进入 21 世纪以后，全球文化同一化的现象引起了人们的关注。世界不能同唱一首歌，保护世界文化的多样性，就是保护人类生活的丰富多彩。2003 年，联合国教科文组织通过《保护非物质文化遗产公约》。根据这一公约，非物质文化遗产"指被各群体、团体、有时为个人视为其文化遗产的各种实践、表演、表现形式、知识和技能及其有关的工具、实物、工艺品和文化场所。各个群体和团体随着其所处环境、与自然界的相互关系和历史条件的变化不断使这种代代相传的非物质文化遗产得到创新，同时使他们自己具有一种认同感和历史感，从而促进了文

---

① 程元郎、洪志宝：《妈祖题材电话卡综论》，《莆田学院学报》2013 年第 4 期。

化多样性和人类的创造力"。具体地说，非物质文化遗产包括各种类型的民族传统和民间知识，包括 5 个方面：（1）口头传说和表述，包括作为非物质文化遗产媒介的语言；（2）表演艺术，包括音乐、舞蹈、戏剧、曲艺等；（3）社会风俗、礼仪、节庆；（4）有关自然界和宇宙的知识和实践；（5）传统的手工艺技能。

中国政府积极响应《保护非物质文化遗产公约》的号召，参与到各种非物质文化遗产的保护中。妈祖信俗又称娘妈信俗、娘娘信俗、天妃信俗、天后信俗、天上圣母信俗、湄洲妈祖信俗等，是以崇奉和颂扬妈祖的立德、行善、大爱精神为核心，以妈祖宫庙为主要活动场所，以庙会、习俗和传说等为表现形式的中国传统民俗文化。妈祖信俗由祭祀仪式、民间习俗和故事传说三大系列组成。2009 年 9 月 30 日联合国教科文组织政府间保护非物质文化遗产委员会第四次会议审议，决定将"妈祖信俗"列入世界非物质文化遗产，成为中国首个信俗类世界遗产，也是莆田市第一个世界级遗产，使湄洲获得了一张世界名片。①

妈祖信俗被视为非物质文化遗产，就使得在妈祖物质文化遗产如宫庙、文物之外，妈祖文化的故事传说、祭祀仪式以及民间习俗等，也得到了相应的保护。非物质文化遗产往往更能体现一种文化的精神内涵，因此，联合国教科文组织政府间保护非物质文化遗产委员会将妈祖信俗列入世界非物质文化遗产名录，表明妈祖信俗作为人类共同的文化遗产，得到了国际上的认同。这就证明，妈祖文化蕴含着的价值具有世界意义，是世界各国人民的共同文化财富。

---

① 陈晓琴主编：《中国旅游文化》，中国财富出版社 2013 年版，第 218 页。

表6-2　欧美地区妈祖庙分布简表

庙名	建立年代	庙址	奉祀神祇	建立者与主要社团	备注
天后宫	1852年	美国旧金山天后庙街一百廿五号	妈祖及关帝、三眼华光，张王爷，华佗，包公，金花夫人，十八奶娘，济公等	广东三邑会馆、肇庆会馆	1955年一度关闭，1975年重开
朝圣宫	1986年	美国旧金山中国城白话转街三十号	妈祖、护法将军（千里眼、顺风耳）	旅美华侨高可达	1986年3月在中国台湾祖庙北港朝天宫妈祖分灵
天后宫		美国洛杉矶林肯高地	妈祖	印支华人社团	
罗省华埠天后宫	1980年	美国洛杉矶中国城	妈祖，关帝，福德正神	越南华裔"美国金瓯同乡联谊会"	"美国金瓯同乡联谊会"购买了一座天主教教堂改建而成
大华府天后宫		美国华盛顿	妈祖	印支华人团体	2015年5月9日，大华府天后宫与印支华人互助中心在弗吉尼亚州举行了"庆祝第一千零五十五年天后妈祖宝诞"仪式
妈祖大厦	2015年	美国纽约法拉盛	妈祖、千里眼、顺风耳	美国妈祖基金会、美国闽商商会、美国莆仙同乡会两会等	2015年5月11日，妈祖祖庙董事长林金榜亲率法师团一行专程赴美护驾妈祖分灵圣像安宫纽约
天后宫		美国夏威夷唐人街	妈祖	檀香山林西河堂	
天后宫	1990年左右	德国法兰克福法兰克福印支华裔联谊会会馆内	妈祖	法兰克福印支华裔联谊会	由中国台湾分香而来
真一堂	1972年前	法国巴黎	妈祖	巴黎高等院研究院施舟人教授	1972年于北港朝天宫举行分香仪式

主要参考文献

1. 陈高华、吴泰：《宋元时期的海外贸易》，天津人民出版社 1981 年版。

2. 陈依范：《美国华人史》，世界知识出版社 1987 年版。

3. 蒋维锬编校：《妈祖文献资料》，福建人民出版社 1990 年版。

4. 赖德烈：《早期中美关系史（1784—1844）》，陈郁译，商务印书馆 1964 年版。

5. 梁庚尧：《宋代社会经济史论集》，允晨文化实业有限公司 1997 年版。

6. 林国平：《福建民间信仰》，福建人民出版社 1993 年版。

7. 世界妈祖庙大全编辑部编：《世界妈祖庙大全》，国际炎黄文化出版 2005 年版。

8. 刘永华主编：《中国社会文化史读本》，北京大学出版社 2011 年版。

9. 罗荣渠：《美国史通论》，商务印书馆 2009 年版。

10. 漆侠：《宋代经济史》，上海人民出版社 1987 年版。

11. 沈钧：《兰领东印度史》，商务印书馆 1924 年版。

12. 苏庆华著，陈荣照主编：《东南亚华人宗教与历史论丛》，新加坡青年书局，2013 年版。

13. 汤开建、陈文源、叶农主编：《鸦片战争后澳门社会生活纪实：近代报刊澳门资料选萃》，花城出版社 2001 年版。

14. 吴于廑、齐世荣：《世界史·近代史编》上卷，高等教育出版社 2007 年版。

15. 徐晓望：《妈祖信仰史》，海风出版社 2007 年版。

16. 许明龙：《孟德斯鸠与中国》，国际文化出版公司 1989 年版。

17. 张家驹：《两宋经济重心的南移》，湖北人民出版社 1957 年版。

18. 张星烺编注，朱杰勤校订：《中西交通史料汇编》第一册，中华书局 1977 年版。

19. 郑学檬：《中国古代经济重心南移和唐宋江南经济研究》，岳麓书社 1996 年版。

20. 朱杰勤译：《中外关系史译丛》，海洋出版社 1984 年版。

21. ［英］C. R. 博克舍：《十六世纪中国南部行纪》，何高济译，中华书局 1990 年版。

22. ［英］约·罗伯茨：《十九世纪西方人眼中的中国》，蒋重跃、刘林海译，时事出版社 1999 年版。

23. ［英］约瑟夫·库利舍尔：《欧洲近代经济史》，北京大学出版社 1990 年版。

24. ［美］M. G. 马森：《西方的中华帝国观》，杨德山等译，时事出版社 1999 年版。

25. ［美］费正清：《中国：传统与变迁》，张沛译，世界知识出版社 2000 年版。

26. ［美］韩森：《变迁之神——南宋时期的民间信仰》，包伟民译，浙江人民出版社 1999 年版。

27. ［美］卢公明：《中国人的社会生活》，陈泽平译，福建人民出版社 2009 年版。

28. ［美］马士：《东印度公司对华贸易编年史》（第一、二卷），中国海关史研究中心组译，中山大学出版社 1991 年版。

29. ［美］塞缪尔·莫里森：《美利坚共和国的成长》，南开大学历史系美国史研究室译，天津人民出版社 1979 年版。

30. ［美］汤普逊：《中世纪经济社会史（300—1300 年）》，耿淡如译，商务印书馆 1961 年版。

31. ［美］武雅士：《中国社会中的宗教与仪式》，江苏人民出版社 2014 年版。

32. ［美］杨庆堃：《中国社会中的宗教——宗教的现代社会功能与其历史因素之研究》，范丽珠译，上海人民出版社 2007 年版。

33. ［美］约翰·海达德：《初闯中国：美国对华贸易、条约、鸦片和救赎的故事》，何道宽译，花城出版社 2015 年版。

34. ［美］周敏：《美国华人社会的变迁》，郭南译，上海三联书店 2006 年版。

35. ［法］裴化行：《天主教十六世纪在华传教志》，萧濬华译，商务印书馆 1936 年版。

36. ［荷］包乐史：《巴达维亚华人与中荷贸易》，庄国土等译，广西人民出版社 1997 年版。

37. ［葡］皮列士：《东方志：从红海到中国》，何高济译，江苏教育出版社 2005 年版。

39. ［意］利玛窦，［比］金尼阁：《利玛窦中国札记》，何高济等译，中华书局 1983 年版。

40. ［日］滨下武志：《近代中国的国际契机：朝贡贸易体系与近

代亚洲经济圈》，中国社会科学出版社 1999 年版。

41．［西班牙］门多萨（J. U. do Mondoza）：《中华大帝国史》，何高济译，中华书局 1998 年版。

［新西兰］尼古拉斯·塔林主编：《剑桥东南亚史》（第一卷），贺圣达译，云南人民出版社 2003 年版。

后　　记

本书是在党中央、国务院高度重视妈祖文化的传承发展，福建省加快建设 21 世纪海上丝绸之路核心区，莆田市致力于借力妈祖文化融入"一带一路"，莆田学院举全校之力积极推进妈祖文化硕士点申报工作的背景下完成的，对于全面提升妈祖文化品牌具有重大意义。

本书是莆田学院宋建晓教授担任首席专家的国家社科基金特别委托项目"'一带一路'与妈祖文化传承发展研究"（批准号 18@ZH008）阶段性研究成果之一，也是莆田学院和厦门大学的妈祖文化研究学者开展校际合作研究取得的成果，由厦门大学刘婷玉副教授撰写第一、二、三、四、五章，莆田市进修学院许更生老师负责第六章撰写，莆田学院林明太教授、林连华博士负责校对修改。在编写过程中还得到厦门大学陈支平教授、福建师范大学林国平教授的帮助与指导，经过多稿的反复增删、修改和润色，最终完成编写工作，全书于 2019 年 7 月定稿。

在本书即将付梓之际，特向关心与支持本书相关工作的领导、专家、朋友，以及参加本书编写工作的所有同仁们表示衷心的感谢！也感谢人民出版社在时间十分紧张的情况下玉成此书的及时出版，并认真仔细地审阅、编辑书稿，保证了本书的出版质量。

"路漫漫其修远兮，吾将上下而求索。"学术研究的道路永无止境，本书作为妈祖文化研究领域的抛砖引玉之作，由于编者水平有限，且时间仓促，难免有疏漏之处，恳请学界、业界同仁们及广大读者不吝赐教，批评斧正。

2020 年 7 月 10 日